JN106108

下川耿史

性愛古語辞典
奈良・平安のセックス用語集

作品社

［初めに］

「古代の日本人が使っていたセックス用語を集めてみよう」と思い立ったのは十数年ほど前である。古代という言葉で思い描いていたのはイザナギ・イザナミなどの「神様たち」が活躍した神話の時代から、「国」としての歴史が成立した奈良・平安時代のことであった。

その頃の私は盆踊りや混浴の歴史など、古代の性風俗に関わるテーマに関心を抱いていた。それらはのちに『盆踊り・乱交の民俗学』（作品社、2011.8）や『混浴と日本人』（筑摩書房、2013.7）という本にまとめることができたが、そもそも古代の日本人は性的な関心をどのような言葉で表現していたのだろう？　という興味はその流れの当然の結果でもあった。

作業にあたっては自ら定めた二つの立ち位置があった。

第一に例えば『源氏物語』といえば、世界に誇る日本の文化とされているが、主人公である光源氏は、女性たちをどういう言葉で口説いたのだろう？　その中で女性たちはどんな言葉に「くらっ」と来たのか。また男たちはいつの時代でも、いわゆるエロ話に大いに興味を示してきたが、古代の男たちはどんなエロ話に夢中になっていたのだろう？　要するに奈良・平安時代には日常会話の中で、どんなセックス用語が飛び交っていたかを知りたかった。

第二のポイントは、当時の文字の文化の状況である。日本の文字の文化は奈良時代の『古事記』、『日本書紀』、『万葉集』などからスタートして、平安時代に入ると一気に花開いた。奈良時代には日本語の書物といえば、上記の三つに加えて『律令』や各地の『風土記』、さらに有力な豪族の記録くらいしかなかったものが、平安時代になると、題名を羅列するだけで分厚い本ができるくらい多くの本が世の中に出回った。それらの中にはどんなセックス用語が記録されていたのかというのが気になったのである。

実際の作業においては奈良・平安時代の文字の文化を三つに分類した。

この時代は中国から漢字が移入され、それが日本語化された時代である。とすれば文字がなかった時代のセックス用語は、どういう漢字で表現されたのだろう？　イザナギとイザナミがセキレイが交尾する様子を見てまぐわい（性交）の方法を知った話や、天岩戸の前で天鈿女（アメノウズメ）がストリップを演じたというエピソードからも想像されるように、上古の日本人はセックスに対して極めてオープンであった。その時代相はどういう言葉として伝わっているのか？

　それとは真逆の関係にあるのが仏教の経典で、こちらは人間の性欲そのものを否定することが宗教としての原点となっている。それは人間としてかなり不自然なことに思われるが、奈良・平安時代の日本ではその不自然な教えを国家の精神的なバックボーンとして設定していたのである。とすれば仏教の経典にはエロについてどんなことが記され、これまでの常識を否定する教えを当時の人々はどんな思いで受け取っていたのだろう？

　一方、中国では紀元前5世紀頃の『詩経』から始まって、出版は年々盛んになる一方だったが、奈良・平安時代にはそのうちの主だったものは日本に移入されていたから、貴族階級に属する多くの人々が接していた。その中にはどんなセックス用語があったのか。とくに中国文化の根底には「養生術」と呼ばれる性のハウツー書の考えが流れているから、その考えが日本人に与えた影響も見逃したくなかった。

　これらの状況を考えると奈良・平安時代は日本語の創世記であり、セックス用語の面でも古代以前からの日本人のセックス観と、中国の伝統的なセックス観、そしてこれまでになかった仏教のセックス観が入り混じった混沌とした時代であった。

　本書は古代の日本をそういう観点から見つめたものである。エロにまつわる、さまざまな言葉を知ることによって、あの時代を知りたい、自分たちの生きている時代と比較して見たいというのが編者の思いである。

下川耿史

下川耿史

性愛古語辞典
奈良・平安のセックス用語集

作品社

あ

あい【愛】性の欲望に執着し、性的な関係をむさぼること。秋山虔編の『王朝語辞典』によれば、平安時代以来、男性貴族の間では性欲をむさぼる気配が濃厚で、愛とは性欲に直結するもの、つまり性交のことという理解が広がった。『源氏物語』はその具現化された形である。愛が相手との幸せを願う美的な感情を含むようになったのは、キリスト教や西洋文学が導入された明治時代以降のこと。☞色、色好み、好き者。

あい【合、会、相】男女が関係することの間接的な表現。もともとは仏教で物と物が重なり合って一つになることをいう。

あいいう【相言う】知り合ったその場で男女が関係すること。平安時代の代表的な好色物語である『伊勢物語』に「昔、男、色好みと知る知る、女と相言へり」とある。「昔、男が色好みの女と知りながら、その場で関係した」という意。☞色好み。

あいえん【愛炎】愛欲の炎が燃え盛ること。梁（紀元6世紀頃の中国の国家）の簡文帝の言葉。

あいか【愛果】『大悲経』にある言葉で、愛欲の果て。

あいが【愛河】人間が愛欲におぼれやすいことを河に例えていったもの。大乗仏教の経典で、4世紀頃に成立した『華厳経』にある言葉。

あいかい【愛界】中国仏教の基本経典の一つである『大集経』にある言葉で、愛欲の世界。

あいかたらう【相語らう】男女が情を通ずること、夫婦になること。平安時代の女流歌人・伊勢の歌集である『伊勢集』に「思ひわびて、ねむごろに相語らひける友だちと共に相語らふ」とある。

あいかつ【愛渇】仏教用語で、愛欲の心。むさぼることがあたかも喉の乾いた人が水を求めるようだという意。七世紀末に唐でまとめられた『円覚経』にある言葉。

あいきょう【愛経】男女の性愛について書かれた古代インドの書『カーマ・スートラ』のこと。同書は紀元四世紀から五世紀に成立、まもなく中国へもたらされ『愛経』と呼ばれた。☞『カーマ・スートラ』。

あいぎょう【愛敬】①男女の細やかな愛情。夫婦の和合。②色っぽい様、媚態。平安時代の庶民のはやり唄を集めた『梁塵秘抄』に「あいぎょう流れ来る大堰川」と記述されている。京都の大堰川（桂川の上流）の川べりに媚態を振りまく浮かれ女が数多

くいたことを表したもの。

あいぎょう【愛行】愛欲の念の盛んな者。行は心の行いの意。インド仏教の基本の経典である『涅槃経』に出てくる言葉。

あいぎょうのはじめ【愛敬の初め】新婚初夜の最初の関係。『源氏物語』（葵）に「あいぎょうの初めは日えりして、聞し召すべき事にこそ」とある。「愛を交わす初めての時は日を選んでなさるべきです」という意。

あいごく【愛獄】仏教用語で愛慾は人を束縛し、迫害することを牢獄に例えたもの。『華厳経』に出てくる言葉。

あいごと【逢言】男女が2人だけで語り合うこと。男女が共寝すること。『伊勢物語』には「一晩中飲み明かして、共寝（逢言）はせず終いだった」という記述がある。

あいこん【愛根】愛欲の煩悩から他の煩悩が生じること。大乗仏教の経典で、570年に漢訳された『大乗同性経』にある言葉で、煩悩の広がりを木の根に例えたもの。

あいし【愛刺】愛欲の煩悩は人に害毒を及ぼすという意。『華厳経』にある言葉。

あいしゅ【愛種】愛欲は苦い果実をもたらすという意。『大集経』で使われている。

あいしゅう【愛執】愛欲に執着すること。『源氏物語』（夢浮橋）に「もとの御契りあやまち給はで、愛執の罪をはるかし聞え給ふて…」とある。「（薫と浮舟の）以前の契りは決して過ちではなかった。でも出家している浮舟は今、薫大将の罪を消滅させてやりたいとお考えになって…」という意。愛執心ともいう。

あいしん【愛心、愛身】仏教用語で①愛欲に捉われる心。平安時代後期の仏教書である『往生拾因』に用例がある。②自己を愛すること。

あいす【愛す】撫でさすり、口を吸うなどの愛戯をすること。平安時代末期に成立した説話集の『今昔物語』に「今夜正しく女の彼の許に行て2人臥して愛しつる顔よ」とある。

あいすい【愛水】『華厳経』にある言葉で、愛欲の情によって流れ出た液、いわゆる愛液のこと。涙や唾液なども含む。☞愛涎（あいぜん）、淫水。

あいぜん【愛染】仏教用語で男女間の愛欲にとらわれること。男性が女性に魅入られること。聖徳太子が『法華経』を講釈したとされる『上宮法華経』にある言葉。

あいぜん【愛涎】仏教用語で愛慾の情から垂れる涎のこと。☞愛水、淫水。

あいぜんみょうおう【愛染明王】真言密教で愛欲を本体とする神であり、女性の幸福と美しさを護るとされる。全身赤色で、常に怒りの相を表している。空海が中国から伝えたとされて

いる。

愛染明王

あいそめる【逢初める】情人などと会い始めること。勅選和歌集の一つで、平安時代に成立した『詞花和歌集』に「我が恋は逢ひ初めてこそ勝りけれ…」という歌がある。

あいだよ【間夜】男と女が会う夜と次に会う夜との間。男女が会わないでいる間。『万葉集』3395に用例がある。

あいだる【愛垂る】甘えてなよなよとした態度を見せること。『源氏物語』（柏木）に「いと若やかになまめき、あいだれてものしたまひ」とある。

あいてもあわず【会いても合わず】恋人同士の男女が、夜、いっしょにいながら男女の交わりをしないこと。思いを遂げないで夜をあかすことをいう。

平安時代の女流歌人の『和泉式部日記』に「いやいや、まだこんな恋の道があるとは思いませんでした。お会いしても一つ床に入りもせず、夜を明かすとは」という意味の歌がある。

あいでん【愛纏】仏教用語で激しい欲望を抑えきれないこと。空海の詩文を集めた『性霊集』にある言葉。

あいとぶらう【相訪らう】男女が求愛し合うこと。『万葉集』1740の長歌に「わたつみの神の女（おとめ）にたまさかに、い漕ぎ向い相訪らひこと成りしかば…」という歌がある。伝説で名高い浦島太郎が詠んだという長歌の一節で、「海の神の少女に思いかけずに漕ぎ合い、まぐあいのことを望んでかなったので…」という意。☞**続浦島子伝記**。

あいにあう【合いに合う】男女が顔を合わせたとたん交わること。初めての勅選歌集で912年（延喜12年）頃に成立した『古今集』に用例がある。

あいぬ【相寝】男女が一緒に寝ること、男女が性交すること。『万葉集』3000に「霊（たま）合へば相寝るものを小山田の鹿猪田（ししだ）守（も）るごと母し守らすも」という歌がある。「気持ちが通じ合えば共寝したいのに、家の小さな田んぼを鹿や猪から守るように、母は私を監視している」という意。

あいばく【愛縛】異性を愛し、固く抱き

締めて呪縛しようとすること。男女が抱擁し、愛着が生じて離れがたいこと。五世紀頃に成立した仏教の経典で、性について語ることの多い『理趣経』にある言葉。

あいまく【相巻く】男女がいっしょの枕で寝る。性交すること。『万葉集』1414に「薦の枕で共寝したあの子がいた夜は、夜がふけるのが惜しまれたものだ」という意味の歌がある。

あいまくらす【相枕す】互いに枕し合う。重なり合って寝る、性的関係のこと。五世紀頃に成立した中国の『後漢書』にある言葉。

あいみる【相見る】男女が互いに見る。転じて男女が肉体関係を結ぶこと。『伊勢物語』と並ぶ好色物の『平中物語』に「あなたと相見るようになってから、いよいよあなたへの想いが募っていく。逢えないことを嘆きながら…」という意味の歌がある。

あいもう【愛網】『雑阿含経』にある言葉で欲望の網に絡めとられること。

あいゆうよくらく【愛用欲楽】インド仏教で性の快楽に耽けること。愛用欲根ともいう。

あいよく【愛欲】①『雑阿含経』にある言葉で、欲望に執着すること。②異性に対して「セックスしたい」という強い欲望を抱くこと。奇譚や仏教説話を集めた『日本霊異記』には天女の像に愛欲を感じて、自慰をするとい

う男の話が紹介されている。

あいよばい【相夜這い】1人の女性に対し、2人以上の男性が同時に夜這いすること。『万葉集』1809の「菟原処女(うないおとめ)」の伝説を歌った長歌に「伏屋たきすすし競ひ相夜這ひしける時には」という一節がある。☞菟原処女。

あいらせつにょ【愛羅刹女】愛欲の鬼女。愛欲は羅刹女にも等しい仏道修行の妨げという意で、5世紀に中国で成立した『付法蔵伝』にある言葉。

あいりん【愛輪】愛慾の車輪。愛欲は人を乗せて六道を輪廻するとして車輪に例えたもので、『性霊集』にある言葉。

あいわく【愛惑】6世紀後半に成立した『四教義註』にある言葉で、愛欲の惑い。

あいわたる【逢い渡る】男女が情を通じ合って長い年月を経ること。『古今集』に次ぐ勅選和歌集の『後撰集』に「をみなへし花の心のあだなればあきにのみこそあひ渡りけれ」という歌がある。「あなたはおみなえしの花のようにあだ心の方だから、秋(飽き)がきた頃に、いらっしゃるのでしょう」という意。

あう【合う】結婚すること。『古事記』(神代)に「男は女に合ふ事をす、女は男に合ふことをす」とある。

あうはわかれのはじめ【会うは別れの始め】 唐時代の詩人・白居易の『白氏文集』にある「合者離之始」という言葉から出た文句。

白居易

あうら【足占】 庶民の間で行われた占いの一つ。目標までの歩数（偶数か奇数か、右足で着くか左足で着くか）によって恋なとの吉凶を判じた。『万葉集』736に「月夜には門に出で立ち夕占（ゆうけ）問ひ足卜（あうら）をぞせし」という歌がある。その歩数で恋人が来る、来ないを占ったもの。

あうん【阿吽】 密教の用語で、宇宙の始まり（阿）と終わり（吽）を表す言葉とされる。ただし民俗学者の戸川安章によると、羽黒山の山伏の間では「阿吽」はイザナギとイザナミが初めて関係したときに発したエクスタシーの声と伝えられているという。

あがおもと【吾御許】 男から親しい女性に呼びかける時に用いる。『源氏物語』（玉鬘）に「吾御許にこそおはしましけれ。あな嬉しとも嬉し」とある。

あがきみ【吾が君】 性的関係のできた男女が親しみを込めて相手を呼ぶ言葉。「ねえ、あなた」。10世紀末に成立した『落窪物語』に「あが君あが君、夜さりだにうれしき目見せ給へ」とある。「ああ、姫よ姫。せめて今夜は私をうれしい気持ちにさせてください」という意。

あかぞめえもん【赤染衛門】 平安時代の女流歌人。母とされる平兼盛の妻が夫と離婚した後に生まれたため、実父が兼盛か、あるいは母が以前から通じ合っていた赤染時用か、その認知や引き取りを巡って長くトラブルが続いたが、結局、妻の望みで時用の娘とされたという。15歳の頃、代表的な学者の大江匡衡と結婚、夫の出世に内助の功を発揮した。一方、匡衡の従兄弟の大江為基とは結婚前から相思相愛の仲で、その関係は生涯続いた。歴史書の大作である『栄花物語』の著者との説も定着している。☞いもりの印。

あかつき【暁】 女と夜を共にした男が別れて女の家を出る刻限。三十六歌仙の1人である源信明の『信明集』に「暁の別れををしのかがみか

もおもかげにのみ人の見ゆるらん」という歌がある。「明け方の別れはいつも寂しいけれど、秋の空の今朝の別れはことさらにさびしさが募ります」という意。

あかつきとり【暁鳥】暁に鳴くニワトリ。一夜を共にした男女にとって、夜明けの訪れを知らせるニワトリの鳴き声は恨みの種だった。『梁塵秘抄』に「宵より夜半までは良けれども、あかつきとり鳴けば床寂し」とある。

あかつきのしぎのはねがき【暁の鴫の羽掻き】初めての勅撰歌集である『古今集』に「暁の鴫の羽掻き百羽かき君が来ぬ夜は我ぞ数かく」という歌がある。これにより、それまで通って来ていた男が来なくなったために、明け方まで輾転反側して過ごすという状況を表す言葉となった。

あかつきのわかれ【暁の別れ】女と夜を共にした男が女と別れて帰ること。「暁」と同じ。『源氏物語』（賢木）に「あかつきの別れはいつも露けきをこは世に知らぬ秋の空かな」とある。「明け方の別れはいつも寂しいけれど、秋の空の今朝の別れはことさらにさびしさが募ります」という意。

あかぬわかれ【飽かぬ別れ】共寝した翌朝の名残り惜しい別れ。『後撰集』に「今ぞ知るあかぬ別れの暁は君をこひちにぬるる物とは」という歌がある。「まだまだ別れたくないのに別れ

た朝は、君が恋しくて露と涙で濡れてしまいます」という意。後朝（きぬぎぬ）の別れと同じ。☞朝（あした）の使い。

あかふじょう【赤不浄】古代の人々は、人間の不幸や病気は体に穢れの原因となるものが付いているせいだと考えた。その中で女性の月経の穢れが赤不浄と呼ばれた。☞黒不浄、白不浄。

あかも【赤裳】古代の宮廷は地上における神の世界とされ、官女は天皇（＝神）に仕える巫女とされた。裳は女性の下半身を覆うスカート状の衣服で、「衣服令」により、その色は身分に応じて定められていたが、もっぱら「赤裳」が使われ、宮廷人はその赤裳に強いエロチシズムを感じていた。『万葉集』3610、柿本人麻呂の歌には「嗚呼見の浦に舟乗りすらむ娘子らが赤裳の裾に潮満つらむか」とある。

あからおとめ【赤ら少女】桜色の頬をした美しい少女。古代には紅顔は美女の条件の一つとされた。

あからひく【赤らひく】一面赤色に照り輝く意で、赤みを帯びた肌を讃えたもの。美女を形容する言葉。『万葉集』1999に「赤らひく色ぐはし子をしば見れば人妻ゆゑに吾恋ぬべし」とある。

あかるひめ【阿加流比売】新羅の国で、身分の低い女性の胎内に日光が入り、赤玉が生まれた。新羅国の王子

がその玉を入手したところ、玉は美しい乙女に変身し王子の妻となった。これが阿加流比売で、『古事記』中巻にある話である。しかし王子が高慢になったので、「我が祖国に戻る」といって王子のもとを離れ倭の難波に止まった。現在の大阪市西淀川区の姫島神社の祭神とされている。

あきかぜ【秋風】秋と飽きをかけたもので、男女の愛情がさめること。『古今集』に用例がある。

あきがた【厭方】男女の仲で、ちょっぴり飽きがきたこと。『伊勢物語』に「深草に住みける女をようようあきがたにや思いけむ」とある。「男は深草に住む女のところで一緒に住んでいたが、そんな生活に次第に厭いて来たのであろうか」の意。

あくがれる【憧れる】あるものに心ひかれてさまようこと。かれるは思いが強くなって現実を離れ、宙をさまようという意。和歌の確立者紀貫之の『貫之集』に「思ひあまり恋しき時は宿かれてあくがれぬべき心地こそすれ」という歌がある。

あくごう【悪業】仏教の漢訳書の一つである『中阿含経』にある言葉で男女間の淫らな行為。

あくしょく【悪色】淫靡な女。紀元前300年頃の中国の思想家孟子の言行を記した『孟子』にある言葉。

あくどう【悪道】『法華経』にある言葉で、

現世で悪事を行った者が死後、落ちて行く場所。その悪事として酒色に耽ったり、遊蕩することが上げられた。

あげまき【総角】①古代の少年の髪形。②奈良時代の流行歌を集めた『催馬楽（さいばら）』の曲名で、男女関係を歌ったもの。

あげる【上げる】のぼせてボーッとなる。血道を上げる。『栄花物語』に「あないみじ。気上げさせ給ふな」とある。

あさがお【朝顔】朝起きたときの顔。女性が情交した翌朝の顔をいうことが多い。清少納言の『枕草子』に用例がある。

あさかげ【朝影】長く伸びる朝の影。恋のためにやせ細ったことを表す常套句。『万葉集』2394に「朝影に我が身はなりぬ…」という歌がある。

あさがみの【朝髪の】朝の寝乱れ髪から「乱れる」にかかる枕詞。『万葉集』724に「朝髪の思ひ乱れてかくばかり汝姉（なね）が恋ふれそ夢に見えける」という歌がある。「あなたは営みの翌朝の乱れ髪のように私を恋してくださるから、私の夢にまであなたが出てくるのですね」の意。

あさけのすがた【朝明の姿】女のもとへ通って来た男が、朝帰って行く姿。『万葉集』2841に「わが背子が朝明の姿よく見ずて今日の間を恋ひ暮らすかも」という歌がある。

あさせをわたる【浅瀬を渡る】女遊びの

真髄を知らないことのたとえ。『古今集』に「そこひなき淵やは騒ぐ山川の浅き瀬にこそあだ波はたて」という歌がある。作者は素性法師で、「色事の経験のない人ほど、山あいの浅瀬の川のように騒がしい波を立てる」という意。

あさづま【朝妻】通ってきた男が朝帰って行く、それを送り出す女の意。『宇津保物語』に用例がある。

あさづまぶね【朝妻船】琵琶湖東岸の近江国入江村朝妻（現滋賀県米原市朝妻）の港と大津を結ぶ渡し船のこと。遊女が船に乗って男を相手にしていた。

あさとで【朝戸出】（夜をいっしょに過ごした男が）早朝、戸を開けて出て行くこと。『万葉集』2357に「朝戸出の君が足結（あゆひ）を濡らす露原早く起き出でつつ吾も裳裾濡らさな」という歌がある。「朝、戸を開けて出て行くあなたの足元をあたり一面の露が濡らすだろう。私も早起きして一緒に裳裾を濡らそう」という意。足結は男子が外出する時、袴の上から膝下あたりをヒモで結ぶこと。☞夜戸出。

あさねがみ【朝寝髪】朝の寝起きの乱れた髪。『万葉集』4101の長歌に「朝寝髪かきもけづらず…」とある。

あざれかかる【戯れ掛る】馴れ馴れしくする。相手の気を引く振る舞いをす

る。『源氏物語』（宿木）に「聞きはやすべき人のある時…いたくあざれかかれば」とある。

あざわる【交わる】からみあう、もつれあう。男女の性交の様子を表した言葉。『日本書紀』（継体天皇紀／歌謡）に「妹が手を我にまかしめ我が手をば妹に巻かしめ真栄葛（まさきかずら）手抱き阿蔵播梨（あざはり）ししくしろうま寝しとに」とある。「ししくしろ」は性的絶頂のこと。☞ししくしろ。

あしかきの【蘆垣の】「思い乱る」の枕詞で、性的な感情が高揚することを強調した言葉。蘆垣は蘆を結い合わせて作った垣で、そこは人目を忍ぶ逢い引きの場となったのがもとの意。『万葉集』3272の長歌に「天雲のゆくらゆくらに蘆垣の思ひ乱れて…」という歌がある。

あしたのつかい【朝の使い】初めての関係を終えた翌朝、男は女性のところに手紙を届けることがエチケットとされていた。この役の男性を朝の使いという。もともとは新しく女御・后になった女性に天皇の手紙を持参するこ

ふみ使

とを意味し、名門の若い男性が務めたという。藤原行成の日記『権記』に用例がある。☞飽かぬ別れ、後朝の別れ。

あしゅくぶつ【阿閦仏】仏教の世界で、大日如来の教えを受けて一切の怒りと淫欲を絶ったといわれる仏。

あしゅべい【阿衆鞞】『華厳教』にある言葉で、男女が接吻すること。

あしゅら【阿修羅】ペルシャ語の「アシュラ」と語源が同じで、初めは善神を意味したが、古代のインド仏教では闘争して止まぬ者、悪神とされた。

あしゅらにょ【阿修羅女】インド仏教の用語で女性の阿修羅。

あぜのいらつめ【安是嬢子】『常陸国風土記』で紹介されている少女で、寒田郎子（さむだのいらつめ）と童子女（うない）の松原（現茨城県神栖市）で歌を交わした後、愛し合った。しかしそのまま裸で眠ってしまったことを恥じて、二人とも松の木に変わったと伝えられる。

あせを【吾兄を】吾兄は女性が男性に親しみを込めていう言葉。「を」は感動を込めたもので、歌垣の場などで相手の男性に親しく歌いかける時に使われた。『古事記』に用例がある。☞歌垣。

あそび【遊び】①遊戯や行楽、狩猟、酒宴などをして楽しむこと。世の建て前から離れて生きること。『梁塵秘抄』にある「遊びをせんとや生まれけむ、たはぶれ（戯れ）せむとや生まれけむ」という文句が有名。②遊び女、遊女。平安時代の日記文学の一つである『更級日記』に「そこに遊びども出で来て、夜ひとよ、歌うたふにも…」とある。

あそびきらめく【遊び煌めく】派手に遊びまわる、遊楽に耽けること。日本最古の長編物語である『宇津保物語』に「ある時は遊び煌きつつ旅住みをし、思ひし妻子の上をも知らで…」とある。

あそびめ【遊女】歌舞音曲を業とするかたわら、売春した女。遊び、遊び女、遊行女婦（うかれめ）ともいう。『宇津保物語』に「夜昼、遊び女すれて、好き者にいますがめる宮に参り給ては…」とある。「夜昼なく遊び女を侍らすように（お気に入りの臣下をそばに召されて）風流ぶっていらっしゃる…」という意。☞遊行女婦（うかれめ）。

あだ【婀娜】たおやかで、美しい様子。なよやかで、なまめかしい様子。往年の美女が醜い老女になって巷を彷徨うという『玉造小町壮衰書』に「婀娜の腰を支へ、揚柳の春嵐に乱れるかと誤る」とある。

あだく【徒く】浮つく。浮気っぽい様子。『源氏物語』（朝顔）に用例がある。

あだごころ【徒心】浮気な心、誠意のない移り気な気持ち。かぐや姫で知られる『竹取物語』に「あだごころつ

きなば、のち悔しき事もあるべきを」と
ある。徒し心ともいう。

あだごと【徒事】浮ついたその場限りの
関係。『源氏物語』(帚木)に「年頃、
まめごとにもあだごとにも召しまつはし
参りなれつるものを…」とある。

あだしたまくら【他し手枕】他人の手枕。
夫婦や恋人がそれぞれ他の女や男と
寝ること。『万葉集』2451に「愛し
い人と隔てられて会えなくなったが、
私は他の誰かの手枕で寝たりするも
のか」という意の歌がある。

あだな【徒名】男女の関係で根拠のな
い噂。『源氏物語』(夕顔)に「こり
ずまに又もあだ名立ちぬべき…」とあ
る。

あだね【徒寝】恋人と離れて1人寂し
く寝ること。奈良時代の代表的な歌
人の歌集『柿本人麻呂集』に「旅に
してあだ寝する夜の恋しくば我が家
の方に枕せよ君」という歌がある。
徒枕(あだまくら)に同じ。

あだびと【徒人】実のない人間、浮気
者。『古今集』に「秋といへばよそに
ぞ聞きしあだ人の我をふるせる名にこ
そありけれ」という歌がある。

あだめく【婀娜めく】浮気っぽい様子、
色っぽく見えること。『伊勢物語』と
並ぶ女性遍歴譚の『平中物語』に
「そのこと、いとものはかなき空言を、
あだめける人のつくり出でて言へるな
りけり」とある。「そのことは、まったく

根も葉もない嘘を、かつて訳ありだっ
た女性が、今は彼のことを恨んでい
いだしたのである」という意。

あだわざ【徒業】浮気。『落窪物語』
に「女君のうちとけ給へるを見て、む
べなりけり、君のあだわざをし給はぬ
はと思ふ」とある。☞好き業。

あづなひのつみ【阿豆那比乃罪】男色
の穢れ。『日本書紀・神功皇后紀』
の摂政元年によると、親友の小竹祝
が死んだのを追って、天野祝もその
そばで自死したと伝えられる。天野の
この行動から男色説が広がった。

あづまおとこ【東男】東国の男子。優
美な京男に対して、関東の男は粗野
で勇敢とされた。『万葉集』4333に
「鶏(とり)が鳴くあづまをとこの妻別
れ悲しくありけむ年のおながみ」とい
う歌がある。

あてびと【貴人】高貴な人。転じて艶人、
なまめかしい人の意となる。『宇津保
物語』に用例がある。

あてやか【貴やか】人柄や容姿などが
上品で美しいこと。『竹取物語』に
「心ばへなどあてやかに美しかりつる
事を見ならひて、恋しからん事の耐
へがたく」とある。

あとう【聘う】結婚を申し込む。『日本
書紀』(武烈天皇紀)に「物部麁鹿
火、大連の女影媛を聘へむと欲して
媒人を遣して影媛が宅へ向い…」と
ある。

あとをたつ【後を断つ】男女が交渉を断つこと。王朝小説の一つ『夜の寝覚』に「行く先をたのむやうにて後を断つ気色ながら、うらめしきぞ、ことわりなきや」とある。

あな【穴】陰門。『日本霊異記』は平安時代初期に成立した説話集だが、その中に「其体人に異なりシナタリクボ（間）無くして嫁ぐことなく、ただ尿（ゆまり）を出す穴あり」とある。

あなにやし【阿那迩夜志】『古事記』（神代）によれば、伊弉諾と伊弉冉が初めての交合を行った後、伊弉冉が感動のあまり発した言葉。感動詞の「あなに」に、その感動を強める「や」と、さらにそれを強調する「し」の付いたもので、これ以上ない感動を表す。「ああ、いい」など性の絶頂に達した時の女性の叫び。ただし女性の伊弉冉が先に感動の叫びを発したことから蛭子（ひるこ）が生まれたとされる。また『古事記』（神代）は「阿那迩夜志」ではなく「阿那而恵夜（あなにえや）」、「うれしや」となっている。

アナンタ　インド仏教では釈尊の弟子の1人で、請雨法の本尊であるサーガラ（八大龍王の1人）の娘とされ、アナンタ自身による特異な請雨法も紹介されている。それによると「オーム・アーハ・プッ」という字を書いたアナンタ竜王の小像を作り、それを五甘露（尿などの5種の排泄

物）で洗い清めて黒色の花で飾り、ナーガダマナカ（竜を調伏という意。植物の名という）の汁を塗り、発情期の象のこめかみから流れる液をその頭に塗る。一対の皿を合わせてサンプタの形にし、その中にアナンタ竜王の像を安置して、黒牛の乳で満たす。それを黒い童女が紡いだ糸で巻く。北西の方角に池を掘り、そこにアナンタ竜王の像を安置する。尸林（死体置場、火葬場）の炭で黒粉、男人の骨で白粉、雄黄より黄粉、尸林の煉瓦より赤粉、チャウルヤの葉と男人の骨を混ぜて緑粉、男人の骨の粉と尸林の炭を混ぜて青き粉を作り、それで曼陀羅を描く…というもの。

あによめのみずにおぼるともてをもってせず【兄嫁の水に溺るとも手を以ってせず】男女の間では疑いを持たれるような行為は慎まなければならないという意味で、『孟子』の中にある言葉。小学館『日本国語大辞典』によれば、緊急の際はその限りにあらずというのが『孟子』の教えだったが、日本ではあくまでも疑いを持たれないようにという意味で定着したという。

あぼうきゅう【阿房宮】中国の秦の始皇帝が長安の都の近くに建てた宮殿。皇帝はここに3000人の美女を侍らせて日夜歓楽に耽ったという。

あま【尼】女性の出家修行者。中村元の『広説仏教語大辞典』によれば

「比丘尼（びくに）」の最後の一文字から取られたものという。日本最初の尼は司馬達等の娘・善信尼ら3人で584年に誕生。尼入道、尼御前（あまごぜ）ともいう。

あまつつみ【天津罪】国津罪とともに古代社会の犯罪を規定したもの。国津罪が性のタブーの違反など個人的な犯罪について定めているのに対して、天津罪は他人の畔や溝、樋などを破壊するなど農耕を不可能にすること、さらに動物の皮を剝ぐことなど、共同体全体の平和を害する行為を禁じている。☞国津罪。

あまつまら【天津麻羅】天鈿女命が天岩戸でストリップを演じた時、その場にいた鍛冶職人。『日本国語大辞典』では「その場で鏡を作った」とあるが、麻羅が大きいことで知られていたから、天鈿女命が女陰をさらして踊ったのはその麻羅に向かって性交を仕掛ける仕草を演じたのではないかとする説もある。☞天御柱（あまのみはしら）。天鈿女命（あめのうずめのみこと）。

あまのいわと【天の岩戸】『古事記』や『日本書紀』によれば、素戔嗚尊の粗暴な振る舞いに怒った天照大神がこの岩戸を閉ざして隠れてしまった。このため世の中は真っ暗になったが、天鈿女命が胸乳を広げ、陰部を露わにして踊ったので、集まった神々は大笑いした。その笑いを気に留めた

天照神が岩戸をそっと開けてのぞいたところを、そばで待機していた手力命がこじ開けたという。天の岩屋戸ともいう。

あまのこ【海人の子】（舟に住んで世を過ごすことから）遊女、遊び女、浮かれ女。日中の朗読用漢詩を集めた『和漢朗詠集』では遊女のことが「白浪の寄する渚に世を過ぐすあまの子なれば宿も定めず」と歌われている。

あまのたりよ【天足夜】満ち足りた素晴らしい夜。「天の」は美称で性的な満足の表現。『万葉集』3280の長歌に「現（うつつ）には君には逢はず夢にだに逢ふと見えこそ天の足夜を」という歌がある。「現実にはあなたにお逢いできなくても、せめて夢の中ではお逢いしたい。前の夜が素晴らしい満ち足りた夜だったから」という意。☞ししくしろ。

あまのみはしら【天御柱】イザナギとイザナミは天上と地上を結ぶ通路である天浮橋のたもとに神殿の中心となる柱を打ち立て、この柱を回って関係した。これが日本人が初めてセックスした記念の地とされている。☞イザナギ・イザナミ、伊弉諾神宮。

アマミキョ琉球神話で開闢神とされている神で、アマミチューともいう。女神で、男性神のシネリキョの妻とされている。

あまよのしなさだめ【雨夜の品定め】『源

氏物語』（箒木）で、夏の雨の夜に光源氏のもとに左馬頭と藤式部丞がきて、女性の品評会を行い、さらに自分の理想の女性像を語り合ったことを指す。

あめのうずめのみこと【天鈿女命】天照大神が天の岩戸に籠った時、その前でストリップを演じて笑いを誘った女神として有名。このエピソードにより芸能の神である猿女（さるめ）一族の祖とされる。さらに天孫降臨の際、相手方の猿田彦の前でもストリップを演じた。その縁で2人は結婚したという。この言い伝えから天鈿女命と猿田彦は現在も各地に残る道祖神のモデルに擬せられている。☞**天津麻羅、天の岩戸**。

あめわかひこ【天若日子、天稚彦】天津国玉神の子で、天孫降臨に先立ち葦原中国（あしはらのなかつくに）に遣わされ、大国主神の娘の下照比売を娶った若い神。だがそのことを天上に知らせなかったために雉が不吉な声で鳴きだし、天若日子は雉を射殺して遺骸を弓で天上に射上げた。ところが天上からさらに矢が射返されたたため、矢に当たって死んでしまったと伝えられる。死後日8日夜8夜の葬儀が営まれたが、これが日本における葬儀の初め。また「雉も鳴かずば撃たれまい」という文句もここから始まるという説がある。

アユシニカムイアイヌ語で淫魔を追い払う薬の事。タラの木やセンの木で作られる。

あらみさき【荒御前】男女の仲を裂く神。平安時代中期の歌学書である『能因歌枕』に「あらみさきとは人の仲を裂く神いふ」とある。荒御前姫ともいう。

ありつく【有り付く】性的な関係を結ぶ。結婚する。鎌倉時代に成立した説話集で、奈良・平安時代以前の説話を集めた『宇治拾遺物語』に「わざとありつきたる男となりて、ただ時々かよふ人などぞありける」とある。

あるきみこ【歩き巫女】諸国を回って神下ろしや口寄せ、託宣などをする巫女。『梁塵秘抄』に記述があり、猿楽や歩き白拍子と同様、遊女を兼ねていた。熊野比丘尼はその代表的な例。

あわす【合わす】男女の性行為、交合の意。『日本書紀』（神代）に「遂に合交（みあわ）しまして、其の術を知らず」とある。

あわび【鮑】女陰の隠語。『梁塵秘抄』に「伊勢の海に朝な夕なに海女の居て、採り上ぐなるあはびの貝の片思ひ」とある。これにより女陰の隠語としての鮑と言う言葉は平安時代から使われていたことが想像される。

あわびくぼ【鮑苦本】平安時代の猿楽の記録である『新猿楽記』に女陰の

こととある。

あわゆきの【淡雪の】若い女性のふわふわと柔らかい乳房を強調する表現。『古事記』（歌謡2）で使われている。

あわれをかわす【哀れを交わす】お互いに深く思い合うこと。『源氏物語』（藤裏葉）に「うち解けず、あはれをかはし給ふ御仲なれば…」とある。

あんせいがく【安世楽】房中薬（性的刺激薬）のこと。漢の高祖は楚の庶民の歌を好み、これを房中薬としたことから出たという。紀元80年頃に成立した中国の『漢書』にある言葉。

あんらぶにん【菴羅夫人】仏教用語で娼婦、遊女のこと。比丘尼の戒律を説いた『有部律』にある言葉。なお菴羅はマンゴーのこと。

い【遺】小便のこと。前漢の歴史を描いた『漢書』にある言葉。

いあかす【居明す】じっとしたまま夜を明かす。『万葉集』89では、女性が男性をじっと待って夜を明かしたため、黒髪に霜が降りたと歌われている。

いいかわす【言い交わす】男女が言葉をかわすこと、夫婦の約束をすること。『伊勢物語』に用例がある。

いいちぎる【言い契る】変わらぬ愛を誓う、夫婦になることを約束する。『伊勢物語』に「変わらぬ愛を誓った女が、ほかの男に心を移してしまったので…」という一節がある。

いいはじむ【言い始む】異性と初めて文を交わし、心を打ち明けること。『後撰集』に「人をいいはじめんとて…」とある。

いいよる【言いよる】求愛のために近づくこと。『源氏物語』（末摘花）に用例がある。

いいわたる【言い渡る】性的な関係を求める、求婚する。『源氏物語』（東屋）に「いとねんごろにいひ渡りける」とある。

いえ【家】正妻として社会的に認められている女性。夫人、北の方。

いがさ【藺笠】男性器の異称。藤原明衡の『鉄槌伝』にある言葉。☞藤原明衡、鉄槌伝。

いかとみ【伊香刀美】『近江風土記』（逸文）の羽衣伝説に登場する男性。伊香刀美は土地に舞い降りた八人の天女のうち、最年少の天女の羽衣を奪い取って夫婦になることに成功、二男二女をもうけたと伝えられている。

いきかよう【行き通う】男が愛する女のもとに通うこと。『伊勢物語』に「ありどころは聞けど、人の行き通ふべき所にもあらざりければ…」とある。

いきはだたち【生膚断】生きている人の膚に傷をつけること。奈良時代に年2回行われていた「大祓」（おおはらえ）の祝詞の中で、穢れを祓うべき国津罪の一つとされていた。☞国津罪。

いけはぎ【生け剝ぎ】生きたままで鳥獣の皮を剝ぐこと。残忍な行為として天津罪の一つとされた。☞天津罪。

イザナギ・イザナミ【伊奘諾・伊奘冉】2人は神話上、日本人の第一号とされている。2人の名前については「イザ」は戦国時代の武将による「いざ、出陣！」というかけ声と同じ意味の「いざ」であり、「ギ」と「ミ」はそれぞれ男性一般、女性一般を表すという説がある。すなわちイザナギ・イザナミとは「いざ、男たち、女たちよ」と鼓舞している言葉というわけである。何のために鼓舞するかといえば、若い男女が恋の歌を出し合って、気が合った同士が関係を結ぶという行事である歌垣（嬥歌ともいう）で、多いに盛り上がろうという呼びかけと想像されている。さらに「イザナ」までをセットとする説もあるが、この場合の「イザナ」は「誘う」に通じる言葉であり、意味するところはほぼ同様である。

イザナギじんぐう【伊奘諾神宮】兵庫県淡路市にある神社で、イザナギとイザナミはこの地で初めての交わりを行なったという説を伝える。淡路島にはほかに自凝（おのころ）神社とおのころ島神社という二つの「おのころ」神社があり、共にイザナギ・イザナミ伝説を伝えている。自凝神社には2人が交わった際にその方法を教えた鶺鴒が止まったという石が伝えられ、おのころ島神社近くの海中に立つ上立神岩は天御柱の別名とされている。☞天御柱。

いし【遺矢】矢は尿の意。大小便を垂れ流すこと。中国の代表的な歴史書である『史記』や、平安時代の史書である『日本紀略』でも使われている。☞遺（い）。

いしき【居敷】殿部、尻、のちには女性の丁寧語として用いられるようになった。

いじょう【遺溺】小便を漏らす、寝小便。『史記』にある言葉。

いしんぼう【医心方】『医心方』は日本最古の医書で全30巻、その中の第28巻が性の健康法やハウツーについて述べた『房内篇』で、日本初の性の指南書である。撰者は当時、丹波国（現京都府から大阪、兵庫の北部）の鍼博士だった丹波康頼。隋唐の医書100点以上から各種疾患の病理・治療法などを整理した壮大な医学事典で、すべてが原著からの引用だが、その原著のほとんどが中国にも残っていないところから資料価値は大きいとされている。一説によると康頼は後漢の霊帝の子孫と称し、一地方の鍼博士の地位に留められていることに不満を抱いていた。本書を献上することにより、霊帝の子孫にふさわしい地位を望んだと言われている。ただしその願いは叶わな

あ

か

さ

た

な

は

ま

や

ら

わ

かった。古写本のうちの仁和寺本は
国宝に指定されている。なお昭和の
俳優丹波哲郎は丹波一族の子孫。

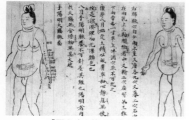

「医心方」第22巻より

いすけよりひめ【伊須気余理比売】初代
天皇と伝えられる神武天皇の正夫人。
その出生譚は「丹塗矢」（にぬりや）
という後背位のエピソードとして有名。
生まれた時は富登多多良伊須須岐
比売（ほとたたらいすすきひめ）と呼
ばれたが、自分の名前に富登（女性
器）とついているのを嫌って、のちに
改名したという。古代史学では「い
すけより」は「いすすき（身震いする）
＋神霊が依（よ）り憑（つ）く」という
意との解釈が一般的だが、体が小
刻みに震えることは女性の官能の表
現であり、その状況を神霊が依りつ
いたとみなしたものという説もある。
☞**丹塗矢**。

いすすく【伊須須岐】あわてる。びっく
りして体がうち震える。『古事記』（大
国主命）には大国主命が勢夜陀多
良姫（せやだたらひめ）と関係した
場面について（大国主命は勢夜陀
多良姫の容貌が麗しかったので）

「美人が糞（くそ）まる時に丹塗矢に
なって上流から流れ下って美人の富
登を突いた」とある。体が打ち震えた
（いすすいた）姫がその矢を持ち帰っ
て床の間に飾っていたところ、素晴ら
しい美男子が生まれた。その子に美
人の妻を娶ってできた子がのちの神
武天皇の夫人だという。

いずみ【泉】女性器。『遊仙窟』（コ
ラム6参照）に用例がある。

いずみしきぶ【和泉式部】歌人、平安
朝きっての色好みの女性とうたわれ、
関白太政大臣の藤原道長も「浮か
れ女」（遊女）と評した。越前守大
江雅致の娘で、和泉守橘道貞と結
婚、その官名から和泉式部と呼ばれ
た。後に道貞と離婚、歌人として活
躍する一方、多くの男との関係で平
安朝を彩った。『和泉式部日記』は
花山院の弟である敦通親王との恋日
記だが、親王以外の男との関係が
忍びたる男、心憂しと思ふ人、たの
めてこぬ男などの表現で語られてい
る。☞**蛇**。

いせ【伊勢】平安朝の色好みの女性
の1人で、代表的な女流歌人の1
人。『伊勢集』という歌集も残してい
る。宇多天皇の中宮温子の女房とし
て仕え、温子の兄弟である藤原仲平、
時平と関係、さらに在原業平と並ぶ
色好みとして知られた平貞文（通称・
平中）とも関係を持った。その後、

「伊勢物語」の第九段「東下り」より。蔦の細道図屏風。深江芦舟筆（出典：Colbase）

宇多天皇との間に子どもができなかった温子に依頼されて天皇の女御となり皇子を生んだ。ついで天皇の王子である敦慶親王と関係して女児を設けた。有名な『伊勢物語』の作者の1人にも擬せられている。☞伊勢物語、平中。

いせまら【伊勢魔羅】伊勢（現三重県）の男性のペニスという意。人並みはずれてすばらしいという俗説があった。鎌倉時代の資料で、平安時代以前の説話を収集した『古今著聞集』に「まらは伊勢まらとて最上の名を得たれども、汝が物は小さく弱くて有りがいなき物なり」とある。☞筑紫つび。

いせものがたり【伊勢物語】平安時代の代表的なプレイボーイ在原業平の女遍歴を描いた物語。業平は平城天皇の孫で、歌人。二条天皇の后

である藤原高子との不倫が発覚して勅勘を受け、以後東国をさまよったとされる。業平は生涯に3733人の女性と関係したとされるが、物語は高子との不倫のほか、処女であるべき伊勢の斎宮との密通など、スキャンダラスな恋を中心に12人の女性とのストーリーをまとめたもの。この書によって、業平はこの国の色好みの象徴的な存在とされている。☞伊勢。

いそのぜんし【磯禅師】白拍子の名前で、白拍子の創始者とされる。義経の愛人静御前の母。☞白拍子。

いち【市】市場のこと。平安時代の市場は生活の場であると同時に、男女の出会いの場でもあった。当時の貴族社会の恋愛模様を実名で描いた『大和物語』には「平中（歌人の平貞文）が盛んに色好みに励んでいた頃、さまざまな人が市にきて、色好む

技を仕掛けていた」とあり、3番目の勅撰和歌集の『拾遺集』にはその中に混じっていた人妻の歌が採録されている。☞平中。

いちはやきみやび【逸早き雅】『伊勢物語』の第1話に登場する言葉で、主人公である在原業平の激しい情熱的な恋のこと。

いちぶつ【一物】ペニスのこと。形、大きさがすぐれているものをいう。『今昔物語』（巻第十九）には円融天皇の皇后が出家しようとした時の奇っ怪なエピソードが紹介されている。剃髪役には多武峰の増賀聖人という高僧が選ばれ、儀式には貴族や女官たちも多数出席していたが、皇后の髪を切り下ろした聖人は「拙僧に大役を命じられたのは一物が大きいことをお聞き及びになってのことでしょうか」と言いながら、いきなり自分のペニスを引っ張り出したという。平安時代の国語辞典の『色葉字類抄』には人間のペニスは一物と記述し、馬のそれは逸物というとある。

いちやばらみ【一夜孕み】①『古事記』（神代）によると、天照大神（アマテラス）の孫である瓊瓊杵尊（ニニギノミコト）は高天原から地上に降臨した日向の地で会った木花開耶姫に一目惚れして結婚する。姫が一夜で身ごもったのでニニギノミコトは彼女を疑い、「それは我が子ではなく前の男の子であろう」と言う。姫は疑いを晴らすため、「ニニギの子なら何があっても無事に産めるはず」といって産屋に入って火を放ち、その中でホデリ（海幸彦）、ホオリ（山幸彦）を産んだと伝えられる。②『日本書紀』（雄略天皇紀）によると、雄略天皇は即位した年、3人の女性を妃として立てた。3人目は童女君といい、采女として献上された女であったが、天皇は一夜を共にしただけで童女君が身ごもったことを不審に感じ、生まれた子を自分の子と認めようとしなかった。大豪族の物部目大連が「何回関係されましたか」と尋ねたところ、天皇は「7回」と答えた。大連は「身ごもりやすい者は下褌が体に触れただけで、即座に身ごもると聞いています。まして一晩中、関係なされていたのなら…」といって、自分の子とするよう説得したという。一夜孕みの話は『常陸国風土記』や『宇津保物語』などにも見えている。☞木花開耶姫（このはなさくやひめ）、雄略天皇。

いちやめぐりのきみ【一夜巡りの君】陽成天皇の第一皇子元良親王のこと。「いい女」として少しでも話題になった女性のもとへは、相手が一夜をともにすることをOKする、しないにかかわらず、必ず歌や手紙を届けた。歌人としても知られ、『元良親王集』という歌集が残っているが、その冒頭

には「いみじき色好みにおはしければ…」と記されている。なお『大和物語』では「一夜巡りの君」を式明親王のこととしているが、馬場あき子は『日本の恋の歌』の中で、式明親王は間違いで元良親王のこととしている。ここでは馬場説に従った。

いつがる【い繋がる】いは接頭語、つがるは繋がるの意で、土地の娘と関係すること。『万葉集』1767 に「豊国の香春は我家（わぎえ）、紐の子にいつがり居れば香春は我家」という歌がある。「豊国の香春（現福岡県香春町）は我が家だ、地元の娘とくっつきあえる香春は素晴らしいところだ」という意。大和朝廷が確立されるにつれて、地元の郡司などが国司に土地の娘を差し出すことが慣例化した。いつがるはそういう娘との関係を指す。その後、各地方から朝廷へ美人を差し出す采女の制度が定着する。☞采女（うねめ）。

いっさいじざいしゅ【一切自在主】『理趣経』にある言葉で男女が愛欲に耽溺し、満足感に浸っていること。世のすべての束縛から自由だと感じている状態。

いっしょうふほん【一生不犯】一生、不淫戒を守って、男女の交わりをしないこと。天台宗の座主には必ずこのことが求められた。

いっしんきゅうぜんのほう【一深九浅の法】男女の交接において男性器を抜き差しする回数のことで、10 度のうち 9 度は浅く 1 度だけ深くという中国伝統の方法。『房内編』に記述がある。

いっせんだい【一闡提】古代インドの快楽主義者のこと。世俗的な快楽のみを追い求める人々。

いつつのさわり【五つの障り】『法華経』にある言葉で、女には梵天王、帝釈天、魔王、転輪聖王、仏の 5 つにはなれない障りがあるということ。その理由として女の三従（幼い時は親に従い、嫁しては夫、老いては子と、いつも従属させられること）と関わりがあるとされる。

いでのしたおび【井手の下帯】男女が別れた後、再び巡り合って契りを結ぶこと。ある男が山城国（現京都府）井手の里で少女と契りを結んで下帯を与えたが、後にその下帯が目印となって再開、めでたく契りを結んだという、『大和物語』に採られた故事による。

いとこ【伊刀古】情夫のこと。『古事記』（歌謡 4）による。

いどむ【挑む】歌を贈ったりして、相手の恋心をそそろうとすること。『平中物語』に用例がある。☞平中。

いぬ【率寝】異性を誘って一緒に寝ること。『万葉集』3822 に「橘寺の長屋で一緒に寝た童女はもう髪上げし

て他の男と結婚しただろうか」という意味の歌がある。

いねつきがに【稲搗蟹】カニの一種。米搗蟹ともいう。ハサミを上下に動かして砂をつかむので、その動きが『神楽歌』では男子のマスターベーションに擬せられている。

いばしんえん【意馬心猿】仏教用語で、情欲や煩悩、妄念などのために心の抑えが効かない状態のこと。意猿ともいう。『略論安楽浄土義』という六世紀前半の経典にある言葉。

いも【妹】男から恋愛の対象となる女性全体を呼ぶ言葉。「背」（せ）の対語。いもこ、いもなめ、いもなろ、いもら、いももも同じ。

いもうとむつび【妹睦び】妹と情を通じること。『宇津保物語』に「…妹睦びして迎え取りて通ひ給ひしなり」とある。「（腹違いの）妹と関係して、こっそりと迎え取って、お通いになっていたのである」という意。

いもがり【妹許】夜這いする男が目指す女性の住む場所をいったもの。妻問いする、夜這いすること。『拾遺集』に「思いかねいもがり行けば冬の夜の川風寒み千鳥鳴くなり」という歌がある。

いもせ【妹背】夫婦。①親しい男女の関係。『源氏物語』（末摘花）に用例がある。夫婦。②兄と妹。

いもせやま【妹背山】男女の仲の深いこと。その関係を山の深みにたとえたもの。『万葉集』544に用例がある。

いもなね【妹なね】妻や愛する女性を親しみを込めて呼ぶいい方。『万葉集』1800に「妹なねが作り着せけむ白妙の紐をも解かず…」とある。

いもりのしるし【いもりの印】女性が夫の留守に他の男と通じたかを知るため、いもりの血を女の腕に付けておくと男に近づいた時に色があせるという中国の故事があり、日本でも女性が淫逸に溺れるのを防ぐことができる呪いとされていた。赤染衛門の歌にも、この故事を歌った歌がある。☞**赤染衛門、脱ぐ者が重なる。**

いろ【色】①顔立ちや姿、特に美しい容姿。②男女の情愛に関する様々なことがら。特に「色好み」という形で、異性との恋愛、情事が語られた。『伊勢物語』に「これは色好むといふすきもの」と表現されている。なお色という字は膝を落として前屈みになった女性の後ろから男性が交わっていることを表す象形文字。☞**愛、好き者。**

いろいろし【色色し】色好みであること。好色めいていること。『今昔物語』に「重方は本より色色しき心有りける者なれば…」とある。

いろおしえどり【色教え鳥】鶺鴒（せきれい）の別名。平安時代には宮中で『日本書紀』の講義や研究が行われ、その成果が『日本紀講筵』としてまと

められたが、そこではオシエドリ（教鳥）、コイオシエドリ（恋教鳥）、トツギオシエドリ（嫁教鳥）など、様々な名称で呼ばれている。

いろか【色香】 古来、日本では性的な魅力が色と香りと艶の三つの要素から構成されていると考えられてきた。色香はそのうちのセクシュアルな雰囲気と香り。『宇津保物語』に用例がある。

いろこのみ【色好み】 好色な生活を享受する人やその生活ぶりを指す。『古今集』の序文や『竹取物語』、『宇津保物語』などさまざまな資料に登場する。とくに『宇津保物語』に登場する藤原兼雅はその代表的な存在で、「限りなき色好みにて、広き家に多くの屋を建てて、よき人々のむすめ、かたがたに住ませて住みたまふ」と描写されている。広大な敷地に高貴な人々の娘たちを集めて歓楽に耽っていたのである。亀井勝一郎の『王朝の求道と色好み』によれば、「色好み」の「いろ」とは「純粋のやまと言葉」で、渡来人によってもたらされたものではなく、原日本人が使用していた言葉であることが想像されるという。つまり「色好み」は日本人の精神の根幹をなしている要素というわけである。秋山虔編の『王朝語辞典』によれば、平安時代には「色好み」と「すき者」は対比的に捉え

られていたといい、「色好み」は肉体的に女性を追いかける男、「すき者」は恋愛感情を精神的に追求するタイプだと指摘されている。☞愛、好き者。

いろごのみかかる【色好みかかる】 性的な感情を催すこと。『今昔物語』に用例がある。

いろごのみのいえ【好色の家】 『古今集』の仮名序にある言葉で、和歌が男女の私的な関係の道具として用いられていることをこういったもの。

いろこのむわざ【色好む技】 繁華街で男女が出会い、その日に関係を持つこと。いわゆるナンパ。『大和物語』に「よき人々（高貴な人々）市に行きてなむ色好むわざはしける」とある。

いろづく【色付く】 色気づく、性的感情が芽生える。『宇津保物語』に「七夕はすぐさぬものを姫松の色づく秋のなにやになり」という歌がある。「七夕は今日必ず逢うことが決まっていて、ずれることがないのに、姫松の色付く秋がないのはどうしてでしょうか」という意。

いろつや【色艶】 色と艶。性的な魅力のうちのセクシュアルな雰囲気と体の艶、張り。平安時代の小説『狭衣物語』に用例がある。

いろにいづ【色に出づ】 秘めていた恋の思いが周囲に知られてしまうこと。『拾遺集』に「忍ぶれと色に出にけり

わが恋は物や思ふと人の問ふまで」
という歌がある。

いろふかし【色深し】①容貌が美しい
こと。②色欲が高まっていること。好
色なこと。奈良時代から鎌倉時代初
期までの説話を集録した『古今著聞
集』に「紅花の初めて咲いた花で染
めた色のように、心深くまで染められ
たこの心を私は決して忘れない」とい
う意味の歌がある。

いろめく【色めく】色好みに見える。色
好みのふるまいをする。艶めかしく振
る舞う。『源氏物語』(紅葉賀)に「婿
などは思しよらで女にて見ばやと色
めきたる御心には思ほす」とある。自
分の娘の婿ではなく、彼が女であっ
たら自分がものにするのにという思い
という意。

いわいつま【斎妻】一定期間、夫との
交渉を絶っている妻。『万葉集』
1262 に用例がある。

いわとのまい【岩戸の舞】天照大神が
天岩戸に隠れた時、天鈿女命が演
じたストリップを指す。

いわのひめ【磐之媛】仁徳天皇の皇后
で履中、反正、允恭天皇の母と伝え
られる。『日本書紀』の中ではきって
の嫉妬深い女性と描かれている。

いわばし【岩橋】一言主神が葛城山と
金峰山の間に架けようとして未完成
に終わった橋。男女の恋が中途で
途絶えることの例えとして用いられた。

いん【淫・婬】①色欲、性欲、性行為。
『今昔物語』に「蕪の根の大なるを
一つ引て取て其れを彫て、其の穴を
とつぎて婬を成しけり」とある。②男
女の性行為で度を過ごすこと。『続
日本紀』天平宝字 3 年 6 月 22 日に
「己が妻を愛せず、他の女を犯すこ
とを喜ぶを婬と為す」とある。同書
は平安時代初期に作られた勅撰の
史書。③精液。「男女婚はずといえ
ども、身の内に婬入りぬれば、子を生
じけるとなん…」。

いん【陰】①『史記』では男子の陰
部の意で使われている。②『漢書』
では女性の陰部の意で使われてい
る。③儒教の教典の一つである『周
礼』では男女の情交の意で使われ
ている。

いんあい【淫哇】淫らな声、淫らな音
楽。唐時代の詩人駱賓王の詩にあ
る言葉。

いんい【陰萎】『史記』にある言葉で、
インポテンツのこと。

いんいつ【淫逸、婬佚】男女関係のみ
だらな交わり。『史記』にある言葉で、
奈良時代の法律の解説書である
『令義解』や平安時代の『日本霊異
記』にも登場する。

いんえ【淫穢】精液によるけがれ。『今
昔物語』の天女像に惚れて自慰を
行い穢した僧の話で使われている。

いんえき【淫液】①絶え絶えの声が長

く続いていること。『史記』にある言葉。②男子の精液のこと。

いんか【淫火、婬火】仏教用語で淫欲の熱情。淫乱な欲情。「般若心経」の注釈書である『大智度論』に「婬火内発、自焼而死」とある。

いんかい【淫戒】①仏教用語で淫に溺れることを戒めた戒律。すべての戒律の初めに説かれている。また小便道（ペニス）、大便道（肛門）、口唇にしろ、それによって性の快楽を想像することは根本罪とされる。このことから日本でも奈良時代からフェラチオやクンニリングスなどの口唇性愛が知られていたことが分かる。②出家者には婬行を固く禁止し、これを犯せば出家の資格を失う。在家者の場合、夫婦間の関係以外の婬行を禁止する。

いんかく【陰核】『和名類聚抄』によれば男女の性器のこと。いわゆるクリトリスを意味するようになったのは後世のこと。陰消ともいう。

いんがく【淫楽】淫らな楽しみ。紀元前360年頃に成立した『春秋左氏伝』にある言葉。

いんかん【淫観】『管子』にある言葉で、淫らな見せ物。

いんぎ【淫戯】淫らな戯れ、わいせつないたずら。紀元前650年頃に成立した『書経』にある言葉。

いんぎゃく【淫虐】淫乱で残虐なこと『春秋左氏伝』にある言葉。

いんぎょう【婬行】インド仏教の用語で淫らな行い。

いんきょく【隠曲】精液や経血を射出するところ。陰部。中国最古の医書といわれる『黄帝内経』にある言葉。☞『黄帝内経』。

いんぎんをつうず【慇懃を通ず】男女がひそかに情交すること。天台宗の僧皇円の『扶桑略記』に「ある時、女児と慇懃を通ず」とある。

いんけい【陰刑】古代の中国で姦淫の罪を犯した者に科せられた刑罰。男性は去勢、女性は陰部を縫い閉じられた。『漢書』に記述がある。☞宮刑。

いんこう【淫好】男女の淫らな交際。『春秋左氏伝』にある言葉。

いんこう【淫行】淫らな行い。『春秋左氏伝』にある言葉。

いんこう【淫荒】色欲に耽り、身も心もすさむこと。『史記』の殷本紀で用いられている。

いんこう【陰溝】漢代の小説『雑事秘辛』にある言葉で、女陰のこと。

いんこん【陰根】平安時代の有職故実を記述した『江談抄』には男子の生殖器とある。ただし江戸時代の寛永年間に出版された『日本書紀抄』には女子の生殖器と説明されている。

いんこん【淫婚】心がくらみ、乱れた行いをすること。とくに女色に溺れること

をいう。『書経』にある言葉。

いんさい【淫妻】『漢書』にある言葉で、淫乱で身持ちの悪い妻。

いんし【淫志】淫らな心。『史記』から出た言葉。

いんし【淫祀、淫祠】仏教用語でいかがわしい神を祀ること。またその社をいう。平安時代の法令集『類聚三代格』に、「無知な百姓が淫祠をみだりに崇拝している」との記述がある。

いんじ【淫事】淫らな行い、男女の交合。『管子』にある言葉。

いんしつ【淫佚】①淫らな楽しみに耽ること。紀元前10世紀頃から紀元前五世紀頃の中国の歴史を描いた『国語』にある言葉。②男女間の淫らな交わり、不義密通。紀元前5世紀頃の『墨子』にある言葉。

いんしつ【陰疾】紀元200年頃の中国の医学書『華佗神方』にある言葉で、インポテンツのこと。

いんじゃ【淫邪】みだりがましくよこしまなこと。『荀子』にある言葉。荀子は中国の戦国時代の思想家。

いんじゃぎょう【婬邪行】古代インドの仏教用語で邪婬と同意。

いんじょ【淫女、婬女】好色な女、多情な女。『後漢書』にある言葉。

いんしょくとだんじょはひとのたいよく【飲食と男女は人の大欲】飲食と性欲は人間の大欲であるからつつしむべきであるという意。儒教の三大経典の一つである『礼記』にある言葉。

いんしん【淫心】仏教説話集の『沙石集』にある言葉で淫らな心、煩悩。

いんじん【淫人】淫らな人。『春秋左氏伝』にある言葉。

いんじん【陰人】生理中の女性。中国の晋時代の書『神仙伝』にある言葉。

いんすい【淫水】性欲の発動に伴って陰部から分泌する液、愛液。藤原明衡撰の漢詩集『本朝文粋』に「門（女陰のこと）に入れば湿りあり、淫水出でて褌を汗す」とある。☞愛涎、愛水。

いんせい【淫精】男性の精液のこと。『日本霊異記』に吉祥天女像に恋した男がその像と関係する夢を見たという話が採られている。翌日、天女像の裳は「淫精染み穢れ」ていたという。なお女性の淫水が淫精と呼ばれることもある。☞淫穢（いんえ）。

いんせい【淫声】淫らな音楽。儒教の経典である『周礼』にある言葉。

いんせん【淫泉】前漢の時代にあった泉。この泉の水を飲むものは誰もが淫乱になるといわれ、多くの男女で賑わった。

いんそう【隠相】男女の性器の形。紀元前四世紀頃、中国の武霊王の時代の書にある言葉。

いんたん【陰丹】紀元500年頃、中国の医療用語で女性の乳汁のこと。

露出狂の女（「異本病草紙」）

いんつう【淫通】男女が法や道徳に反して情を通じること。姦通、不義密通。『列女伝』から出た言葉。

いんてい【陰梃】①古代中国で、女性の子宮が陰部の外に露出する病気。②女子の陰部のひなさき、クリトリスのこと。

いんどう【陰道】①『漢書』にある言葉で、『容成陰道』という房中術（性のテクニック）の本のこと。全26巻。②膣のこと。

いんとく【陰徳】女性とひそかに房事（性交）を行い、悦楽を与えること。『礼記』にある言葉で、藤原明衡撰の『本朝文粋』でも使われている。

いんどく【淫毒】中国の山中に自生するといわれる野草。これを食べると性欲が異常に亢進し、獣類も避けるといわれる。

インドラしん【インドラ神】古代ヒンズー教の軍神。女好きで知られたが、ある時仙人の妻に手を出したことから身体中に1000個の女陰を付けられるという辱めを受けた。仏教では帝釈天とされている。

インドラーニカ　『カーマ・スートラ』で紹介されている性交体位の一つ。（女性が仰臥して身体を彎曲し）体側に両腿を広げ、両膝を体側に置くようにする。インドラーニカとはインドラ神の妃のことで、彼女がベッドで採った体位がインドラーニカの名前で呼ばれている。☞『カーマ・スートラ』。

カーマ・スートラをテーマとした絵画

いんない【婬愛】インド仏教の経典の一つ『倶舎論』にある言葉で男女が愛し交わること、男女間の性愛。

いんなん【淫男】みだらな男、好色な男。平安時代の説話集の『三宝絵』に「黄門も淫男も淫女も…ただ法師のいはむところを悟りて」とある。

いんにょ【淫女】『長阿含経』にある言葉で遊女、娼婦。淫女人ともいう。

いんにん【婬人】『長阿含経』にある言葉で淫らな人。

いんぬち【婬怒癡】婬は盲目的に性の欲望を満たすこと、怒は怒り、癡は愚かなことで三毒とする。『長阿含経』にある言葉。

いんのはじめ【陰の元】女性器のこと。『日本書紀』神代篇によれば、イザナギが「自分には陽の元（はじめ）がある」といったのに対して、イザナミが「自分には陰の元がある」と答えたことからイザナギが「自分の陽とあなたの陰を合一させよう」といって関係したのが日本人のセックスのはじめとされる。☞陽の元（ようのはじめ）。

いんぴ【淫妃】後漢時代の詩に出てくる言葉で、歴代の王宮には淫奔な妃が多かったことを歌ったもの。

いんぶ【淫巫】淫らな巫女。945 年に成立した『唐書』にある言葉。

いんぷう【淫風】男女間の淫らな風習。『詩経』にある言葉。

いんぶほうよう【陰部抱擁】『カーマ・スートラ』の著者のヴァーツヤヤナは抱擁に関する他派（スヴァルナナーバ派）の主張も紹介している。陰部抱擁はその第二の形である。女は男の上に乗って髪をふるわせながら、陰部に陰部を押し付けて、爪痕や歯痕をつけたり、愛打や接吻を行う。☞『カーマ・スートラ』。

いんぽう【婬法】中国で 4 ～ 5 世紀に成立した『五分律』にある言葉で、性交のこと。

いんぽん【淫奔】男女が淫らに通じ合うこと。『詩経』にある言葉で、『続日本紀』でも使われている。

いんぽんちょうへい【淫奔寵嬖】淫らで男に喜ばれる行為のこと。藤原明衡の『新猿楽記』にある言葉で、当時の遊女の姿態を表したもの。☞偃仰養風（えんぎょうようふう）、琴弦麦歯（きんげんばくし）、竜飛虎歩。

いんみょう【陰名】日本の雅楽で、女性器を題材にした『催馬楽』のタイトル。

いんもう【陰毛】陰部に生える毛。『漢書』の「本草部」で使われたのが最初という。

いんよう【陰陽】性交すること。中国・六朝時代の短編小説集『幽明録』で使われている。

いんようせき【陰陽石】男根や女陰を形どった石。生殖器崇拝の対象とされた。

いんよく【婬欲】男女の情欲、色欲。仏教用語では婬を行おうとする欲望をいう。

いんよくくよう【婬欲供養】『五分戒本』にある言葉で、セックスによる奉仕。

いんら【婬羅】『広説仏教語大辞典』によれば、婬欲を魚や鳥を捕らえる網に例えた言葉とある。

いんらん【淫乱】度がすぎて性の営みを好むこと。『詩経』にある言葉で、淫濫も同義。

いんれいか【陰麗華】南陽（現河南省）にいた美人。後漢の光武帝は一介の武将に過ぎなかった頃に彼女に一目惚れして、天下を取ったら結婚することを誓い、その思いを実現した。この故事から男をやる気にさせる美女の代名詞として用いられる。

うあい【有愛】『中阿含経』にある言葉で自分に対する愛、自己愛のこと。

ういごと【初事】①初めての性経験。『源氏物語』（帚木）に源氏が初めての経験の際、女性を荒っぽく扱ったことを弁解した場面で使われている。②初の月経、初潮。『蜻蛉日記』に用例がある。

ういたび【初旅】初潮の時、一人前になった女性のお祝いとして開かれる宴席。『日本国語大辞典』によれば「たび」は生理中の女性が炊事を別にすること。

ういも【初裳】女が成人して初めて身につける裳。12〜14歳頃に裳着の儀式を行った。

ヴェーガ『カーマ・スートラ』では13種の性の基本用語が設定されている。ヴェーガは情欲亢進のこと。ほかにサマープティ（性の満足感）、サンプラヨーガ（性交）、シアヤナ（同衾）、スラタ（嬬合）、パーヴァ（性の満足感）、プリーティ（快感）、モーハナ（交接）、ラーガ（性愛）、ラサ（快美感）、ラタ（嬬合）、ラティ（性的恍惚感）、ラハス（秘事）。☞『カーマ・スートラ』。

うえのおんかた【上の御方】正妻、北の方。また正妻のいる部屋。『和泉式部日記』に「上の御かたにわたらせ給ふこともたまさかになりて…」とある。「（帝が）正妻の寝室をお訪ねになることがごく稀なことになった」という意。

うかる【浮かる】のぼせてぼーっとなる、心がうつろになる。『源氏物語』（真木柱）に「年頃、思ひ浮かれ給ふ様聞き渡りて…」とある。

うかれめ【遊行女婦】「遊行女婦」は「うかれめ」あるいは「あそびめ」と訓み慣わされている。平安時代の漢和辞典である『新撰字鏡』には「婬。宇加礼女」とある。朝廷の出張所である太宰府の宴会の席で、高官に混じって和歌を披瀝したり、体の求めにも応じていた。『時代別国語大辞典上代編』には「文献にあらわれた遊行女婦はかなり教養があった」と記載されている。☞遊び女。

うきな【浮き名】男女間の情事に関す

る噂、評判。艶聞。『後撰集』に「忘るなといふに流るる涙川浮き名をすすぐ瀬ともならなん」という一首がある。「忘れないでといいながら涙が溢れ出てくる。これが川となって私の浮き名を流してくれないものかしら」という意。

うきなめ【浮き名女】 浮いた評判の多い女。平安時代末期の『小夜衣』にある言葉。

うきね【浮き寝】 夫婦でない男女が仮の関係を結ぶことで、宿駅や水辺の遊女が相手の場合が多い。『源氏物語』（帚木）に「素晴らしい夜を送った翌朝は、余計に一夜限りの関係であることを思い知らされて…」という一節がある。

うきゃく【有隔】 僧侶の戒律について記した『四分律』にある言葉で、①男性の陰部を物で覆うこと。②男性器を女性器に挿入して、直接触れることのできない状態のこと。

うきよ【憂き世】 ①つらいことの多い世の中。②男女関係で苦しみや悲しみの多いこと。「憂き世」と「浮き世」は古代や中世から近世への変化を象徴する言葉で、近世には面白おかしく生きていくことの表現として「浮き世」が使われた。

うさかまつり【鵜坂祭り】 越中（現富山市）の鵜坂神社で行われる祭り。女性が1年間に経験した男性の数だけ、笹でお尻を打たれるというもので、尻打ち祭りとも呼ばれた。順徳天皇がその著『八雲御抄』で指摘した天下の五奇祭の一つ。☞鍋被り祭り、常陸帯、大原江分神社の雑婚寝、錦木。

うさぎのちょうやく【兎の跳躍】 『カーマ・スートラ』で紹介されている爪の技の第7。性交のさなか、女の乳頭に密集して付けられた5本の爪痕を兎の跳躍という。☞『カーマ・スートラ』。

うしたわけ【牛婚】 国津罪に上げられた獣姦の一つで、人が牛と姦淫すること。『古事記』には他に馬婚、鶏婚も上げられている。☞馬婚、鶏婚。

うしちかちゅう【嗢指徴伽虫】 『有部律』にある言葉で、女欲の想念から解脱した僧侶でも、これに触れると性の興奮が起こるとされる虫。

うすさまみょうおう【烏芻沙摩明王】 安産や出産の穢れをはらうための修法。烏芻沙摩変成男子法は胎内の女子を男子に変える修法とされた。

うすときね【臼と杵】 日本で餅つきが始まったのは8世紀頃。臼を女体、杵をペニスの象徴とする見方も間もなく広がった。

うすようし【薄葉紙】 通常の和紙より薄い和紙。平安時代の中期以降、懸想文（恋文）や親密な相手との通信に用いられ、季節に合った配色に加え、草花が添えられていた。

うたがき【歌垣】 古代には特定の日時

に老若男女が集まり、相互に求愛の歌を掛け合いながら、性的な関係を結ぶという習俗があった。これを歌垣という。歌垣は今から4000年から5000年前、中国の雲南省で発生し、その後日本に伝えられた。歌垣という呼称は西日本を中心としたい方で、東国では嬥歌と呼ばれた。奈良の海石榴市（現桜井市）や大阪・住吉の小集楽（おづめ）のほか摂津の歌垣山、肥前の杵島山（現佐賀県白石町）などでも行われていた。さらに古代の歌垣の影を残している祭りや行事は現代にも全国で見られる。国家体制が整えられるに伴って、歌垣は踏歌という性的な色合いの欠落したイベントに変質し、宮廷行事として定着したが、エロチックな要素は民間で三河万歳に受け継がれた。
☞嬥歌（かがい）、小集楽、踏歌（とうか）。

うたがきやま【歌垣山】大阪・能勢町にある標高553メートルの山。古代から歌垣が行われていたところで、それが山の名前として定着した。

うたかたびと【泡沫人】恋しく思う人、また思いつつその思いが届かない人。『後撰集』515に「思ひ河たえず流るる水のあわのうたかた人にあはで消えめや」という歌がある。

うため【歌女】古代の宮廷の宴席で古歌謡に曲や節をつけて歌った女。遊女もかねていた。男は歌男と呼ば

れた。『今昔物語』に「諸々の遊女・傀儡などの歌女を招きて謳い遊ぶを常に業とす」とある。

うちかたらう【打ち語らう】男女がいい交わす、契ること。『蜻蛉日記』に「ひとりある人をも打ち語らひて我が命の果てにもあらせむと」とある。「打ち」は接頭語。

うちかよう【打ち通う】男が女のもとへ通うこと。『蜻蛉日記』に用例がある。

うちたえる【打ち絶える】交際がぱったりと途絶えること、関係が消えること。『源氏物語』（薄雲）に「うちたえきこゆる事はよも侍らじ」とある。

うちつけけそう【打ち付け懸想】安直な恋。突然で軽々しい恋。平安時代中期に成立した『狭衣物語』に「かやうのうちつけけそうなどは、御心にも入らず…」とある。また『大和物語』（七八段）では「うちつけの恋」という見出しが付されている。

うちとける【打ち解ける】性的な関係が積み重なって心隔てがなくなること。慣れ親しむこと。『宇津保物語』に「（あなたのことを）すっかり打ち解けて、頼りにしておりましたが、あなたの私への思いは、それによって私の着物の下ひもが解けるほどとは思いもよりませんでした」という用例がある。

うちはし【打ち橋】板を両岸に渡しただけの架け外しが容易な橋。古代には、男に許した女性が男の訪問を受け

あ
か
さ
た
な
は
ま
や
ら
わ

色情狂の老女と下痢の女（「異本病草紙」）

入れる恋の通路として語られた。『日本書紀』（歌謡）に「うちはしのつめの遊びにいでませ子」とある。「うちはしの岸べで催される遊びに、さあ、あなたも参加なさい」という意。

うちはれ【打晴れ】伊波普猷のエッセイ「琉球古代の裸舞」によると古代の琉球で裸舞いのこと。古代の琉球ではおめでたい宴の折に人々が裸になって踊り明かすという風習があった。

うちみだれる【打ち乱れる】慎みを捨てて色情をむき出しにすること。『源氏物語』（葵）に「一日の御ありさまのうるはしかりしに、けふ打ち乱れてありき給ふかし」とある。「先日の様子はうるわしく感じられたのに、今日は慎みを捨てて乱れていらっしゃる」という意。

うちものがたる【打ち物語る】男女が情を通ずること。『伊勢物語』に「例のまめな男が情を通じた後に帰ってきて…」という一節がある。

うちよなる【打ち世馴る】男女間の情に通じること。世の中のことに通じていること。『源氏物語』（胡蝶）に「世の中を知り給はぬ中にも、少し打ち世馴れたる人の有様をだに見知り給はねば…」とある。「男女の仲をご存知ないばかりか、多少とも経験のある人の様子さえご存知ないので…」という意。

うつくし【美し、愛し】『日本国語大辞典』によれば、上代には美し、愛しとは肉体的な愛情をベースにした感情であり、その点は平安時代にも不変だったという。☞愛。

うつくしがる【愛しがる】かわいいと感じる、かわいがる。『落窪物語』に用例がある。

うつくしむ【慈む】①肉親や恋人などをいとおしむこと。②平安時代にはとくにかわいらしいもの、可憐なものに愛情を注ぐという意で用いられた。『源氏物語』（末摘花）では、（源氏が夕霧を）幼児のようにかわいがるという意で使われている。

うつしごころ【移し心】男女間の愛情について移り気であること。『万葉集』1343の歌に「紅のうつし心や妹に逢はずあらむ」とある。「紅色のように強い思いでいるのに、あの子に会わないことなど出来ようか」という意。

うつしのつゆ【移しの露】精液の古名で男から女に移す露という意。宮武外骨の『猥褻廃語辞彙』によると、平安時代後期の歌集『堀河百首』にある「秋風に孕むすすきのある野辺は移しの露や色にまがへる」から広がった言葉だという。

うつせみ【現身、空蟬】本来の意は生きている人間のこと。斎藤茂吉は『万葉集』2642の歌「燈火（ともしび）の光（かげ）にかがよふうつせみの妹が笑（え）まひし面影に見ゆ」について、男がベッドの中の女性の肢体を思い起こして「何ともいえぬ美しく輝くような現身（うつせみ）」ともらしているのだから「それは全裸であるはずだ」とのべている。

うつつのゆめ【現夢】恋心の表現の一つで、うつつか夢か区別のつかない日々。藤原定家の『拾遺愚草』に「うつつか夢かはっきりしないような中で、叶わぬ恋の夢をまたも見ています」という意味の歌がある。

うつばりのつばめ【梁燕】夫婦愛が深いことの例え。唐の白居易の『白氏文集』にそのエピソードがあり、日本でも広がったもの。

うつる【移る】色香の失せること。「小倉百人一首」にある小野小町の歌「花の色は移りにけりないたづらに我が身よにふるながめせしまに」という歌が有名。

うないおとめ【菟原処女】摂津国（現神戸市東部）に伝わる伝説。この地に菟原処女という可憐な少女がいて、多くの若者から思いを寄せられていた。中でも同じ里の菟原壮士（うないおとこ）と和泉国（現大阪府）からやってきた茅渟壮士（ちぬおとこ）という2人の若者は彼女を深く愛し、妻に迎えたいと激しく争った。処女はこれを嘆き悲しみ、「卑しい私のために立派な男たちが争うのを見ると、生きていても結婚などできましょうか、黄泉で待ちます」と母に語ると死んでしまった。茅渟壮士はその夜、彼女を夢に見て彼女が愛していたのは自分だと考え、後を追った。菟原壮士も直ちに小太刀をとって、後を追った。親族たちは集まって、この事を長く語り継ごうと、娘の墓を中央に、男の墓を両側に作ったという。☞相夜這い（あいよばい）、真間手古奈（ままのてこな）。

うないのまつばら【童子女の松原】茨城県神栖市の海岸。721年に成立した『常陸国風土記』によれば、奈良時代から燿歌の盛んなところとして知ら

れた。☞**安是嬢子、歌垣、小集楽（おずめ）、嬥歌（かがい）**。

うねめ【采女】履中天皇殺害計画に加担した倭直吾子籠が恭順の意を表すために妹の日之媛を献上したのが采女の第1号。以降、地方の豪族が朝廷への服属のしるしとして、一族の娘で美貌や美声に抜きん出た者を貢進する制度が定着した。後宮の女官という身分だったが、天皇の夫人になった例も多い。☞**いつがる**。

うばそくかい【優婆塞戒】仏教用語で男性の在俗信者が保つべき戒めをいう。殺生、偸盗、邪婬、妄語、飲酒の五つ。

うぶや【産屋】出産の汚れを忌み、産婦を隔離する部屋。『宇津保物語』に「うぶ屋のまうけ、白き綾、御調度ども、しろがねにしかへして」とある。

うほう【有宝】仏教用語で婬具の所有者、婬欲の対象としての女性を有している者を指す。女性の婬所を婉曲に宝と表現したもので隠語の一種。

うまずめ【石女】子を生めない女。前世に動物を殺した報いで、将来地獄に堕ちるとされた。☞**盤大子（ばんだいし）**。

うまたわけ【馬婚】馬を相手に姦淫すること。国津罪の一つ。☞**国津罪、天津罪、牛婚、鶏婚**。

うまね【味寝】心から満ち足りて寝ること。性的に満足した共寝の表現として用いられる。『日本書紀』（歌謡）に「妹が手を我に巻かしめ我が手をば妹に巻かしめ…ししくしろ味寝寝しとに」とある。☞**ししくしろ**。

うまのくぼがい【馬の陰貝】子安貝の別称。平安時代の国語辞典の一つ『和名類聚抄』には「馬のバギナに似ているのでこういう」とある。

うみつき【産み月】子を産む予定の月。臨月。

うみひろげる【産み広げる】子どもをたくさん産むこと。『宇津保物語』に「いま一つのくぼありて、蜂巣のごとく産み広ぐなり」とある。「もう一つの女陰があって、蜂の巣のように子どもを産んだものだ」という意。

うらごい【裏恋】心の中で恋しく思ふこと。裏恋ふは動詞形。『万葉集』3973の長歌に「をとめらは思ひ乱れて君待つと裏ごひすなり…」とある。

うるわし【麗し】容姿などが端麗なこと。『古事記』（允恭天皇紀）に「うるはしとさ寝しさ寝てば…」とある。また『伊勢物語』では「うるはしき友」が男色を示す言葉として用いられている。

うろごう【有漏業】『宝性論』にある言葉で煩悩、またはその穢れによる行為。情欲的行為。なお『宝性論』は古代インド仏教で、仏たるべき性質を論じたもの。

うわなり【後妻】後妻のこと。『日本書紀』（歌謡 7）に後妻による本妻いじめの話がある。

うわなりねたみ【後妻嫉妬】本妻が後妻に嫉妬すること。『古事記』（大国主命）に大国主命の本妻の須勢理姫が沼河比売との関係について「後妻嫉妬した」とある。

うんい【雲衣】雲を薄絹で作った着物と見立てた語。七夕を歌った詩で織女の衣装をこう表現した例が多い。『万葉集』2063 もその一例。

うんうのまじわり【雲雨の交わり】男女の交わり、性交。中国の楚王が朝は雲で、夕べには雨に変わるという仙女の夢を見て、その女性と契ったという故事から出た言葉。原典は古代中国の詩文集、600 年頃に成立した『文選』による。この言葉はさまざまなバリエーションで使われている。雲雨之夢、雲雨巫山、雲情雨意も同様の意。

え【穢】汚いこと、不浄なこと。『角川古語大辞典』によれば「多くは出産、月経、死などのけがれをいう」とある。「えげ」（穢気）、「ぞうえ」（雑穢）も同じ。

えいが【栄花、栄華】権勢や富の力ではなやかにときめき、栄えること。『栄花物語』はまさに藤原道長の栄花を描いた物語。

えいきょく【郢曲】郢は中国の楚の時代の都。淫らな土地柄だったところから、卑しい音楽や庶民の流行歌をいう。ただしその担い手は貴族たちであった。

えいきょくしょう【郢曲抄】平安時代後期の音楽書で、下品な音楽の意。今様、催馬楽、田歌など庶民の音楽の由来や歌い方が記されている。

えいじ【嬰児】生まれたばかりの子。みどりご。『和名類聚抄』によれば女子を嬰、男子を児というとある。

えいりつ【郢律】中国の庶民の流行歌、およびその旋律。社会的には下品という烙印が押されていた。

えおとこ【可愛少男】いとしい男。『古事記』に「あなにやし、えをとこをとのり給ひき」とある。「何と素晴らしい、いい男だとおっしゃった」という意。

えおとめ【可愛少女】『古事記』に「あなにやし、えをとめをとのり給ひき」とある。「何と素晴らしい、いい女だとおっしゃった」という意。

えかい【穢海】仏教用語で母の胎内の意。6 世紀に中国で編纂された『出三蔵記集』にある言葉。

えきが【易牙】中国・春秋時代の人で、中国料理の基礎を作ったと伝えられる。『抱朴子』によれば斉の桓公が「美味しい料理はたくさん食べたが、人肉だけは食べたことがない」というので、我が子を殺して蒸した肉を食べさせようとした。桓公は「君におも

ねる行為」だとして易牙を退けたという。

えきじゅ【益寿】精液のこと。『房内篇』にある言葉。

えぐちのさと【江口の里】神崎の里と並ぶ古代の遊女の集合地。現大阪・東淀川区江口にあたる。大江匡房は『遊女記』の中で江口や神崎・蟹島を「天下第一の楽地」と記している。江口には小観音、狛犬、犢（こうし）らの遊女がいて、小観音は藤原道長と一夜を共にしたこともある。また遊女の妙は和歌作りに長け、その作品は『山家集』にも採られている。☞加島、神崎の里。

えだをかわす【枝を交わす】別々の木の枝が重なり合って一つになる、転じて濃厚な愛の関係のこと。『源氏物語』（桐壺）に用例がある。

えつじょ【越女】中国の春秋時代、越の国生まれの女。美女が多いとされ、美女の例えに言う。

える【得る】女性をものすること。『伊勢物語』（107段）に「男、文おこせり、得てのちのことなり」とある。

えん【艶】婀娜っぽい、色めいていること。『古今集』（真名序）には「小野小町の歌は艶にして気力なし」とある。なお秋山虔編の『王朝語辞典』によると、中国では豊満華麗な女性美を指すのに対して日本では楚々とした可憐な美をいうとある。

えんおうごう【鴛鴦合】『房内篇』で説かれた三十法の第10で、オシドリが交尾しているさま。女を横向きに寝かせ、両脚を上げさせて男の肢の上に持ってくる。男は女の背後から、女の下側の脚の上に乗り、片膝を立てて女の腿の付け根あたりに押し付け、玉茎を挿入する。

えんがいしょう【偃蓋松】『房内篇』で説かれた三十法の第13で、はい松が洞穴の入り口を覆い隠しているさま。女に足を交差させて仰向かせ、男は両手で女の腰を抱く。女は両手で男の首を抱き、玉茎を玉門の中に入れる（吉田隆の訳注によると、原文の順序は逆で、女は男を迎え入れてから足を背中で交差する形でないとおかしいという）。

えんぎょうようふう【偃仰養風】性交時のポーズの一つで正常位の表現。当時の遊女の姿態を表した言葉で藤原明衡の『新猿楽記』にある言葉。☞淫奔徴嫳（いんぼんちょうへい）、琴弦麦歯（きんげんばくし）、竜飛虎歩。

えんげん【艶言】色めいた言葉、なまめかしい言い方。『明衡往来』に「始に艶言を発し、後交接に及ぶ」とある。同書には色めいた言葉として「艶詞」という表現も見えている。

えんしょ【艶書】男女の間で、恋情を書き送った手紙。平安時代に作られた国語辞典の一つ『色葉字類抄』に

「艶書、婚姻分」とある。

えんしょあわせ【艶書合せ】平安時代の遊戯の一つで、左右2組に分かれて恋文や恋の歌を出し合い優劣を競う遊び。懸想文合わせ。

えんじょう【艶情】男女間のなまめかしい感情。平安時代末期の漢詩文集『本朝続文粋』にある。

えんしょうた【艶書歌】『続詞花和歌集』にある言葉で、艶書合せに出す歌。

えんしょく【艶色】あでやかな容貌、艶のある美しい顔。『類聚三代格』に「或は艶色を貪り、而て婢を奸す」とある。「美人を探し回り、下女を犯す」という意。

えんたい【艶態】なまめかしい姿。嬌態。平安時代中期の漢詩文集『本朝麗藻』に用例がある。

えんだつ【艶立つ】なまめかしくふるまうこと。『源氏物語』（夕顔）に「えんだち、けしきばまむ人は、消えも入りぬべきすまひのさまなめり」とある。「男に媚びを売るような、気取り屋の女なら、恥ずかしさに消え入りそうな住まいの様子である」という意。

えんてん【宛転】ゆるく弧を描いている眉、美人の眉の表現。『和漢朗詠集』に「宛転たる双蛾（眉のこと）は遠山の色」とある。「ゆるく描かれた眉には遠い山を眺めているような趣がある」という意。

えんどうしん【燕同心】『房内篇』で説かれた三十法の第8で、ツバメが2羽、心を一つにして巣の中で睦みあう姿の意。「女を仰向けに寝かせ、足を伸ばして開かせる。男は女に乗っかって腹の上に体を伏せ、両手で腰を抱いて玉茎を丹穴の中に入れる」。

えんねん【艶年】若くて艶やかな年代。平安時代初期の勅選和歌集である『文華秀麗集』に用例がある。

えんばく【猿搏】『房内篇』で説かれた九法（9つの体位）の第3。猿が枝を担ぐ様子。「女を仰向けに寝かせ、男はその両足を担いで、膝から肩まで乗せ、女の尻と一緒に持ち上げる。そこで玉茎を挿入して臭鼠（クリトリスのこと）を突けば、女は悶えて体を揺り動かす…」とある。

えんぷくかいちょう【偃伏開帳】『房内篇』で体位の解説の冒頭に上げられた3つの原則うちの2番目で這い方、開き方の形。

おいまさる【生勝る】成長するにつれて

容姿が美しくなって行くこと。『源氏物語』（横笛）に「この君のうつくしうゆゆしきまでおひまさり給ふに」とある。

おうがしゃた【鴦伽社哆】インド仏教の用語で男子の陰茎のこと。

おうぎのわかれ【扇の別れ】中国・漢代の成帝の寵を失った斑婕妤は捨てられた恨みを扇に認めた。この故事から男女のドラマチックな別れをいう。

おうしょうくん【王昭君】中国の前漢時代に宮廷に仕えた女性。紀元前33年、匈奴（モンゴル高原で威勢を振るった騎馬民族）との親和策のためにその王妃として遣わされ、その地で死んだ。前漢の元帝は派遣する宮女を決める際、画工にそれぞれの画像を作らせた。多くの宮女は帝の寵愛を受けることを狙って画工に多大な賄賂を贈り、より美しく描かせたが、王昭君はそれをしなかった。このためほかの宮女から劣って見えた彼女が選ばれたが、出発に際して引見した帝は彼女が素晴らしい美人であることを知り、画工を処刑したと伝えられる。その名は平安時代の勅撰漢詩集の『文華秀麗集』などによって日本でも知られた。

おうしん【桜唇】美人の小さく美しい唇を桜の花に例えたもの。古代中国の故事から出た言葉。

おうじんてんのう【応神天皇】第15代天皇。父仲哀天皇、母神功皇后。新羅征討の直前に父の天皇が急死したため、神功皇后は妊娠の身で出征、帰朝後に出産した。このため胎内天皇と呼ばれる。

おうせ【逢瀬】恋人同士が逢う機会。『源氏物語』（幻）に「たなばたのあふ瀬は雲のよそに見て別れの庭に露ぞおき添ふ」という歌がある。「彦星と織女星が逢う喜びは雲の上の別世界の出来事と思って、二つの星が別れてゆく夜明けの庭に置く露に、私の涙も添えておこう」という意。

おうとう【黄湯】古代中国で糞尿から作られた薬で黄竜湯、大黄湯ともいう。

おうな【女】嬢、若い女性。おみな（女）の変化した形。『古今集』（仮名序）に「小野小町は…あはれなるやうにてつよからず。いはばよきをうなのなやめるところあるに似たり」とある。「小野小町の歌は…しみじみと身にしみるようだが強さがない。いってみれば高貴な女性が病に悩む姿に似ている」という意。

おうふん【歔吻】大乗仏教の経典の『菩提行経』にある言葉で男女の抱擁。

おうほう【歔抱】僧源信の『往生要集』にある言葉で、むせび泣きながら抱き合うこと。男女の抱擁。

おえる【生える】陰茎が勃起すること。

『史記』（秦始皇帝）に「男根のおへるを陸梁するといふ」とある。

おおえのまさふさ【大江匡房】平安時代の学者・歌人。若い頃から博識の天才として知られた。江口や神崎の里の遊女について記した『遊女記』をはじめ、多くの性風俗の記録を残した。とくに『洛陽田楽記』という田植え祭りの記録は歌垣から盆踊りへ移行する原点の記録となっている。☞藤原明衡。

おおげつひめ【大気津比売】食物を司る神。『古事記』によると、素戔嗚尊が食べ物を請うた時、鼻、口、尻からさまざまな食べ物を出したので、怒った尊に殺されたという。四国の阿波（徳島県）の異名ともされている。

おおしこうちのかたぶ【凡河内香賜】神前で采女を強姦し、斬罪に処せられる。文献上、日本最古の斬刑。

おおぞらもの【大空者】浮気者、頼りにならない者。平安時代の『平中物語』に登場する。

おおつぼ【大壺】貴人や病人が用いた大便器のこと。木製の漆塗りから陶製に変わったという。小便器は虎子と呼ばれた。☞大御（おおみ）取り。

おおとものたぬし【大伴田主】大伴旅人の実弟で、家持の叔父に当たる。当代随一の美男子として知られ、『万葉集』126の注に「容姿佳艶、風流秀絶、見る人聞く者、嘆息せず

といふことなし」とある。さらに『諸家系図纂』に収められた「伴系図」には「母巨勢朝臣女、容姿佳艶…天下無双美男、見之女多恋死」。若くして死んだといわれ、『万葉集』には一首しか残っていない。

おおとものやかもち【大伴家持】『万葉集』の代表的な歌人であり編集者として知られる。大伴家は藤原一族と並ぶ名門で、家持はその総帥であった。妻は幼馴染の坂上大嬢で、妻を愛していたが、同時に恵美押勝の息子である久須麿や、新羅系帰化人で楽人の余明軍と男色関係にあったといわれている。

おおはらのざこね【大原の雑魚寝】京都・大原（現京都市左京区）にある江文神社で、毎年節分の夜に行われた雑魚寝の風習。順徳天皇が著し

大原の雑魚寝（井原西鶴『好色一代男』）

た『八雲御抄』にも「天下の五奇祭」の一つに上げられており、すでに定着していたことがうかがわれる。☞尻叩き祭り、鍋被り祭り、錦木、常陸帯。

おおみとり【大御取り】天皇や貴人が使用した便器を掃除すること。『源氏物語』（常夏）に「大御大壺取りにも仕うまつりなむ」とある。☞大壺（おつぼ）。

おかし　容姿が美しく魅力的なこと、可愛いこと。『落窪物語』に「うす物の濃き二藍（ふたあい）の小桂（こうちぎ）着給ひて恥ずかしと思ひ給へる、いとをかしう匂へり」とある。

おかす【犯す】妻以外の女性と関係すること。妻と禁忌の場所で交わる場合もいう。『今昔物語』（巻第4・31）に「我、夢に大きなる蛇来て我を犯すとみてなむ、この兜を懐妊したりし」とある。

おかま【お釜】俗語では男色の意だが、唐時代のエッセイ集『酉陽雑俎』によると、本来は古女房のこと。

おがみ【男神】男の神。『古事記』に「これを以ちて猿女君、その猿田彦の男神の名を負て、女を猿女君と呼ぶことこれなり」とある。

おきまゆ【置き眉】公家の化粧の一つで、眉毛を抜いて別に墨で眉を描くこと。ポーラ研究所編『眉の文化史』によると、平安時代に男色の流行とともに盛んになったという。

化粧の圖（九巻本榮華物語）

おきわかる【起き別る】一夜を共にした男女が、朝別れること。『夜の寝覚』に「身に近き御衣ばかりを名残りに脱ぎ変えて、起き別れ給ふほど…」とある。

おきをふかめて【沖を深めて】心の底から愛するの意。『万葉集』676に「海（わた）の底、沖を深めてわが思へる君には逢はむ年は経ぬとも」という歌がある。「大海の底のように深いところから私はあなたを慕っている。だから何としてもお会いしたい、たとえ何年経っても」という意。

おくかひの【置き蚊火の】蚊火は蚊遣火の意。蚊遣火は下の方に置かれていぶっているところから、密かに恋焦がれるの意。『万葉集』2649に用例がある。

おくづま【奥妻】心の奥に大切に思う妻。『万葉集』3978の長歌の一節で「愛（は）しけやしあがおくづま」と使われている。「可愛らしい、我が心の奥に共にいる妻よ」という意。

おこごと【痴言】ふざけた言葉、戯れ言。『源氏物語』(常夏)に用例がある。

おこす【興す、起す】性的な欲求を抱くこと。『古事記』(上巻)に「陰所に興して水蛭子(ひるこ)を生み給ひき」とある。

おこる【興る】陰茎が勃起すること。『今昔物語』に「わがよく寝入りにける、魔羅のおこりたるを蛇の見て、寄って呑みける…」とある。

おざかり【男盛り】『万葉集』1283には「男盛りの頃は歌垣によく通ったなあ」と懐かしむ歌がある。

おさし【御差】①貴人の子に乳を差し上げる乳母。②天皇が御厠(おとう。便所)に入る時、付き従う下級の女蔵人。

おし【惜し、愛し】いつも自分のものにしておきたいほど可愛い。いとしい。『日本書紀』(欽明天皇紀)に「汝命と婦人と孰れかはなはだをしき」とある。

おしあわせる【押し合わせる】結婚させる。平安時代の仏教説話集の『宝物集』で使われている。

おしえどり【教え鳥】男女の交わりを教える鳥の意でセキレイのこと。イザナギとイザナミが交わりの仕方が分からずに困っていた時、セキレイのつがいが飛んできて2人の目の前で交尾したという『古事記』のエピソードから出たもので、恋教え鳥、嫁ぎ教え鳥ともいう。

おしどり【鴛鴦】鴛鴦は雌雄の仲がいいことから夫婦の仲が睦じいこと。鴛鴦の契り(おしのちぎり)ともいう。

おしのふすま【鴛鴦の衾】婚礼の際に用いられた鴛鴦(おしどり)の絵柄のついた布団。転じて男女が共寝することで『本朝文粋』に用例がある。鴛鴦の床ともいう。

おしろい【白粉】おは接頭語で化粧道具のこと。古代の中国では鉛を酢で蒸して作ったという。日本では持統天皇6年(692年)に初めて製造された。

おずめ【小集楽】古代の大阪・住吉で行われていた歌垣のこと。『万葉集』3808に「妻と一緒に小集楽の歌垣に参加したが、自分の妻が鏡のように美しいことを知った」という意味の歌がある。☞歌垣、嬥歌(かがい)。

おそくずのえ【偓促図の絵】男女の秘戯を描いた絵。春画。もともとは中国で医師の試験に用いられていた裸体の人体図が偓促図の絵と呼ばれていたが、これが日本に伝わってきた時、春画扱いされたことから定着した。『古今著聞集』に「ふるき上手ともの書きて候おそくづの絵」とある。

おぞし【悍し】嫉妬深いこと、気性の激しい女性。『古事記』に「大妃のおぞきによりて、八田の若郎女を治め給はず」とある。大同2年(807年)成立の『古語拾遺』には「おずし」

とある。

おそのたわれを【鈍戯男】『万葉集』126に「おその風流士（みやび）」という言葉があり、風流人を気取っているが、何事に付けてものろいという意味とされている。そこから何事にも鈍い浮気男のこと。

おとこ【男】①若々しく生命力に富んだ男性。『古事記』上巻に「母の乳汁を塗りしかば、麗しき壮夫（おとこ）に成りて出でて遊行（あそび）き」とある。②情人、情夫。

おとこあわす【男合わす】夫を持たせる、結婚させる。『落窪物語』に「男合はせじとしつるものを、いと口惜しきわざかな」とある。

おとこおんな【男女】夫婦、恋愛関係にある男女。『古今集』（仮名序）に「男女の仲をもやはらげ、たけきもののふの心をも慰むるは歌なり」とある。

おとこぎみ【男君】男女関係にある男の敬称。『源氏物語』（葵）に「男君はとく起き給ひ、女君はさらに起き給はぬあしたなり」とある。「殿方はとっくにお起きになったが、女性の方は一向にお起きにならなかった」という意。

おとこきんだち【男公達】貴族の子息たち。女公達の対。

おとこごころ【男心】女性が男を慕う心、媚を売ること。『落窪物語』に「落窪はよに心とはせむと思はじ。男心

は見えざりつ」とある。落窪には（もっと身分の高い女になりたい）と思ってしたわけではない。男に媚を売る気はなかったという意。

おとこさび【男さび】男らしい行動、大人の男としてふさわしい振る舞い。『万葉集』804の長歌に「ますらをの、をとこさびすと剣太刀…」という山上憶良の歌がある。

おとこす【男す】男と交わる、男を持つ。『大和物語』に「此の筑紫の女、忍びて男したりける」とある。

おとことうか【男踏歌】正月14日に行われた男の官人による踏歌。☞歌垣。踏歌。女踏歌。

おとこのふじょう【男の不浄】精液のこと。

おとこみこ【男巫】男で巫女の役をなす者。みこは女が普通だが、男のみこも存在した。『梁塵秘抄』に「あづまには女は無きか男みこ、さればや神の男には憑く」とある。

おとしだね【落種、落胤】貴人が召使いや一時の相手など、妻以外の女に生ませた子。御落胤。平安時代の『蜻蛉日記』に「孫王のひがみたりし皇子の落し胤たり」とある。

おとど【大殿】①大臣。②貴婦人に対する敬称。『狭衣物語』に「夫婦（めおと）の大殿がささめきがちにて言ひしを…」とある。

おとなごころ【大人心】男女の仲や性愛の感情を理解する心。『蜻蛉日記』

（三・下）に「かかる御おとな心をうつくしう思ひ聞こえ給へば」との一節がある。

おとめ【乙女】上代以前には結婚するにふさわしい女性の意だったが、平安時代には若い女性一般を呼ぶようになり、さらに未婚の女性を指すようになった。未通女と書いて「おとめ」と訓ずることも多い。

おとめのむなすき【童女の胸鉏】『出雲国風土記』にある言葉で、少女の平べったい胸の表現。意宇郡（現在の安来市から松江市）の海岸は平べったい砂浜が広がっていることの比喩として使われている。

おとりねんぶつ【踊り念仏】踊りながら太鼓や鉦（かね）を打ち鳴らし、念仏を唱えること。集団で踊り狂い、法悦境に入る例もしばしば見られた。平安時代の僧空也が創始したもの

で、「天狗草紙」には法悦境に陥った女性が竹筒を通して一遍の尿を飲んでいるシーンも描かれている。

一遍の尿を飲む尼層（「天狗草紙」）。

おとりばら【劣り腹】母方の身分がほかの子よりも劣っていること。そのお腹から生まれた子、妾の子。『源氏物語』（行幸）に「彼も劣り腹なりけり」と使われている。

おに【鬼】①古代インドで死者の霊のこと。それが仏教に導入されて餓鬼

「鬼」北野天神縁起絵巻より（出典 ColBase）

となった。②凶暴な精霊、地獄の獄卒。③人間世界の鬼には顔が怪奇で、目、髪の毛、手足が異常な者があり、美男美女に化けているものもいる。『伊勢物語』にその例がある。

おのがよよ【己世世】「よ」は男女の仲をさし、男女が離別して、それぞれの生活をしていることをいう。『伊勢物語』（二一段）に「おのが世々に也にければ…」とある。

おのこめのこのほう【男女の法】良民の両親のもとで生まれた子は父親に帰属させる。父母のいずれか一方が奴婢の場合、子は奴婢とするなど子の帰属を決めた法。孝徳天皇の大化元（645）年8月に発布。

おののこまち【小野小町】平安時代の女流歌人で三十六歌仙の1人。美

小野小町（狩野探幽『三十六歌仙額』）。

人で知られたが、男をまったく寄せ付けなかったと伝えられ、「穴なし小町」といういい方もされた。哀感、諦念のこもった、不毛の愛を詠んだ歌に特色がある。

おのはじめ【男の元】男根、男の根源の意で、『日本書紀』にある。

おべと【小船戸】小舟に上がること、古代朝鮮語で男性から性行為を仕掛けることの隠喩という。『万葉集』1520の「七夕歌」（山上憶良作）に「さ丹塗りの小舟もがも」とある。真っ赤な女性器にそそられて性行為を仕掛けることを暗に示した表現。

おみなめ【妾】正妻でない夫人、側女のこと。『日本書紀』（景行天皇紀）に「時に王に従いまつる妾（おみなめ）あり。弟橘媛といふ」との記述がある。「おむなめ」「おみなめ」ともいう。

おみなやま【嬢子山】佐賀県杵島地方の山。古代には大和朝廷に反抗する女性だけの反乱軍がいたが、朝廷によって滅亡させられ、地名として残った。

おもいあう【思合う】互いに恋し合うこと。『蜻蛉日記』に用例がある。

おもいあかす【思明す】いろいろ思い悩んで夜を明かすこと。『源氏物語』（明石）に「ひとり寝は君も知りぬやつれづれと思ひあかしのうら寂しさを」とある。

おもいいどむ【思い挑む】思いをかける、言いよる。『平中物語』に「この男、音聞きに聞き慣らしつつ、思ひ挑む人あり」とある。

おもいおもう【思い思う】深く思い詰める、互いに思い合う、相思相愛である。『落窪物語』に用例がある。

おもいかわす【思い交わす】互いに恋しく思う、恋し合う。『伊勢物語』に「昔、男女、いとかしこく思ひ交わして、こと心なかりけり」とある。

おもいこう【思い恋う】心にかけて恋い慕うこと。『万葉集』217 の長歌の終わりに「さぶしみか思ひて寝らむ、悔しみか思ひ恋ふらむ」とある。「(妻に死なれた) 夫は寂しく寝ているだろうか、それとも妻を恋い慕っているだろうか」という意。

おもいこめる【思い込める】心の中で深く恋い慕うこと。『後撰集』に用例がある。

おもいつま【思い妻、思ひ夫】大切に思う妻 (夫)、愛しく思う妻。『万葉集』2761 に用例がある。

おもいなびく【思い靡く】相手の意のままになろうとすること。『夜の寝覚』にある言葉。

おもいね【思い寝】恋しい人のことを思いながら寝ること。『古今集』に「君をのみ思ひ寝に寝し夢なれば我が心から見つるなりけり」という歌がある。

おもいびと【思い人】自分が恋しく思う人、恋人、愛人。『枕草子』に「頼もしきもの」として「心地などのむつかしき頃…まことまことしき思ひ人の言ひ慰めたる」とある。

おもいやる【思いやる】恋愛や心配事で重苦しい気分でいるのを追い払う。憂いを紛らわす。『古今集』に「我が恋はむなしき空にみちぬらし思ひやれども行く方もなし」という歌がある。

おもいゆずる【思い譲る】①「自分の娘の結婚相手としてふさわしい」と思う男性を世話してくれるよう頼むこと。②自分の愛情は薄らいだが、人間としては素晴らしい女性だからと、別の人に譲ろうとしたり、ほかの人へ取り持つこと。『源氏物語』(若菜) に用例がある。

おもいよる【思い寄る】思いを持って近寄る、好意を持つ。『宇津保物語』に用例がある。

おもいをたく【思ひを焚く】思ひの「ひ」を「火」にかけたもので、苦痛や煩悶に心を悩ますこと。賀茂保憲女 (かものやすのりのむすめ) の歌に「ある時には胸に思ひを焚きて、灰にす書きつくれば、烟となりて雲みだる」とある。

おもうこ【思う子】自分が恋い慕っている人、恋人。『宇津保物語』に用例がある。

おろ【悪露】肉体から出る糞、尿、汗など汚い液汁。『医心方』に用例が

女踏歌(「年中行事絵巻」)

ある。

おろのかがみ【尾ろの鏡】『万葉集』3468の歌で使われた言葉で、以来、異性に対する慕情の例えとして広がった。

おんあい【恩愛】①親子、夫婦など肉親の間における愛情。②女性に恋愛の情を抱くこと。『三宝絵』にある言葉。

おんじゅうきょう【温柔橋】暖かく柔らかな故郷、転じて色里や閨房のこと。漢代の『飛燕外伝』にある言葉。

おんぞうそう【陰蔵相】『往生要集』にある言葉で、仏陀のペニスのこと。仏のペニスは腹中に隠れていて見えない、ちょうど馬の陰茎に似ているというので、馬陰蔵ともいう。

おんなえ【女絵】美人画。『源氏物語』(総角)にある言葉。

おんなぎみ【女君】男女関係にある女の敬称。『源氏物語』(葵)に「男君はとく起き給ひ、女君はさらに起き給はぬあしたなり」とある。

おんなとうか【女踏歌】平安時代以降、正月16日に行われた女だけの踏歌。40人の舞姫が参加した。☞歌垣。踏歌。男踏歌。

おんなのろくよく【女六欲】女性が求めかつ愛する六つの欲。色欲、形貌欲、威儀欲、姿態欲、言語欲、細滑欲。『往生要集』にある言葉。

おんなぶ【女ぶ】女らしくなる、女性的になる。平安時代後期に成立した『とりかへばや物語』に「これはさても、いかでか女びはて給ひしに…」とある。

コラム① 聖徳太子という偉人

『古事記』が成立したのは712年、『日本書紀』は720年とされている。ともに日本初の歴史書であり、後世の日本人に「この国はどのようにしてスタートし、発展してきたか」という知識を提供してくれた功績は絶大なものがある。

両書は合わせて『記紀』と呼ばれるが、この頃には『記紀』の他にも、地方の実情や自然の風物などを記録した『風土記』（『播磨国風土記』は714年に完成）が創られ、『万葉集』（759年）という歌集も編さんされた。それは統治体制という国家のハード面だけでなく、国家を構成するソフト面、すなわち地方の人々の生き方や自然環境、さらに和歌という文化面でも大いに充実していたことを示していた。要するにこれらの本が編さんされた700年代という時期は、大和朝廷が成立以来の発展を遂げた時期であった。

日本の歴史では、その発展の礎を造ったのが聖徳太子とされている。聖徳太子といえば、仏教を精神的な支柱とする国造りを創始した人物であり、「十七条憲法」などを作った偉人といったイメージが広く行き渡っている。しかし私の印象では相当に豪胆な興行師のような人物だったように思われる。

日本に仏教が伝来したのは538年（552年年説もある）で、敏達天皇とその忠臣である蘇我稲目によって移入された。これに対して太子が生まれたのは約30年後の574年2月、その頃、崇仏派と廃仏派の対立は激化する一方だったが、太子にとって敏達天皇は父方の、蘇我稲目は母方の祖父にあたるから、生まれながらに仏教流布の宿命を背負って生まれてきたようなものであった。

太子が興行師としての本領を発揮するのは593年、摂政に就任した年に始まる。就任すると同時に大阪に四天王寺を創建したが、その場所は目の前が大阪湾で、周りには弥生時代とさほど変わらぬような田園風景が広がっていた。そしてそこに住む人々も、やはり弥生時代を

彷彿させる竪穴式住居で日々の生活を営んでいたのである。

　広大な土地にそびえ立つ五重塔は、まだまだ原始時代の住居に住んでいた人々にとって、どんな風に映っただろう。それまで神を祀るところといえば、板を打ち付けただけの素朴な建物がほとんどで、その点は現在の伊勢神宮の姿からも想像されるが、天空にそびえる五重塔は東京スカイツリーが弥生時代の農村地帯に出現したようなものであり、朱色をふんだんに使った荘厳な伽藍建築もまた、現代のディズニーランドのような非日常のテーマパークだったことと思われる。

　太子の豪胆さを示す第二のエピソードが遣隋使を派遣したことであった。

　隋の国が創建されたのは581年2月、それから8年後の589年には戦乱に明け暮れていた中国全土を、400年ぶりに統一するという快挙を達成した。そのバックボーンになったのが仏教であった。

　紀元前5世紀頃にインドで誕生した仏教は、紀元3〜4世紀頃から急速に中国に広がって行ったが、その中心的な存在が隋の文帝であった。文帝は仏教の教えに従って律令（法律）を整備し、国内の拠点となるところに大寺院を建設して、僧侶や仏典を集めて仏教の教育機関とするなど仏教の保護に努めた。その結果、仏陀は俗世の権力者の上に立つ存在で、それを具現化したのが仏陀の像である仏像だという考えが定着し、全身が金箔で、大きさも人間の3倍はあろうかという巨大な仏像が次々に造られた。

　聖徳太子によって最初の遣隋使が派遣されたのは600年（推古天皇8年）であった。当時の日本の国力からすれば、船が遭難でもすれば廃仏派との戦いにも決定的なダメージとなる恐れがあったが、太子はあえてその賭けを選択したのである。

　仏教の導入は日本という国家の形成に決定的な影響を与えた。その影響の一つはイザナギ・イザナミの時代にはオープンだった性の感情や行動が断罪されたことである。その結果、性について語ることやあからさまな行動を下品とする価値観が醸成され、それは1500年後の現代においても社会の基本原理として生きている。

か

か【寡】 夫を失った女、やもめ。757年（天平勝宝9年）施行の『戸令』に「寡妻妾男無きは夫の分を承けよ」と定められている。

か、げ【下】 腰から下、下半身。中国最古の医学書『黄帝内経』にある言葉。☞**黄帝内経**

がい【艾】 古代中国で男色のこと。男色好きを好艾（こうがい）ともいう。中国の史書『国語』に用例がある。なお小艾といえば若くて美しいこと、またその人。『孟子』にある言葉で、男色にも女色にもいう。☞**鶏姦、男色。**

かいいん【誨淫】 古代中国で、女性の艶かしいポーズに男が性的な欲望を抱くこと。

かいおうしょう【海鷗翔】 『房内篇』で説かれた三十法の第17で、海辺を鷗が飛んでいるさま。「男は寝台の

そばに立ち、女の脚を持ち上げて玉茎を子宮の中に入れる」

かいかん【快感】 『カーマ・スートラ』によれば、人間が感じる快感には4つの種類があるという。①仕事などに従事することによって得られる快感。②性交の際に得られる快感。③他に快感の原因があると確信できる時に感じられる快感。④すべての感官の満足が得られた時の快感で、他の快感はこれに従属させられる。☞**『カーマ・スートラ』。**

かいく【戒垢】 女性のこと。中村元の『広説仏教語大辞典』によれば、古代仏教では女性は戒律を汚す人間だという意味で、こう呼ばれた。

かいごう【会合】 性交すること、交接。『古今著聞集』にある言葉。

かいべん【快便】 『碧眼録』にある言葉で、心地よい便り。

かいほう【懐抱】 男女が抱擁すること。性交すること。『今昔物語』に「帝王、その女を召して一夜懐抱し給ひけるに…」とある。

かいまみ【垣間見】 物陰や物の間からちらっと見ること。垣間見るの名詞形。『角川古語大辞典』によると、女性の裸の姿を見て、その神性をあばくという古代の民俗信仰に由来するこという。

がいめんじぼさつ【外面似菩薩】 『宝物集』にある言葉で「外面似菩薩、内

心如夜叉」と続く。女性は見かけは美しく優しそうで、まるで菩薩のようだが、心の中は邪悪で、恐ろしい夜叉のようだという意。

がいゆうぎ【外遊戯】『房内編』にある言葉で前戯のこと。

かいよう【懐孕】妊娠すること、懐妊。中国・唐時代の『律令格式』で定義づけられた。

かいろうどうけつ【偕老同穴】夫婦の変わらぬ愛情の意で、『詩経』にある「君子偕老」「死則同穴」をつなぎ合わせて造られた言葉。

かお【姿】美人の表現。古代には美人の条件としてスタイルのいいことが重視され、それが「かほ」と表現された。『万葉集』1738に「その姿（かほ）のきらぎらしきに」とある。

かおつくり【顔作り】顔の化粧をすること。『枕草子』に「女はおのれを喜ぶ者のために顔作りす」とある。

かおよし【顔良し】容貌が美しいこと。美男や美女。『宇治拾遺物語』に「天の下の顔良しが婿にならんと宣ふ」とある。

かがい【嬥歌】特定の日に若い男女が集まり、お互いに求愛の歌を掛け合って性交する習俗。歌垣と同じ。『常陸国風土記』によると、春と秋には箱根の足柄峠以北に住む人々が筑波山に集まって、一夜の出会いを楽しんだとあり、この時代としてはい

かに大がかりなイベントだったかが想像される。その様子は『万葉集』にも詳述されており、人妻も見知らぬ男性と交わったり、嬥歌に参加する娘に沢山のプレゼントをもらってくるよう言い含める親もいたことが記録されている。同風土記には海辺や水辺における嬥歌も紹介されている。嬥歌の語源については「（歌を）掛け合う」が変化したものという説がなされているが、民俗学者の吉野裕子はその著『蛇』の中で、蛇の古語であるカガと濃厚な蛇の交尾の様子から連想されたものではないかと指摘している。なお嬥歌と夜這いは共同体内のオープン化された営みと、私的な行為の違いという見方も可能と思われる。☞歌垣、小集楽（おずめ）、踏歌（とうか）。

かき【夏姫】鄭の霊公の妹で美女と評判の高かった夏姫はさまざまな国の王侯と関係することを好み、その度に国籍が鄭、陳、楚、晋と変わった。紀元前605年、陳の霊公（鄭の霊公とは別人）が鄭に侵攻してくると、陳の霊公の二人の部下と四人で関係を持ち、その後、三人の男性は夏姫の下着を着てふざけ合ったという。家老が陳の霊公に「そういうことでは国がまとまらぬ」と意見すると、霊公は二人の部下に家老を殺すことを命じたと伝えられる。

夏姫

かくこうけい【鶴交頚】鶴が互いに首を
絡み合わせている姿。『房内篇』で
説かれた九法の第9。「男は膝を開
いて坐り、女はその上にまたがる形で
男の首を抱く。玉茎を挿入したら麦
歯（小陰唇）を突くなど、極力陰核
に当てるようにする。さらに男は女の

尻を抱えて、女のゆり上げる動作を
助ける…」

かくしおとこ【隠し男】夫ある女がほか
にこっそりと関係している男。間夫。
『宇治拾遺物語』に「さればよ。かく
し男来にけりと…」とある。反対が「隠
し女」。

かくしすえる【隠し据える】女を人知れ
ずある場所に住まわせること。隠し
女を囲う。『源氏物語』（夢浮橋）に
「（誰か浮舟を）隠し据えたるにやあ
らむ」とある。

かぐやひめ【かぐや姫】『竹取物語』の
女主人公。あたりが照り輝くばかりに
美しかったところから付けられた名で、
『古事記』には垂仁天皇の夫人とし
て迦具夜比売という名が見えている。
☞竹取翁

かげめ【蔭女】隠し妻。『狭衣物語』
に「さやうの生公達の蔭女にてやくな
し」とある。

かこう【賈后】晋の恵帝の夫人。淫乱
奔放で知られ、「宮中は天国である」
といって民間の美男子を宮中に引き
入れ、快楽をむさぼった。『晋書』に
よれば、終わって満足した時には帰
したが、不満だったときには殺したと
いわれる。

かさい【下妻】妾のこと。『漢書』にあ
る言葉。

かざんてんのう【花山天皇】第65代天
皇。17歳で即位、その即位式の最中、

あ
か
さ
た
な
は
ま
や
ら
わ

目の前にいた美人を高御座（たかみくら）に引っ張り上げて、その場で犯したことで知られる。

かしま【加島】 摂津国淀川の下流の地名。古代における遊女の拠点の一つで、『散木奇歌集』（さんぼくきかしゅう）に「加島を過ぎるに遊びどもの数多詣で来て…」とある。大阪市東淀川区と西淀川区に加島町という地名がある。☞江口の里、神崎の里。

かしん【花心】 ①古代の中国では美人の心の中、本音のこと。②日本では男の浮気心。『源氏物語』（宿木）では「花心におはする宮なれば…」とある。

かせい【化生】 男女の精が合して一つになり、新しいものを生み出すこと。妊娠すること。『易経』にある言葉。

かせいきゅう【華清宮】 唐の玄宗皇帝が長安の都に近い驪山（りざん）の温泉に造った離宮。玄宗はこの離宮で楊貴妃を寵愛した。

かたい【下体】 陰部のこと。『漢書』にある言葉。

かたき【敵、仇】 ①男にとって妻、女にとって夫。配偶者。昌泰年間（九〇〇年頃）に編さんされた『新撰字鏡』にある。②歌垣（燿歌）等の場で、男女それぞれの相手になる人の意。③遊女を選ぼうとして、同輩と重なること。

かたげいち【かたげ市】 伊藤常足編録の『太宰管内志』によると、（豊後国）日田郡五馬市村は延喜式（927年制定）により全国に約400の駅が置かれた時、その一つに選ばれたところだが、それからまもなく「かがい」が始まった。その後、いつの頃からかこの地方の方言で女性と交わることをいう「かたげ市」と呼び名が変わったという。また大野郡野津院は古代に各種の税を収納する倉庫が置かれていたところだが、ここの中山神社でも「かたげ市」が行われるようになったという。☞燿歌。

かたこいつま【片恋夫・片恋妻】 片恋をするつま、すなわち配偶者に先立たれたつまのこと。『万葉集』196には「片恋嬬」とある。

かたしく【片敷く】 袖の片方を敷いて寝ること。古代には男女が互いに衣を敷き交わして寝ていたので、片方だけ敷くことは共寝をしないことを意味した。『万葉集』1692に「我が恋ふる妹は逢はさず玉の浦に衣片敷き独りかも寝む」という歌がある。

かたち【形、貌】 人間の容貌、とくに美貌をいう。『宇津保物語』に用例がある。

かたのしょうじょう【交野少将】 平安時代の作品で、現在は所在の知れない物語の主人公。美貌で色好みの貴公子と描かれていたらしく『源氏物語』の「帚木」や「野分」にも登場

する。

かたみ【形見】後世になると死んだ人が残したものを意味するようになったが、古代には今、会うことのできない人を偲ぶよすがとなるものを意味した。とくに衣類の場合、その衣類を着て寝ることによって面影を偲ぶことができると信じられていた。『万葉集』747に「吾妹子が肩身の衣下に着て直に逢ふまでは我脱がめやも」という歌がある。

かたもい【片思ひ】現代の片思いと同じ。『万葉集』536に用例があり、この頃からすでに使われていたことがわかる。

かたらいたるおとこ【語らひたる男】和泉式部の歌の詞書にある語で、以前に関係のあった男。

かちえ【勝絵】春画のこと。とくに平安時代鳥羽僧正筆といわれる「陽物くらべ」と「放屁合戦」から始まる。

かちょうのつかい【花鳥の使い】①玄宗皇帝は国中の美人を我が物にせんと全国に使者を派遣して美人を探させた。その使いのこと。②恋の使い、男女の仲立ちをする使者。『古今集』（真名序）に「好色の家には此を以ちて花鳥の使とし…」とある。

がっしゅく【合宿】男女がいっしょに寝ること。『古今著聞集』に「（平貞綱は）白拍子玉寿と合宿したりけり」とある。

がっすいえ【月水衣】仏教用語で、女性の生理によって汚された衣。またそれを拾って洗い、繕った衣。『正法眼蔵』にある言葉。

かつらおとこ【桂男】月の世界に住む男。転じて容姿の美しい男。『狭衣物語』に用例がある。

かとや【門屋】月経中の女性、産婦、忌中の喪主などが住む小屋。

かなし【悲し、愛し、哀し】家族や恋人を切ないほどかわいく思う気持ち。『角川古語大辞典』によれば『万葉集』の東歌や防人の歌はほとんどがこの意味で使われているという。

かなしけ【愛しけ】上代の東国の言葉で「愛しき」の変化形。愛しい、かわいい。『万葉集』4369に「筑波嶺の小百合の花の夜床にもかなしけ妹ぞ昼もかなしけ」という歌がある。

ガニカー『カーマ・スートラ』で至高の性的官能の技術を備えた遊女。文学や音楽から18の言語に通じ、さらに性的な技巧でも人知の頂点に達している。☞『カーマ・スートラ』。

かねぐろ【鉄漿黒】歯を鉄漿で染めたもの。お歯黒。平安時代には貴族の男性のお化粧とされていた。

かねごと【予言】将来を約束した言葉。男女の間で交わされるものをいうのが普通。『後撰集』に「昔せし我が予言の悲しきは如何にちぎりし名残なるらん」という歌がある。

がび【蛾眉】細く長く弧を描いて描かれた眉。その美しいことから美人の例えとなった。『本朝文粋』に用例がある。

かま【釜】尻、肛門の異名。男色は肛門性交を主とするところから男色を表す。語源は上述の「カーマ」から起こったもので、仏教伝来以来、僧侶が男色の隠語として用いたのが始まりという説がある。

カーマ　インドの神話に登場する愛の神。カーマは手にさとうきびの茎でつくられた弓を持つ。その弦は黒い蜂とされ、反対の手に5本の矢を持っている。カーマがその矢を射ると射られた人は男女を問わず恋をすると伝えられている。このエピソードからカーマは性愛そのものの象徴とされる。なお『続仏教語源散策』に寄ればカーマ（性愛）の最初の教師はシヴァ神の第一の従者であるナンディケーシュヴァラという。☞『カーマ・スートラ』、シヴァ神、五欲自在王。

カーマ・スートラ　インドで紀元300年頃に編さんされた世界最古の性典の一つ。400年頃には『愛経』という名で漢訳された。本書では日本人にも馴染み深いもの、理解が可能な項目だけを抽出した。☞愛経。

かもうのいらつめ【蒲生娘子】越中国（現福井県）の遊行女婦。『万葉集』4232に「雪の島巌に殖（うえ）たる

撫子は千世に咲かぬか君が挿頭に」という歌が採られている。751年、国司（長官）の大伴家持の宴会で詠んだもの。

かゆづえ【粥杖】粥を焚いた木の燃えさしで作った男性器の形。日本には正月15日、子どものいない女性の尻をたたいて回ると男の子が生まれるいう俗信があり、「祝い木」や「幸い木」という名称で現代にまで伝えられている。この習俗が古代からあったことは『狭衣物語』（四中）に「十五日には若き人々ここかしこに群れ居りつつ、をかしげなる粥杖引き隠しつつ、かたみにうかがひ、また打たれじと用意したる…」とあることから想像できる。

かよいどころ【通い所】男が「妻問い」のために通うところ。『源氏物語』（葵）に「大将の君の御通ひところ、ここかしこと…」とあり、一か所とは限らない。

かよう【通う】男が妻や恋人の住むところを訪ねて行くこと。

かよわす【通わす】女が男が通ってくるのを承諾した意。『源氏物語』（夕顔）に用例がある。

かりこもの【刈薦の】「乱れる」にかかる枕詞。古代の人々は刈り取ったこもを敷いて寝たが、きちんとそろえていても乱れやすいということから心の乱れを強調する言葉になった。『万

葉集』3255に「かりこもの心もしのに人しれずもとなぞ恋うる…」とある。

かりそめぶし【仮初め臥し】男と女が出来心で関係すること。平安時代の『後撰集』（恋四）に「秋の田の仮初め臥しもしてけるがいたづら稲を何に包まし」という歌がある。

かりていも【訶梨帝母】仏教用語で、鬼子母神のこと。日本では豊かな母性愛にあふれる安産の神として信仰されている。訶梨帝母法は安産を祈る修法のこと。

かる【離る】男女の仲が疎遠になること。愛情が薄れること。『古今集』799に「思ふとも離れなむ人をいかがせむ開かず散りぬる花とこそ見め」という歌がある。

かるのみこ【軽皇子】允恭天皇の第一皇子の木梨軽皇子。皇太子となったが、実の妹である軽大娘皇女（かるのおおいらつめ）との近親相姦が発覚、『古事記』によれば伊予国（現愛媛県）へ流された。跡を追ってきた妹と歌を取り交わした後、共に自害したと伝えられている（『日本書紀』では流されたのは妹という）。☞**衣通姫**（そとおりひめ）。

かわぐすり【河薬】天皇が沐浴するとき、垢をのぞき、皮膚を滑らかにするもの。白米を水に浸した物とか、薬粉を絹の袋に入れたものなど諸説がある。

かわしょうよう【川逍遥】淀川沿いの江口、神崎などで、月の夜、遊女を船に乗せて遊び回ること。☞**江口の里、神崎の里**。

かわつるみ【皮つるみ】手淫、自慰のこと。平安時代に始まったといわれる京都・太秦の牛祭の祭文に「鐘楼・法華堂の加波津留美（かわつるみ）という語がある。

かわや【厠】便所のこと。『古事記伝』に「古厠は溝流（みぞ）の上に造りて、まりたる屎はやがてその水に流失（ながれうせ）る如く構えたるゆえに川屋といいたり」と説明されている。

かわらか　さわやかで、さっぱりしていること。『源氏物語』（宿木）に用例がある。中野栄三の『性風俗事典』によると、この用例が転じて無毛の女性を表すようになったという。

かわをわたる【川を渉る】古代中国で若い女性が男の誘いに乗って川を渉り関係を持つこと。『詩経』の「漢広」、「匏有苦葉」などの詩で用いられている。

かん【感】性交のこと。構精ともいう。共に『易経』にある言葉。『西域記』には欵とある。

かん【奸】姦淫の罪を犯すこと。『説文解字』にある言葉。

かんかい【歓会】ともに会うことの喜び、男女同衾の喜び。『本朝文粋』にある言葉。

かんぎてん【歓喜天】大聖歓喜自在天

の略。その形には象頭の単身像と双身があり、夫は象頭、婦は猪頭が多い。双身像は相抱き合った像で、密教では財宝・和合の神とされてきた。

かんけい【関係】古代中国で、男女が密かに情を通じること。『詩経』にある言葉。

かんざきのさと【神崎の里】江口の里と並ぶ古代の遊女の集合地。治承年間（1180年頃）、後白河法皇は今様（当時の流行歌）を集大成した『梁塵秘抄』を編さんしたが、そのもとになったのは「かね」という神崎の遊女が記憶していた今様だった。☞『梁塵秘抄』、江口の里、加島。

かんじゅ【韓寿】晋時代の若者の名前で中国一の美男子とうたわれた。『晋書』に記録されている。

かんじょう【灌頂】灌頂とは古代インドで王子の立太子式の際、世界の五つの海の水を頭から注ぐことを意味した。これがインド仏教の密教に取り入れられ、灌頂を受けた者は大日如来の位を継ぐ者とされるようになった。8世紀頃に成立したタントラ仏教では灌頂は阿闍梨灌頂のほかに秘密灌頂、般若智灌頂、第四灌頂の三種が付け加えられた。秘密灌頂は阿闍梨が目隠しした受者の前で美しい16歳の少女と交わり、自己の精液と少女の体液が混じり合ったもの（これを菩提心と称した）を指で

救って受者の口にたらすという儀式で、菩提心を植え付けることとされた。般若智灌頂は菩提心を植え付けられた受者がその少女と交わり、そこに生じる快楽の状態を阿闍梨が歓喜（かんぎ）、最勝歓喜、離喜歓喜および第4歓喜の4段階に分けて実地に教え込む。さらに第4灌頂ではこれらの性的な快楽にいくら熟達しても、それらは所詮刹那的、無常のものにすぎず、真の悟りの境地はすべての性行為や言説を離れた絶対安楽を言葉で教えることであり、学ぶこととされている。タントラ仏教は中国や日本では公式には移入が禁止された。

かんせい【還精】女性と関係しても射精しないこと。『房内篇』にある言葉で、同書の根本思想の一つ。古代中国では射精は体力を損耗する最大の要因とされていた。一方、性の指南書は皇帝が性を楽しみつつ健康でいるためのマニュアルとして書かれたものだったから、射精を抑制することは最大のテーマとされた。日本では貝原益軒の『養生訓』にある「接して漏らさず」という一節がよく知られているが、これは7世紀に成立し『房内篇』でも引用された『千金方』にある言葉。☞『千金方』。

かんぞう【萱草】『袖中抄』に「妊娠した女性がこの草を持っていれば男子が生まれる」と紹介されている。忘れ

な草の別名で、薬用の甘草とは別のもの。古代中国の地理書の『図経』によれば「人をして歓楽を好み、憂を忘れさせる」という。

かんつう【姦通】妻のある夫、夫ある妻が異性と情交すること。ただし後者を指すことが多い。833年（天長10年）に整備された『令義解』戸令（律令の解説書）には「最初に和合姦通し、後に祖父母等により婚姻が認められても、その後姦通の件が発覚すれば、前に認知されたとしても、また離別させるべき」とある。

がんとう【雁頭】男性の雁首。『鉄槌伝』にある言葉。☞『鉄槌伝』。

かんはお【串好】古代中国の隠語で、女性を姦淫し終わること。「串刺しにして満足した」の意。

かんむてんのう【桓武天皇】第50代天皇。奈良の南都六宗の影響を排除するため、奈良から長岡京、さらに平安京への遷都を敢行して、新しい繁栄の道を切り開いた。その一方、女性を次々に朝廷に引き入れ、「キサキ」と呼ばれる女性だけで27人を数えた。大宝律令では天皇の夫人は「后（ひ／きさき）二人以内、夫人（ぶにん）三人以内、嬪（ひん／みめ）四人以内」と定められていたが、それだけでは足りなくなり、新たに「女御」という地位が創出された。また子どもの数があまりに増えた

ため、すべてを皇族とすることが不可能となり、臣籍降下をさせて平姓を名乗らせた。これが平家の始まり。☞嵯峨天皇

き【姫】女という字と、乳房を表す臣という字が合わさった象形文字で、大きな乳房を持つ女の意。

き【飢】『詩経』で性的な欲望の意で使われている。

きえはつ【消え果つ】男女の仲が切れること。『後撰集』に「消え果てて止みぬばかりか年を経て君を思ひのしるしなければ」という歌がある。

きえわぶ【消え侘ぶ】消え入るばかりに恋人のことを思い、わびしい気持ちになってしまうの意。『新古今集』にある言葉。

ぎおう・ぎにょ【祇王・祇女】平清盛が寵愛した白拍子の姉妹。

きき【熙熙】淫乱で情欲の強い女性のこと。『老子』にある言葉。

きこう【鬼光】夢精のこと。『房内篇』にある言葉。

きさき【后】天皇の正妻。皇后。平安時代以前には天皇の性関係の相手を指す言葉だったが、平安以降は皇后、中宮をいうようになった。☞嬪（ひん）。

きさきばら【后腹】后の腹から生まれた子。『源氏物語』（宿木）に「きさきはらにおはせばしもと…」とある。

きざす【兆す】妻取り、婿取り、嫁取り

などに際して、「こういう人物を」と思い描くこと。『源氏物語』などに用例がある。

きしまぶり【杵島曲】杵島山の歌垣で歌われた歌や曲。『常陸国風土記』には「杵島の歌曲を七日七夜歌った」という記述があり、これらの歌や曲は他の地方でも広く歌われていたことが想像される。

きしまやま【杵島山】佐賀・白石町にある標高342メートルの山。奈良時代に作られた『肥前国風土記』（逸文）に歌垣が行われていたことが記述されている。☞歌垣、嬥歌（かがい）。

ぎじゅつ【技術】女性が男を翻弄する手練。『列女伝』にある言葉。

きぞく【貴族】701（大宝元）年、大宝律令が制定され、三位以上が貴、四、五位が通貴と呼ばれた。貴は文字通り貴族、通貴は貴人に通じる階層の意で、この貴と通貴の一族が平安時代には貴族と呼ばれた。性を楽しいもの、享楽すべきものと見なすことは貴族だけの特権とされた。

きたなきもの【汚なき物】陽物のこと。『宇治拾遺物語』に用例がある。

きたのかた【北の方】公卿、大名など身分の高い人の妻を敬っていう語。寝殿造りの北の正殿に住んでいたことからこう呼ばれた。

母屋の図（家屋雑考）

きづく【気衝く】男根がいきり立つこと。『鉄槌伝』にある言葉。☞『鉄槌伝』。

きつね【来つ寝】『日本霊異記』に狐という動物の命名の由来が次のように説明されている。欽明天皇の時代、美濃国（現岐阜県）大野郡の男性が嫁探しに出かけた。広い野原で美しい女性に会った男は、「私のお嫁になりませんか」と声をかけ、女性も承知したので、家に連れ帰って結婚した。やがて子どももできたが、家で飼っている子犬がこの女にどうしてもなつかず、歯を剥き出しにして襲いかかろうとする。あまりの恐ろしさに、女性はおびえ、ついに狐の本性を表してかごの上に逃げ上がった。その姿を見た夫は「私とお前は子どもまでなした中ではないか。いつでも戻っておいで、一緒に寝よう」と声をかけた。その言葉に動物は時折男を訪ねてきては寝て行くようになった。以来、この動物は来つ寝、すなわち狐と呼ばれるようになったという。

きつね【狐】『詩経』にある言葉で、

歌垣に集まる女性をカモにしようと狙っている男。烏ともいう。

きとう【亀騰】北の神獣玄武、すなわち亀が空中に舞い上がるさま。『房内篇』で説かれた九法の第5。「女を仰向けに寝かせて両膝を曲げさせる。男はその脚が乳房に触れるほどに押し曲げる。そこで深く玉茎を挿入して膣の大前庭を突き、深浅の度合いを見計らいながら陰核に当たるように攻める…」

きにくぎょくせつ【肌肉玉雪】女性の肌が玉雪のように白いこと。唐時代の詩人韓愈の作品にある言葉。

きぬかつぎ【衣被】皮をかぶった男性器、包茎。『古今著聞集』に「わずかなる小まらの、しかもきぬかつぎしたるを…」とある。

きぬぎぬ【後朝】男女が性的な関係を持つ時、お互いの着物を上からかけたり、場所によっては下に敷いた。きぬぎぬはことが終った後の着物という意で、初めての関係の場合、お互いの下着を取り替えて着るのが習わしだった。

きぬぎぬのわかれ【後朝の別れ】初めての関係を終えた翌朝、男は女性のところに使者を送り、手紙を届けることが平安貴族のエチケットとされていた。『古今集』637には「しののめの朗ら朗らと明け行けばおのがきぬぎぬなるぞ悲しき」との歌がある。男の元には女の衣服だけが集まり、次の女性狩りに行けないという悩みをこめた歌ともいう。☞朝の使い。飽かぬ別れ。

きのぼり【木登り】『カーマ・スートラ』にある性交中の抱擁の第2の形。女が一方の足を男の足上に乗せ、他の足を男の太腿に置くか、女が一方の腕を男の背に置き、他の腕で彼の肩を押し下げるようにして彼に絡みつき、微かに声を発しながら、あるいはうめき声を出して、彼に接吻するためによじ登るようにする。☞『カーマ・スートラ』。

カーマ・スートラをテーマとした絵画

きへいそく【驥騁足】『房内篇』で説かれた三十法の第19で、駿馬が疾走する時の足の様子。女を仰向けに寝かせ、男はしゃがんで、左手で女の首を支え、右手で女の脚をつかんで玉茎を子宮に挿し込む。

きもごころ【肝心】 肝と心の意、人体の
もっとも大事な部分。「肝心を砕く」と
いえば、あれこれと思い乱れること。
『宇津保物語』に「そこばくの人、肝
心を砕きて…」とある。

きゅうけい【宮刑】 男女の不義を罰す
る刑で、男子は去勢し、女子は監獄
に入れられた。女陰の筋を切ること
もあったという。『書経』にある言葉。
☞陰刑。

きゅうだち【君達】「きんだち」が転化し
たもので、遊女の意。『梁塵秘抄』で
「常に恋するは、空には織女、よばひ
星、のべには山鳥秋は鹿、流れのき
ゅうだち冬は鴛鴦」と歌われている。
☞『梁塵秘抄』。

ぎゅうにゅうとみず【牛乳と水】『カーマ・
スートラ』にある性交中の抱擁の第
四の形。情欲のために苦痛も無視し
て、女が男の膝の上に乗って彼と向
かい合わせになってすがり付く。ある
いは寝床に伏して、あたかも互いに
入り込もうとするかのように抱擁する。

☞『カーマ・スートラ』。

きゅうほう【九法】 男が女性により多くの
喜びを与えながら、女性の精気を吸
収するための九つの技法。三十法と
は異なる体位で、『房内篇』の中心
テーマの一つ。

きょう【嬌】 艶やかで色っぽいこと。白
居易の「長恨歌」にある言葉。

きょうあいわごう【交愛和合】『倶舎論』
にある言葉で、男女が性交すること。
生命が誕生するためにはいくつかの
条件が必要だが、性交して精子が
胎内に入ることは条件の第一として
上げられる。

きょうえ【交会】『倶舎論』にある言葉で、
男女の性交。

きょうかんじごく【叫喚地獄】 仏教用語で
八大地獄の第四を表し、殺生、偸盗、
邪淫、妄語、飲酒の五戒を犯した者
が堕ちる地獄。堕ちた者は熱湯・
猛火の呵責に耐えられず号泣・叫
喚する。『往生要集』に詳しく説か
れている。☞衆合地獄。

ぎょうし【凝脂】 卵のむき身のように真
っ白に固まった脂肪のことで、美人
の肌の例え。白居易の詩「長恨歌」
で使われている。

きょうしょう【交接】『阿含経』にある言
葉で、女性と性交すること。

ぎょうたい【業態】『十誦律』という古
代仏教の経典に出てくる言葉で陰部
のこと。

きょうつう【交通】仏教用語で男女が交わること。『長阿含経』にある言葉。

きょうぶほうよう【胸部抱擁】『カーマ・スートラ』で紹介されている抱擁に関する他派（スヴァルナナーバ派）の主張。胸部抱擁はその第3の形。女が両の乳房を男の胸に押し付けて、身体の重みを男にかける。☞『カーマ・スートラ』。

きょうめい【響鳴】『カーマ・スートラ』で紹介されている爪による性的な刺激の一つで「顎のあたり、両乳、下唇に長短の爪を軽く押し付ける。（訓練次第では）爪の痕をつけることもないのに、頭髪が逆立つような戦慄感を与えることができる」。その時、爪をすり合わせて音を発するのが響鳴。爪の技にはほかに半月、環状、虎の爪、孔雀の脚、兎の跳躍、蓮の葉などがある。

きょくいん【曲隠】男女の肢体の奥まり隠れた部分、すなわち男女の性器のことで、『唐書』にある言葉。

ぎょくじょ【玉女】美女、天子から下賜された姿。500年頃にできた中国の『宋書』にある言葉。『宇治拾遺物語』に「例のごとく玉女とも謡ひを謡ひ来て商人を誘い、女の城に入りぬ」とあり、玉のように美しい女の意で用いられている。

ぎょくしょう【玉漿】陰水のこと。『房内篇』にある言葉。

ぎょくせん【玉泉】キスする時の女性の唾液。『房内篇』にある言葉。

ぎょくたい【玉体】玉のように美しい体、とくに美女の体をほめていう。浦島太郎の伝説を漢文で描いた『続浦島子伝記』に用例がある。

ぎょくだいしんえい【玉台新詠】『詩経』につぐ中国の古い恋愛詩を集めたもので、557年に成立。民衆の恋愛詩である『詩経』に対して『玉台新詠』は皇太子や貴族文人たちによる恋愛詩を集成したもの。朝廷からは亡国の書として忌避されたが、この詩集で歌われた恋愛における女性の心情を専門に歌う女性歌手も登場したという。

ぎょくち【玉池】キスする時の女性の口。『房内篇』にある言葉。

ぎょくひ【玉妃】楊貴妃のこと。唐時代の詩人陳鴻の「長恨歌伝」にある言葉。

ぎょくふ【玉膚】玉のように美しい女性の肌。前漢時代、14歳の麗娟という少女は肌の美しいことが評判になって宮廷に召された。この故事から出た言葉。玉肌も同じ意味。

ぎょくぼうしよう【玉房指要】『房内篇』で用いられた主な性の指南書の一つ。1～3世紀頃に成立したと推定されている。

ぎょくぼうひけつ【玉房秘決】『素女経』や『玄女経』などと並ぶ古代中国の

房中術（性医学）の書で、5〜7世紀に成立。『房内篇』でも主要な性の指南書の一つとされている。☞**五味子**、**『洞玄子』**。

ぎょくもん【玉門】女陰のこと。脈について医学書で、晋時代にできた『脈経』にある言葉。和書では『和名類聚抄』に「玉門、女陰の名也」とある。

ぎょくり【玉理】『洞玄子』にある言葉で、女性の後陰唇のこと。

ぎょじょ【御女】女子を御する、女性と交合すること。『淮南子』にある言葉。

ぎょせつりん【魚接鱗】魚が互いに鱗を擦り合う様子。『房内篇』で説かれた九法（九つの体位）の第8。「男は仰向けに寝て、女がその上にまたがって両方の股を前に向ける。女の方から玉茎を少しだけ入れて止める。わずかに入れることがコツで、深く入れてはいけない。女に1人で動作させて、できるだけ長持ちさせ、女が快感の絶頂に達したところで抜き取る」

ぎょっき【玉肌】玉のように美しい肌。美人の肌。白居易の詩にある言葉。

ぎょっけい【玉茎】男性器の異称。『房内篇』で数多く使われている。

ぎょひもく【魚比目】『房内篇』で説かれた三十法の第7で、男女が並んで横になり、女は片方の脚を男の上に乗せる。顔は向かい合い口を合わせて舌を吸う。男は両脚を伸ばし、手で上側の脚を担ぎ、玉茎を挿し込む。

きりょう【器量】顔立ち、容色。とくに女性の美貌をほめていう。『色葉字類抄』に「器量、美人のこと」とある。

ぎんえんほうじゅ【吟猿抱樹】『房内篇』で説かれた三十法の第7で、猿が木にしがみついて叫んでいるさま。「男は両脚を拡げて坐り、女は男の腿の上に乗って両手で男を抱く。男は片手で女の尻をかかえ込みながら玉茎を挿し込む。もう一方の手は床につけて体を支える。

きんおく【金屋】皇帝の愛人が住む局。

白居易の「長恨歌」で使われている。

きんかそうく【金火相拘】『周易参同契』という不死の薬の作り方を解説した書にある言葉で、男女が最高潮に達すること。

ぎんかり　京都・宇治の県神社で行われる種もらい祭りの別称。同神社は1052年（永承7年）、平等院の鎮守として創建。種もらい祭りは毎年6月に行われ、神輿が街を練り歩いている間、両側の家では灯りを消して、参詣人が雑魚寝するところから起こったという。ぎんかりとは参詣人が雑魚寝をしている間、1メートルほどの長さに切った木の先端を男性器を模したものを振り回しながら、「御ぎんかり！、御ぎんかり！」と叫びながら街を駆け回ったことから、この名がある。ここの祭神は巨根伝説で有名な道鏡で、道鏡にあやかるために生まれたという。☞種もらい祭り、道鏡。

きんげんばくし【琴弦麦歯】ペニスを挿入すると琴や箏のような声を発する女性や、ペニスを歯でくわえ込んだように離さない女性を指す、いわゆる名器の持ち主のこと。藤原明衡の『新猿楽記』にある言葉。☞淫奔寵嬖、偃仰養風（えんぎょうようふう）、竜飛虎歩。

きんこう【金溝】宮中の庭園に巡らされた溝。性の隠語では前陰唇のこと。『房内篇』にある言葉。

く【垢】『維摩経』にある言葉で、①けがれ。②煩悩の異名。煩悩はその性質が不浄で、心を染めけがすことからこういう。

くうけいをまもる【空閨を守る】連れ合いの去った寝室に1人寝ること。久しく同衾せぬこと。『文華秀麗集』に「秋去り春還り年歳を積み空閨を守り妾独り啼居す」とある。

くうせんちょう【空蟬蝶】『房内篇』で説かれた三十法の第11で、蝶が空中でひらひらと舞っている様子。男は仰向けに寝て、両足を伸ばして開く。女は男の上に坐って向かい合いに、両脚を床に付ける。膝頭を手で押さえながら陽鋒（陰茎のこと）を玉門に入れる。

くうそくぜしき【空即是色】仏教の経典の中でも核となっている『般若心経』にある有名な言葉で、すべての現象はおよそ実体がないという意。宇宙の万物は本来仮（け）の存在であるが、現象としては千差万別の形で表れるということ。色即是空の対として用いられる。

くうや【空也】平安時代中期の僧。踊りながら法悦境に入る踊り念仏を創始したといわれ、のちの盆踊りにも大きな影響を与えた。

くく【九孔】『那先比丘経』にある言葉で、肉体の九つの穴、すなわち両眼、両耳、両鼻、口、大小便の門こと。

くぐつ【傀儡子】中古から中世にかけて

東海地方以西の各地を漂泊して歩いた芸人。男は弓馬狩猟を事とし、木偶（でく）を舞わせたり、幻術・曲芸を演じた。女は唱歌・音曲をよくし売春もした。「くぐつ」は次第に街道の宿駅に定住するようになり、その地として鏡宿（かがみのしゅく）、青墓（あおはか）、赤坂などが知られる。江口、神崎などの水辺の「あそび」を遊女、鏡宿、青墓など陸の上の「あそび」を「くぐつ」と呼ぶこともあり、『梁塵秘抄口伝集』には「江口神崎の遊女、国々のくくつ、上手は言はず、今様を謡ふ者の聞き及び」とある。
☞うかれ女、江口の里、神崎の里。

くし【櫛】 髪を整えたり、髪飾りなどにする道具。『角川古語大辞典』によれば、櫛は串と同源の語で櫛をさすことで既婚女性を表す風習が生まれた。このことが櫛を女性の象徴とする考え方の母体になったという。スサノオ命が櫛稲田姫を櫛に変えて髪にさした話（『古事記』上巻）や、弟橘姫が海に身を投げたのち、櫛の流れ着いた場所が墓印しとされたことなどはこの考え方による。

くじゃくのあし【孔雀の脚】『カーマ・スートラ』で紹介されている爪の技の第6。5本の爪で乳房を掴むようにして、乳頭に向かってひいた線状の爪痕を指す。☞『カーマ・スートラ』。

くじゅうくや【九十九夜】 小野小町に思いを寄せた深草少将が「百夜通ってくればあなたの意に従いましょう」といわれて九十九夜通い詰めたものの、最後の夜に雪に埋まって凍死したという伝説のこと。のちに『通小町』という謡曲になった。

くすこ【薬子】 藤原種継の娘。初め藤原縄王に嫁いだが、後に平城天皇に寵愛された。大同4年（809年）、天皇は位を嵯峨天皇に譲って奈良に移るが、薬子は兄の仲成らとともに上皇の重祚をはかった。翌弘仁元年に事が発覚し、薬子は位官を解かれ、仲成は殺された。

くすりがり【薬猟】 鹿の若角（袋角）を採る猟。鹿茸といい、陰乾しにして補精強壮剤とする。

くすりぐい【薬食】 病気の養生や強壮強精のために栄養分の多いもの、猪や鹿、魚などの獣肉や魚鳥を食うこと。一般に獣肉や魚鳥を食うことは殺生、穢れとしてタブー視されたが、それを病気の治療や冬季の保温のためと称して食べることが密かに行われた。

くすりこ【薬子】 元3（正月三が日のこと）に天皇のお屠蘇の毒味のため、なめて試みる未婚の童女のこと。

くぜち【口舌、口説】 男女間のもめごと。痴話げんか。「くぜつ」は近世の用法で、それ以前は「くぜち」と呼ばれた。

くせんいっしん【九浅一深】 房内術の一

つ。9回浅く運動した後9息をつき、1回深く運動して息をつく法。平安時代から語られ始めた。

くそへ【屎戸】 糞便を撒き散らすこと。『古事記』(仲哀天皇紀)に大祓(おおはらへ)の祝詞の記述があり、国津罪の一つとして「屎戸、上通下通婚、馬婚、牛婚、鶏婚」が挙げられている。☞国津罪。

くだく【砕く】 思い乱れる、思い患うこと。『万葉集』2894に「聞きしより物を思へば我が胸はわれてくだけて利心(とごころ)もなし」という歌がある。利心は正常な判断力といった意味。

くちすう【口吸う】 接吻する。『色葉字類抄』に「吸、くちすふ。両口相交はる也」、また『今昔物語』巻十九の第2に「若し男出で来りてこの子の口吸ふ事あらば…」とある。口を吸ふも同じ。

くつをだく【沓を抱く】 平安時代、娘のもとへ通って来た婿の沓を、娘の両親が抱いて寝ること。婿が早々と帰らないように、男女の契りがこまやかであるようにとの思いからなされる婚姻習俗。平安時代の有職故実書である『江家次第』に「婿公…寝殿の脇の階より登る。…水取人(ものとりのひと)階より下りて沓を取る。件の沓は舅姑相共に之を懐き臥す」とある。

くながい【久奈可比、婚合】 「くなぐ」の派生語である「くながふ」の名詞形

で交合すること。『日本霊異記』に「天皇、后と大安殿に寝て婚合し給へる時に、栖軽知らずして参い入りき」とある。天皇が大安殿で皇后と関係していた時、部下の栖軽(すがる)が気づかずに入ってきたという意。

くながいし【婚死】 腹上死。『日本霊異記』に「邪淫を行った写経師が頓死」した話がある。写経師が雨宿りを求めてきた娘に淫心を起こして背後から挑みかかった。裳を引き上げて交接中、男根が女陰に入った途端、2人は抱き合ったまま死んでしまった。女は口から泡を吹き出して死んでいたという。

くなぐ【婚】 交合する。平安時代の辞書である『類聚名義抄』に「婚。トツグ、ツルブ、メマク、クナク」とある。

くにつつみ【国津罪】 天津罪とともに犯罪に関する日本の古代社会の最初の規定。天津罪が共同体の安寧を脅かす行為を禁じているのに対して、国津罪では自分の母を犯すこと、子を犯すこと、母と子を犯すこと、獣を犯すことなどの性的なタブーが列挙されている。さらに生きている人の肌を傷つけたり、死体を傷つけること、また昆虫や鳥類、雷などによる農作の被害も神々の怒りの表れとして罪とされた。☞天津罪。

くばる【配る】 複数の女性をそれぞれ適当な相手に縁付かせること。『宇

『津保物語』に用例がある。

ぐびじんそう【虞美人草】 ヒナゲシの別名。古代中国の代表的な美人の1人といわれ、項羽（楚の王）の愛人だった虞美人が項羽とともに自決した場所に咲いたところからこう呼ばれるようになったという。夏目漱石の小説の題名としても有名。

くぼ【凹、窪】 女陰のこと。催馬楽の曲名で「くぼの名を何とかいふ」という語句に続いて、当時流通していた女性器の名称が列記されている。『宇津保物語』に「くほありて、蜂巣のごとく生みひろぐめり」とある。

くみと【陰所】 女陰。『古事記』の冒頭に「陰所に興して水蛭子（ひるこ）を生み給ひき」とある。

くみね【組み寝】 男女が手足をからませて寝ること。『古事記』（歌謡）に「組み寝むその思ひ妻あはれ」とある。

くむ【組む】 相手と手足をからみ合せる、抱き合う。戦いにおける組み打ちや相撲、あるいは閨房の姿を現わす語として、平安時代から用いられた。

くめじのはし【久米路橋】 伝説によれば、葛城の神が葛城山から吉野の金峰山に橋をかけようとしたが、どうしても完成しなかった。この故事から実らない男女の恋をいう。

くめのせんにん【久米仙人】『今昔物語』によれば大和国（現奈良県）吉野郡の竜門寺に籠って修行、仙術を会得したとされる伝説の人。ただし空中飛行をしていた際、吉野川あたりで衣を洗う若い女の脛の白さに見ほれて神通力を失い落下、その女性を妻とした。その後、高市郡で夫役に従っていたが、仙術により空から材木を運んだ功績により免田三十町を下賜され、その地に久米寺を建立したという。☞仙人堕処。

くものふるまい【蜘蛛の振舞】 古代の日本では蜘蛛が網を張ったり、糸を引いて垂れ下がる様子をいいことがある前兆とした。とくに『古今集』に衣通姫の「吾が背子が来べき宵なりささがにの蜘蛛の振舞かねてしるしも」という歌が採られたことから、思う男が来てくれる予兆とする見方が広がった。

くゆる【薫る】 心の中で恋い焦がれる、悶えること。『大和物語』に「ふじのねの絶えぬおもひもあるものをくゆるは辛き心なりけり」とある。

くら【闇】『古事記』（神々の生成）によればイザナミの神は火の神を出産したために自ら焼け死んだ。怒ったイザナギは火の神を殺したが、その体の部分から次々に山の神が誕生した。その中で陰部（ほと）から生まれたのが闇。万葉学者の中西進はこの点について、「古代人は女性の陰部（ほと）を大切な体の一部としてあげ、そこに暗黒の山の神を想像した」

のだという。☞柝（さく）

くろかみ【黒髪】艶のある黒い髪。若い女性の美しさや独り寝の姿を表す言葉として用いられた。和泉式部の「黒髪の乱れも知らずうち伏せば先づかきやりし人ぞ恋しき」という歌はよく知られている。黒髪を断つのは決意や貞節を意味し、近世には遊女の心中だての一つとしても行われた。

くわこ【桑子】蚕は雌雄一対で繭の内にこもることがある事から、男女の仲がむつまじいことをいう。『万葉集』3086に「なかなかに人とあらずは桑子にもならましものを玉の緒ばかり」という歌がある。

くわしめ【妙し女】絶世の美女。『万葉集』3821、『古事記』（歌謡2）で使われている。

くんし【薰子】陰部をくすべた男子、すなわち宦官のこと。『漢書』にある言葉で、宦官は睾丸を燃やしてしまうといわれたところから出た。☞宮刑。

けい【閨】男女がひっそりとやること、性交。北魏の王琚の著『美人論』にある言葉。

けいえんし【閨怨詩】男の愛を失った女が閨中で嘆く気持ちを歌った詩。紀元500年頃、中国の梁で盛んになり、日本に移入された。日本初の漢詩集で751年成立の『懐風藻』にある「秋夜閨情」（石上乙麻呂作）

がその最初の作品とされ、日本では閨中で恋人に会いたいという思いを歌った作品も多い。

けいかん【鶏姦】男を女扱いして姦すること、男色。古代中国では「けい」の字は必ず「娶」（田の下に女と書く）という字が使われた。田仕事で力を発揮するのが男という字だが、男色の場合力を出さずに女に変わるという意。☞艾（がい）、断袖、男寵。

けいき【佳期】男女が密会することを約束した日のことで、『楚辞』という戦国時代の中国の詩集から出た言葉。

けいきょう【傾筐】結婚適齢期のことで、『白氏文集』にある言葉。

けいこく【傾国】君主の心を奪い、国を危うくさせるような美人のこと。前漢の楽師の李延年は罪があって宮刑にされたが、李の妹の李夫人は絶世の美女で、武帝は寝起きを共にするほど寵愛した。李延年が妹のことを傾国と歌ったのが始まりという。☞宮刑、傾城（けいせい）。

けいしつ【継室】正妻が死んで、第2夫人に家を切り盛りさせる意。転じて後妻、のちぞえ。『続日本紀』天平宝字4年8月7日の条に「継室従一位県狗養橘宿禰に正一位を贈って大夫人となす」とある。

けいしん【閨心】男女が恋い慕う思い、春情。王琚の『美人論』にある言葉。

けいせい【傾城】君主の心を奪い、国を危うくさせるような美人。語源は傾国と同じ。空海の『三教指帰』に「傾城の花の眼は忽爾として緑苔の浮かべる沢となり」とある。

けいとうのしし【鶏頭の肉】美女のふくよかな乳房のこと。楊貴妃と玄宗皇帝の愛を描写した『楊太真外伝』に「楊妃浴を出づるに一乳を露はす。明皇（玄宗皇帝のこと）捫弄（もんろう）して曰く、軟温なること新たに鶏頭の肉を剝ぐ」とあるによる。

けいみ【景味】興趣をそそられること。藤原頼長の『台記』では男色関係の快感の意で使われている。

けいもん【閨門】夫婦の寝室。『文華秀麗集』に用例がある。

けがす【汚す、穢す】婦女子を犯すこと。『日本書紀』（雄略天皇紀）に「武彦、皇女を穢しまつりて姙ましめたり」とある。

けがる【穢る】①貞操に傷がつく。『源氏物語』（賢木）に「（女が）汚れたりともおぼし捨つまじきを…」②月経になる。『源氏物語』（浮舟）に「よべより汚れさせ給ひてと口惜しきことを…」とある。

けがれ【汚れ、穢れ】月経。『宇津保物語』に「いつよりか御けかれは止み給ひし」とある。

けころも【毛衣、毛許呂裳】褌のことで陰毛を包んだ衣という意。

けさごぜん【袈裟御前】平安時代末期の女性で『源平盛衰記』に登場する。袈裟は衣川という女性の娘で、源左衛門尉渡と結婚していたが、従兄弟にあたる遠藤盛遠が袈裟を一目見て恋慕の情を催し、衣川を脅して一夜袈裟と会った。どうしても彼女を思い切れない盛遠が関係を迫るので、袈裟は「夫に髪を洗わせ濡れたまま酔わせるので、夫を殺して欲しい」と持ちかけ、自分が盛遠の手にかかって殺されたという。その後、盛遠も夫の渡も出家したと伝えられている。ただし、この話は中国の女性史の『列女伝』に原典があり、すでに『今昔物語』にも採られている。

けぢかし【気近し】親しく打ち解けること、共寝の場の親しい感じ。『大和物語』（八十九段）「女にけぢかくものなどいひて、かえりてのちによみてやりける」という歌が記述されている。「共寝の場でも親しく打ち解けたが、家に帰り着いてから歌を詠んで届けた」という意。

けそう【懸想】求婚する。正式な求婚だけでなく夜這いなどをも指す。『今昔物語』に「尋ねてけそうしける程に、女事請けしければ、女の家に行きて会いけり」とある。なお『色葉字類抄』には気粧とあり、これがもとの形と予想される。

けそうばむ【懸想ばむ】懸想の気持ちを

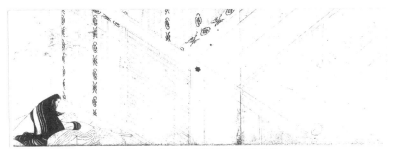

懸想文を開く女性（「隆房卿艶詞絵巻」）

あ
か
さ
た
な
は
ま
や
ら
わ

示す。恋心を態度に表す。『源氏物語』（夕霧）に「引き返し懸想ばみなまめかむもまばゆし」とある。「急に気が変わったように恋心を抱いているように振る舞うのもみっともない」という意。

けそうびと【懸想人】求婚している人、思いをかけている人。『宇津保物語』に「我らを懸想人の数にも入れず…」とある。

けそうぶみ【懸想文】恋文。1102年（康和4年）5月、堀河天皇のもとで「懸想文合」という歌合戦が行われた。

けつ【訣】性技の奥の手。『房内篇』にある言葉。

げっけい【月経】女性の月ごとの生理のこと。中国最古の医学書『黄帝内経』にあり、ここから広がった言葉。月事ともいい、『後漢書』では月客とも使われている。☞『黄帝内経』。

けっこん【結婚】①奈良時代以前の日本には結婚を意味する言葉にいくつかのパターンがあった。『古事記』では「用婆比」と記述されているが、これは男女が声や歌で求愛した関係。『日本書紀』や各地の『風土記』には「聘」という文字が使われている。この場合、両家の家父長が承認した関係であることを意味していた。「婚」という文字は相婚、共婚、欲婚などさまざまな形で用いられているが、「まぐわいをしたい」という男女の意思が基本をなしている。また天皇が出かけた先で女性と関係したケースは一夜御寝（神武天皇）とか一夜婚（垂仁天皇）と呼ばれている（胡潔「古代日本の婚姻習俗と漢字表記」より）。②男女が夫婦関係を結ぶこと。公の形で婚姻関係を結ぶ場合に用いる。『戸令』では「結婚すでに定まりて、故なくして3月までにならず（行われず）、また逃亡して1月までに還らず…女、家を離れむと欲せば聴せよ」と定められている。

げっすい【月水】月経、月の障り。その期間中は別の小屋で生活したり、食

事の火を別にすることもあった。『宝物集』に「懐妊の時、月水の時、病ひの時、ねどころならぬ所などをば、いましめられて侍るあり」とある。

けつどく【結毒】 梅毒のこと。古代中国の『華佗神方』にある言葉。

けつぼんきょう【血盆経】 仏教の経典の一つで、女性は生まれながらに血の不浄の宿命を負っているので、死後は血の池地獄に墜ちるものとされている。

けふくなう 女陰の別称。催馬楽で上げられている女陰の俗語。男性の陰嚢という説もある。☞催馬楽。

けぶり【煙】 思い焦がれる苦しみ、思いの煙、恋の煙など用いる。『源氏物語』（篝火）に「かがり火に立ちそふ恋のけふりこそ世には絶えせぬほのほなりけれ」とある。

けぶりくらべ【煙比べ】 思い焦がれている程度の深さを競い合うこと、愛情の深さを比べること。『源氏物語』（柏木）に「たちそひてきえやしなましうきことを思ひ乱るる煙比べに」とある。

げんこう【元紅】 古代中国で、処女が初めて性交したときに出る血。

げんじょきょう【玄女経】 『房内篇』で用いられた主な性資料一つ。玄女は素女と共に房中術を極めた女の仙人と伝えられる。

げんせんふ【玄蟬附】 『房内篇』で説かれた三十法の第22で、黒い蟬が木に止まっているさま。「女をうつぶせにして脚を開かせ、男は女は股の間に（膝を曲げて）足をつく。両手で女の首を抱き、後ろから玉茎を玉門に挿入する」

けんたい【献体】 自分の体を差し上げるつもりで、裸でその人物の前に出ること。『春秋左氏伝』にある言葉。医学用語の献体もこの転用。

げんのないし【源内侍】 『源氏物語』（紅葉賀）に登場する女性で、60歳に近い年齢ながら、なお多くの男性との恋に生きている。

げんぷ【遣婦】 妻を離縁すること。『笑林』にある言葉。

げんまいにょしょく【衒売女色】 女色を売ること、及び売る人。大乗仏教の原典とも言うべき『法華経』に「販肉自活、衒売女色」とある。

げんめいほうしゃ【玄溟鵬瀉】 『房内篇』で説かれた三十法の第26で、北海の鵬（おおとり）が翼を広げて飛んでいるさま。「女を仰向けに寝かせ、男

は女の両脚を持って、それが自分の上膊部（二の腕）までくるようにする。それから手を下に向けて女の腰を抱き、玉茎をさしこむ」

こい【恋】①手の届かない相手を激しく求める感情。②相愛の男女が人目を忍びながら、お互いの思いを打ち明けること。秋山虔編『王朝語辞典』によれば、平安時代の恋においては「初会までの、恋愛の前段階では、恋うのはもっぱら男の側であり、女はひたすら「いなす」が、関係した後、男は勝者となり、女は「嘆き、待ち、うらむ」存在となる」という。☞愛、色好み。

こいあまる【恋あまる】恋心が募って外に溢れ出ること。『万葉集』3935に用例がある。

こいくさ【恋草】恋の思いが募ることを草の茂った状態にたとえたもの。『万葉集』694に用例がある。

こいしぬ【恋死ぬ】恋のために病気になって死ぬ。『万葉集』560に「恋

に焦がれて死んだらすべて手遅れ、生きているからこそ、あなたのことを見ていたいと思い、欲しいと思うのです」という意で使われている。なお『角川古語大辞典』によれば、「死ぬ」という言葉は『万葉集』では恋歌だけに限って用いられているという。

こいづま【恋妻】恋しくてたまらない人。男性にも女性にもいう。『万葉集』2371に「心の中では千回も思っている恋しい人だが、他人にはいえない。恋人に会う方法があればなあ…」という意で使われている。

こいにはじょうげをわかず【恋には上下を分かず】恋には貴賤の区別がない。『梁塵秘抄』に「上下もわかぬは恋の道」とある。☞『梁塵秘抄』。

こいのかぎり【恋の限り】恋愛の極致。和泉式部は「暁の恋」をその極致として「夢にだに見であかしつる暁の恋こそ恋のかぎりなりけれ」と歌った。

こいのけむり【恋の煙】恋焦がれる気持ちを煙にたとえたいい方。『源氏物語』（篝火）に「かがり火に立ちそふ恋の煙こそ世には絶えせぬ炎なりけれ」とある。

こいのやっこ【恋の奴】恋を生き物のように見て「恋のやつめ」と怒りをぶつけること。『万葉集』2907に「ますらをの聡き心も今はなし恋の奴に我は死ぬべし」という歌がある。

こいのやまい【恋の病】異性を恋い慕う

右余白の縦インデックス：あ／か／さ／た／な／は／ま／や／ら／わ

思いが募って病気にかかったような状態になること。勅撰和歌集の『金葉集』に用例がある。

こいまろ【恋麿】 恋をしている男を擬人化した表現。『堤中納言物語』に「わが国に多いもの」という意味で使われている。

こいみず【恋水】 恋心が溢れて流れる涙。『角川古語大辞典』によれば「変水」（おちみず＝飲むと若返るといわれる伝説上の水）が読み間違えられてできた言葉という。

こいむすび【恋結び】 恋が成就することを願って、物を結び合わせること。『万葉集』2854に「白栲（しろたえ）の我が紐の緒の絶えぬ間に恋結びせむ逢はむ日までに」という歌がある。「恋が叶うようにと巻いた手首の白い紐の緒を、あらためて結びます。会える日まで」という意。

こいわすれがい【恋忘れ貝】 忘れ貝に恋という語を加えて、恋を忘れさせる貝という意味に用いたもの。この貝を拾えば恋心を忘れることができると言い伝えられた。『万葉集』1197や3711で歌われている。

こいわすれぐさ【恋忘れ草】 忘れ草に恋という語を加えて、恋を忘れさせる草という意味に用いたもの。この草を植えれば恋心を忘れることができると言い伝えられた。『万葉集』2475や『古今集』で使われている。

こいわたる【恋渡る】 何年もの間恋い慕うこと。『万葉集』3633に用例がある。

こうい【更衣】 ①更衣。平安時代に設けられた天皇の妃の一つで、中宮、女御に次ぐ身分とされた。本来は天皇の衣替えに奉仕する女官であったが、天皇の居室や寝室に立ち入るところから手がついて后妃となるものが増えた。『源氏物語』（桐壺）には按察大納言の娘桐壺更衣が桐壺帝との間に光源氏を生んだことが記されている。また「柏木」では朱雀院の後宮にいた一条御息所が更衣とされている。②厠（便所のこと）へ行くこと。古代の中国では厠へ行く時、衣を改めたことから出た言葉。

こういばら【更衣腹】 更衣が生んだ子で、一段低く見られた。『宇津保物語』に用例がある。

こういん【荒淫】 酒色にすさみ溺れること。紀元150年頃の中国の詩人司馬相如の詩で使われた。

こうかん【合歓】 喜びをともにする、男女及び夫婦の共寝。合歓の木は夜、葉が合わさることからいう。中国・南朝時代の『文選』に採録された古詩で使われている。

ごうかん【強奸】 女を力ずくで犯すこと、強姦。『日本後紀』延暦18年6月4日に「杖一百に決す、法華寺の尼を強奸せしを以て也」とある。

こうきゅう【後宮】 古代中国の宮廷で、

皇帝の住居の後ろに設けられた后妃の住居。楊貴妃と玄宗皇帝の愛を歌った白居易の「長恨歌」で「後宮の美女三千人」とうたわれた。日本では平安時代に、中宮彰子の後宮に紫式部、中宮定子の後宮に清少納言が出仕するなど華やかな王朝文化の中核となった。ただし民俗学者の折口信夫は後宮の役割を「遊郭における幇間と同じ」と述べている。中宮の父親（彰子の父親は藤原道長、定子は道隆）が娘と天皇の間に子をもうけさせて、婿である天皇を自分が意のままに動かすために作ったシステムで、サロンの雰囲気が華やかであればあるほど、貴族の男も寄ってくるし、となれば天皇がその後宮にきて泊まるというわけである。

こうけつ【香血】 美人の血。古代中国で美人の代名詞とされる西施が香りのする草を愛用したことから「香」という字が美人の意で用いられる。他に香骨（美人の骨）、香魂（美人の魂）、香糸（美人の髪）などの言葉もある。

こうけんてんのう【孝謙天皇（女帝）】 第46代天皇、第48代称徳天皇。父は聖武天皇で、天平勝宝元年（749年）に即位。761年病に伏せったのをきっかけに道鏡を寵愛、そのただれた関係がさまざまなエピソードとして伝えられている。

孝謙天皇

こうし【孔子】 古代中国が産んだ世界的な偉人。「高禖」での歌垣に参加した70歳の男性と下層の巫女の間にできた子で「野合の子」として蔑視された。歌垣が性的な乱脈の世を生み出しているとして、礼と楽の節度ある性の楽しみを提唱したが、生前は王侯の側からも庶民からも反発を買った。☞高禖。

こうし【荒恣】 荒淫の生活に耽けること。『世説新語』にある言葉。

こうしゅう【紅袖】 遊女のこと。菅原道真の漢詩文集の『菅家文草』に「勅催の紅袖、惣べて蛾眉」とある。

こうしょく【好色】 色好みのこと。『文選』にある「登徒子好色の賦」から出た言葉。☞色好み、好き者。

こうしん【交唇】 古代中国でキス、接吻のこと。

こうしんかっし【庚申甲子】干支の庚申と甲子に当たる日。この夜に男女が関係すると生まれた子どもが盗賊になるとして、男女の交合を禁じる風習があった。

こうじんけいい【候人兮猗】最も古い中国の歌。黄河の洪水を克服した禹（夏王朝の初代王）に心を奪われた娘が、地方へ出かけた禹を慕って歌った歌。「候人」とは恋人を待つという意味で、歌詞はこの二文字のみ、「兮猗」はともに感嘆詞。「恋しい人よ、早く帰ってきて、早く!」とひたすら繰り返すもので、抑揚のない旋律によって、強烈な思慕の念を表現しているとされる。

こうせい【構精】精気を混じり合わせること、すなわち性交すること。『易経』にある言葉。

こうせつ【交接】男女が肉体関係を結ぶこと。性交すること。『明衡往来』に初めて登場。

こうせん【鴻泉】女陰のこと。『房内篇』にある言葉。

こうちごしょうぎょうひでん【弘児聖教秘伝】天台宗で高僧が少年僧を稚児として愛する儀式（稚児灌頂）の式次第（段取り）について述べたもの。☞稚児灌頂、法性花（ほっしょうのはな）、無明火。

こうちょうのつかい【後朝の使い】平安時代には女性と共寝をした男は、早朝に別れて帰宅すると、女性のもとに直ちに文を届ける慣しがあった。その手紙の使いのこと。『大鏡』に「いま一人のみやす所は玄上の宰相の女にや。その後朝の使い、敦忠中納言、少将にてし給ける」とある。☞後朝の別れ、朝の使い。

消息文を渡す所（絵師草子絵巻）

こうてい【黄帝】中国を統治した最初の皇帝と言われる。伝説では1200人の女性と関係して、その精気を自らに取り込んで仙人になったとされ、

黄帝（武氏祠画像石）

『房内篇』でも黄帝と素女の問答が柱の一つとなっている。☞『房内篇』。

こうていだいけい【黄帝内経】中国の戦国時代（紀元前476〜紀元前221年）頃に成立したとされる医学・房中術（性医学）の解説書。

こうばい【高禖、郊禖】古代の中国で桑林の中にいると信じられていた女の守護神のこと。仲春（旧暦2月）にはこの神を慰めるため、林の中で多くの男女が歌垣を行い、性的な関係を持つ習わしだった。その声が四方に響いたという。

こうひ【后妃】皇后、后。後宮の身分の高い女性。

こうもん【黄門】古代中国で去勢された者、完全なる男根を具えていない者。黄門は宮城中の禁門で、後漢時代には去勢された者が守っていたので、去勢された者を黄門と呼ぶようになった。

こうるい【紅涙】血の涙。女性が哀しみのどん底で流す涙。『朝野群載』999年（長保元年）6月24日に記載されている。

こおろし【子堕し】妊娠した子を薬などを用いて流すこと。堕胎。平安時代の故実書の『簾中抄』には子堕ろしによる穢れの期間が妊娠4か月以上は30日、3か月以内は7日とある。

こがる【焦がる】激しく思い慕う、思い焦がれること。『源氏物語』（帚木）に「人やりならぬ、胸こがるる夕もあらん」とある。

こかんのん【小観音】江口の遊女。長保年間（999〜1004年）、東三条院（藤原詮子、道長の姉）が住吉神社と天王寺にお参りしたときに随行した道長に一晩愛された。

こき【胡姫】唐の時代、長安の酒場にはイラン人の女給が沢山いて、こう呼ばれていた。李白の「少年行」という詩で使われている。

李白

こぎみ【小君】『源氏物語』（帚木及び空蟬）に登場する若者で、空蟬の弟。光源氏は空蟬と逢えない時、小君の美しさに心惹かれて男色の関係を結ぶ。

こくが【国娥】国中で一番の美人。国色とも言う。唐代の詩人李山甫の詩にある言葉。

こくじつ【穀実】陰核、クリトリスのこと。

『房内篇』にある言葉で、同書ではクリトリスを意味する言葉として「兪鼠」や「臭鼠」、「璿台」（せんだい）などの言葉も使われている。

ごけ【後家】 夫の死後、再婚せずにいる妻、未亡人。『権記』に用例がある。

ごけい【五刑】 もと古代中国で行われていた5種類の刑罰、古くはイレズミを入れる刑。足を切断したりアキレス腱などを切る刑。男子は去勢、女子は幽閉する宮（陰門を閉じること）など。☞宮刑。

ごけいり【後家入り】 後家の家に婿入りすること。中国の詩人蘇東坡（1037～1101年）の詩の注釈書である『四河入海』（しがにっかい）にある。

こごう【小督】 類稀な美貌の女性で箏の名手と伝えられる。初めは冷泉隆房の愛人だったが、高倉天皇に見初められ寵姫となる。しかし中宮の建礼門院徳子の父であり、隆房の舅でもあった平清盛の怒りに触れ、坊門院範子内親王（高倉天皇第二皇女）を出産したのちに清閑寺で出家させられた。

こころ【心】 密かに情を通じること。浮気の場合に用いることが多い。『万葉集』538の歌はある女性が浮気相手の男性に贈った六首のうちの一首だが、そこで心が次のような意で使われている。「人の噂が煩わしくてお会いしないでいましたが、他人に思いを寄せているなどとは思わないでください、愛しいあなた」。

こころうしとおもうおとこ【心憂しとおもう男】 和泉式部の歌の詞書にある語で、性的に不満を感じた男。

こころがわり【心変わり】 心が他に移ること。浮気を指す場合が多い。『源氏物語』（朝顔）に「あらためて何かは見えむ人の上にかかりと聞きし心かはりを」とある。「今さらどうして気持ちが変わることがあるでしょう。他人はそのような心変わりがあると聞きますが」という意。

こころざし【志】 愛しいと思う心、愛情。『竹取物語』に用例がある。

こころしり【心知り】 互いに気心の知れた人、そのような親しい仲。『和泉式部集』に「花すすきが誰かを招くように風になびいているが、その甲斐はない。私の気持ちを知る人（心知り）が来ないのだから」という歌がある。

こころつま【心妻】 心の中でわが夫、あるいは妻と思い定めている人。『万葉集』1611に「山の下まで響き渡る鹿の鳴き声が心にしみる。私も心の夫の声が聞きたい」という歌がある。

こころとく【心解く】 心が打ち解ける。好きなようにふるまう。『源氏物語』（夕顔）に「人離れたる所に心解けて寝ぬるものか」とある。

こころにそう【心に添う】 思いが互いに寄り添って離れないこと。

こころゆく【心行く】心が通う。『万葉集』3981 に「あしひきの山来へなりて遠けどもこころし行けば夢に見えけり」という歌がある。「今、私と妻は山々に隔てられ離れ離れだが、心は行くことができ夢でも会えることだ」という意。

こころをかく【心を懸く】人に思いを寄せる、思慕の念を抱く。『大和物語』(五十八段)に心を懸けた女が別の男と京へ上ったとの一節がある。

こころをかわす【心を交わす】互いに心を交わす、合意すること。『源氏物語』(箒木)に用例がある。

こころをそむ【心を染む】ある人を深く思い続けること。『源氏物語』(総角)に「とにかくに心を染めけむだに悔しく…」とある。

こころをやく【心を焼く】あまりに激しく相手のことを思って、胸が焼かれるような気持になること。胸をこがす。『万葉集』3271 に「私の心は嫉妬で焼け狂っている。でも私の心はあなたに恋い焦がれているのだ」という歌がある。

こころをわく【心を分く】愛情などを二分すること。平安時代末期の勅撰和歌集である『千載集』に「死ぬとても心を分くる物ならば君に残して猶やこひまし」という歌がある。

ごさん【御産】皇后・中宮または貴族の女性が出産すること。御産所は御産のために当てられた御殿。なお腰掛けは御産所で御腰を抱く女房(召使いの女性)が腰をかけるものを指した。

こし【濃し】男女の交情が濃厚なさま。『源氏物語』(真木柱)に用法がある。

こし【虎子】便器、尿瓶。『周礼』にある言葉で、虎枕(こちん)ともいう。

ごしきのくも【五色の雲】瑞雲の一つ。青・赤・黄・白・黒の五色で、中国で仙人や天女の乗り物とされた。

こしきをおとす【甑を落とす】御産で皇子が生まれると屋根の棟から甑を南へ落とし、治承年間(1177 年〜1181 年)には皇女の場合は北へ落とすという故実があった。

こしつき【腰付き】腰の格好。女性の場合、昔からその優美さが問題とされた。『源氏物語』(夕顔)に「薄物の裳あざやかに引き結ひたる腰付きたをやかになまめきたり」とある。

こしばがきぞうし【小柴垣草紙】別名「灌頂の巻」と呼ばれ、春画絵巻の第1号とされている。寛和2年(986 年)6 月、花山天皇の娘で、伊勢神宮の斎女となるため、京都の野宮神社で斎戒沐浴の生活を送っていた済子が、彼女の警護役として派遣されていた平致光(むねみつ)と密通していたことが発覚した。事件は『本朝世紀』や『日本紀略』などの正史にも記述されており、致光の美貌に引かれた済子が自ら誘ったものと想像

されている。この草紙は2人の関係を絵巻仕立てにしたもので、承安2年（1172年）、平清盛の娘の徳子（建礼門院）が高倉天皇と婚約した時、叔母から贈られたものと伝えられる。これが性の手引書として秘画が用いられた最初の例である。また、レベルの高い異本が多いことで知られるが、これは戦国時代の有力な武将や江戸時代の大名が娘を嫁がせる時、先例にならって花嫁道具の一つとして持たせたことによるという。いずれも著名な絵師に描かせたところから名作がそろったのである。

「小柴垣草子」より

こしぼそ【腰細】腰が細いこと。また帯を強く締めて腰を細く見せること。紀元前三世紀の中国の思想家荀子によると、楚の霊王が腰細の美人を好んだため、宮廷の女性が腰を細く見せるために過度の減食を実行して餓死する者が相次いだという。この故事などから美人の形容詞として用いられる。『万葉集』1738の長歌の一節に「末の珠名は胸別けの広き吾妹腰細のすがるをとめの…」とある。☞細腰（さいよう、ほそごし）。

こじま【児島】太宰府の遊行女婦。記録に表れた遊女の第1号。『万葉集』965に「おほならば　かもかもせむを　畏（かしこ）みと　振りたき袖を忍びてあるかも」という彼女の歌が採られている。730年、都へ帰還する大宰府長官大伴旅人を慕ったもの。

ごしゅふおうせ【五種不応施】『法苑珠林』にある言葉で、人に施してはならない五つのもの。（1）不法に得た財産。その物が不浄であるから。（2）酒と毒薬。衆生を乱すから。（3）動物を捉えるわなや網。衆生を悩ますから。（4）武器。衆生を害するから。（5）音楽と女色。浄心をこわすから。

ごしゅふじょう【五種不浄】『法苑珠林』にある言葉で、身体に生じる五種類の不浄。（1）種子不浄。過去の煩悩と現在の父親の精液よりなり、ともに不浄という。（2）住所不浄。けがれた母胎に10か月間止まっていたことの不浄。（3）自体不浄。身体は不浄な地・水・火・風の四大元素からなっているという不浄。（4）自相不浄。身体は九つの穴から種々の汚物を吐き出すという不浄。（5）究竟不浄。身体は死後、墓場に捨てられて腐り、悪臭を発する。結局清らかでないという不浄。

ごしゅふなん【五種不男】『法華経』にある言葉で、男子の性器が不完全

な例を5種類上げたもの。生来、男根が発達していないもの。刀で男根を切除したもの。他人のセックスを見て、初めて淫心を起こす者。男に会えば女根が起こり、女に会えば男根が起こるという根を持つ者。1か月のうち半分は男根が用をなすが、残りの半月は不能になるもの。

ごしゅふにょ【五種不女】五種不男の対語で、女性の性器の不完全な例を五種に分けたもの。螺（陰部の内側がねじれているもの）。筋（穴が細いもの）。鼓（穴がないもの）。角（陰部の内側に角があるもの）。脈（発育不全）。『広説仏教語大辞典』による。

ごしょう【五焼】『無量寿経』にある言葉で殺人・盗み・邪淫・虚言・飲酒の五悪をなすこと。死後、火によって身を焼かれるような苦痛に襲われるから五焼というと。

ごじょう【五情】目・耳・鼻・舌・身の五根から起こる情欲の意で、『法華経』にある言葉。五欲ともいう。

ごしょうさんじゅう【五障三従】仏教用語で、女であるがゆえに付いている五つの障害と三従の定め。女の宿命。『源氏物語』（匂宮）に用例がある。

ごしん【五辛】『地蔵菩薩陀羅尼経』にある言葉で、臭味の激しい五種の野菜。ニラ・ネギ・ニンニク・ラッキョウ・ハジカミの五つで、仏教で

は臭いことと精力剤であるところが嫌われた。

ごじんじょろう【御陣女郎】東征を命じられたヤマトタケルは旅中の慰みに弟橘姫を同行した。御陣女郎の初め。当時は戦争の開始、方角、講和などの決定にも関与した。

ごぜん【五善】『無量寿経』にある言葉で、五戒をよく保つこと。不殺生。不偸盗。不邪淫。不妄語、不飲酒の五つを指す。

こっけつ【骨血】肉身の者を姦することで、『後漢書』にある言葉。

ことごころ【異心】別の人を思う心。浮気心。『伊勢物語』（二十三段）に「男、こと心ありて…」とある。『大和物語』（五十八段）には「むすめ、こと男して…」とも使われている。

こととう【言問う】求婚する。結婚する。性交する。『万葉集』1759の一節に「人妻に我も交じらむ我が妻に人も言問へ」とある。「人妻と私も交わりたい。他の人も私の妻に言い寄って欲しい」という意。

こととわたし【絶妻之誓建】離縁の宣告。黄泉の国へイザナミを訪ねたイザナギは、ウジのわいた彼女の姿に嫌悪を感じて逃げ出した。黄泉比良坂まで逃げ帰ったイザナギは巨岩を置いてイザナミの追走を制すると、彼女に向かって離縁すると宣告した。これが絶妻之誓建。『角川古語大辞典』

によると、古代には男性が女性と相対して「離縁する」と宣告すれば離婚が成立した。その名残りという。

ことはら【異腹】 母の違う兄弟姉妹。古代には子どもは母のもとで育てられたから、異腹のきょうだいはなじみが薄く他人同様だった。異腹同士の結婚の例も多い。「ことはらから」ともいう。『大鏡』に「この殿はことはらにおはす」とある。

ことひと【異人】 和泉式部のもとへ前触れもなく忍んできた男性があった。そこへ別の男性が来て、2人の男性がかち合ってしまった。異人は後から来た男性の意。

ことよせつま【言縁妻】 妻だと噂されている女。『万葉集』2562に「里人の言縁妻を荒垣のよそにや我が見む憎くあらなくに」という歌がある。「村の人が私と関係があると噂している娘さんを、私は荒垣の外からそっと見ています。憎いわけでもないのに」という意。

こな【児な】 古代の東国で使われていた語で、妻や恋人を親しんで呼ぶいい方。『万葉集』3476に用例がある。

このはなさくやひめ【木花開耶姫】 天照大神（アマテラス）の孫であるニニギノミコト（瓊瓊杵尊）の妻で、日向の国津神（地方の支配者）の娘と想像されている。木花開耶姫は一夜で身籠るが、瓊瓊杵尊は地元の日向

の男の子ではないかと疑った。怒った姫は火の中に入って出産した。これが火遠理命（ホオリ命）で、彼の孫が初代天皇の神武天皇。☞一夜孕み。

このまし【好し】 ①風流である、趣味があること。②好色、異性に関心が強いことをいう。『源氏物語』（葵）に「殿上人ともの、このましきなどは、朝夕の露分けありくを、その頃の役になむする」とある。「殿上人の中で文学好きの者たちははるばる（嵯峨の院へ）出かけることをこの頃の仕事にしている」という意。☞色好み。

こはしぶね【小端舟】 小さなはしけ。元来、海の上に碇泊している船へ陸地から人や物を運ぶ舟のことだが、江口や神崎などの水辺に遊女が表れてからは、彼女たちを客船に運ぶ小舟を指すようになった。『梁塵秘抄』に「遊びの好むもの、雑芸（ぞうげい）、鼓、こはしふね」とある。☞江口の里、加島、神崎の里、遊行女婦（うかれめ）。

こほ【虎歩】 虎が歩く様をいう。『房内篇』で説かれた九法（九つの体位）の第二。「女を俯けにして、尻を高く首を低く伏させる。次に男は女の後ろに膝まずいて女の腹を抱き、玉茎を挿入する。玉門の真ん中を突きながらなるべく深く密着させる…」とある。

虎歩の図

こまか【細、濃】美人の容姿や雰囲気を表現する言葉。『源氏物語』（手習）に「こまかに美しき面様の、化粧をいみじくしたらむやうにあかく匂ひたり」とある。

ごまとこめ【胡麻と米】『カーマ・スートラ』にある性交中の抱擁の第3の形。2人が寝床に伏して、あたかも格闘技におけると同様に脚と腕とでしっかりと抱き合う。☞『カーマ・スートラ』。

ごみし【五味子】精力増強剤の一つ。『玉房秘訣』や『洞玄子』など中国の最古の性の指南書でも取り上げられている。☞『玉房秘訣』、『洞玄子』。

こもりづま【隠妻】実質的な妻だが、第三者に知られることを秘している女性。『万葉集』2566「色に出でて恋ば人見て知りぬべし心の中の隠妻はも」という歌がある。

こやすがい【子安貝】貝の一種で、その形が女陰に似ているので、安産の守りとして妊婦に握らせた。『竹取物語』に「子安貝取らんと思ひし召さば、謀り申さん…」とある。

ごよく【五欲】仏教用語で色、声、香、味、触の五つの感覚対象に対する欲望。総じて世俗的な人間の欲望のこと。『日本霊異記』に「涅槃経に云く五欲の法を知らねば、歓楽あることなし」とある。

ごよくじざいおう【五欲自在王】『仏所行讃』にある言葉で、インドの愛の神カーマのこと。同書は紀元一世紀頃に成立したインドの仏教文学書。☞カーマ。

こらがてを【子らが手を】若い男女が関係した後、女性が男性の手を枕にして寝るというのが本来の意。それが転じて巻向山（奈良県）にかかる枕詞とされている。

ごらく【娯楽】喜び楽しむこと。娯は女を楽しむという意。

ごらんず【御覧ず】①見るの敬語。②男女の交わりをするの意。見るという言葉の中にそういう意味が込められているという。『源氏物語』（若紫）に「まだ無下にはいはけなきほどに侍るめれば、たはぶれにてもご覧じ難くや」とある。

ころもをかえす【衣を返す】衣を裏返しにして着ること。こうすれば恋人が夢に現れると信じられていた。『古今集』に「いとせめて恋しき時はうばたまの夜の衣を返してぞ着る」という歌がある。

こん【魂】たましい。『春秋左氏伝』にある言葉で、「人は生まれてくる時

に既に魄というたましいを持っている、魄の後に形成される陽のたましいを魂という」とある。

こんいん【昏姻】男女が契りを結ぶこと。男の側からいえば昏、女性の側から見たのが姻で、中国最古の詩集の『詩経』にある言葉。

こんけいりんじょう【鶤鶏臨場】『房内篇』で説かれた三十法の第24で、軍鶏（しゃも）や唐丸（鶏の一種）が闘鶏場に臨むさま。男は寝台の上にあぐらをかき、1人の少女に玉茎を握らせ、自分の玉門に入れさせる。もう1人の女は少女の後ろから少女の裾（もすそ）や衿を軽く動かさせて、快味を満足させる。女性2人、男性1人の変則形。

こんせき【昆石】女陰のこと。藤原明衡の『鉄槌伝』にある言葉。☞藤原明衡、鉄槌伝。

こんよく【混浴】延暦16年（797年）、奈良で男女の混浴が禁止される。日本初の混浴禁止令。3年前の延暦13年、奈良から平安京に遷都され、奈良の僧侶や尼僧の間では時代に取り残された落胆から性的な乱脈が広がった。その取り締まりの一環といわれる。

こんろん【崑崙】奈良時代に中国から伝来した伎楽の一つ。崑崙から連行されてきた奴隷が、巨大な男根を振りかざしながら美女に迫るが力士

らに取り押さえられるというストーリー。性に溺れず、仏教に帰依することを勧める芸能だったが、エロチックな所作がふんだんに盛り込まれた踊りとして人気を集めた。

コラム② 未完の正史？ 『日本書紀』

『古事記』と『日本書紀』の原文は、当然のことだが一文字一文字が漢字で書かれている。しかし同じように漢字で書かれた漢文といっても、両書の表現の形式には明確な違いが見られる。一つの例として中国の漢文と日本流の漢文の語順を比較すると、本場の漢文は「主語＋動詞＋目的語」の順に並んでいるが、日本流は「主語＋目的語＋動詞」となる。

この原則を『古事記』と『日本書紀』に当てはめてみると、『古事記』の場合、日本流の漢文で一貫しているのに対して、『日本書紀』の方は中国本来の漢文らしい漢文（これを正格漢文という）で書かれている巻もあれば、日本流の漢文で記述された巻もあるなど、本場の漢文と日本流の漢文の語順が混在しているという。

このことから『古事記』の執筆者が日本人であることはほぼ間違いないことが結論づけられた。『古事記』は稗田阿礼が暗誦していた『帝紀』や『旧辞』といった資料を太安麻呂が書きおこしたという通説が定着しているが、この分析によって通説は正しいという認識も共有されたのである。

では『日本書紀』はどうか？　実はその判断は同書が完成した720年以来、1200年以上も論争の種だった。なぜなら本場の漢文と日本流の漢文で記述された巻数のほかに、本場の漢文にも2種類の記述があり、その区分が明解ではなかったからである。この問題を克服したのが森博達という中国語学者で、1991年、自分が中国語を勉強するために、『日本書紀』で使用されている漢字の音韻を一字ずつチェックしたところ、意外な事実を発見したのだ。

中国に唐という国が登場するまで、日本と中国の関係は華南地方の国々が中心で、彼らの発する言葉が呉音と呼ばれるものであった。中国語の呉音と唐音の関係は日本における標準語と東北弁や九州弁などとの関係と違って、発音が異なれば、まったく別の物になってしまう。

例えば名古屋や小田原名物の「外郎」は中国渡来のお菓子で、日本では「ういろう」と呼ばれているが、これは呉音の呼び方で、唐音では「げろう」となり、男のことをののしっていう表現である。また京の都を意味する「平安京」は、呉音では「びょうあんきょう」、漢音では「へいあんきょう」と発音する。単語一つでもこれほどの違いになるのだから、これに同じ発音だが、別の漢字を当てていけば、お菓子や京の都を意味するはずのものが似ても似つかぬものになってしまうのである。

　この学者の分類によると巻14と21、24〜27までの6巻は北方系の漢音に従って書かれていることから、唐の時代にその訓練を受けた渡来人が執筆したものと推定されるという。これに対して巻1〜13までと22〜23、28〜29という17巻は、漢音よりも古い呉音であることに加えて、日本的な漢文の慣習を取り入れた漢文であることから、述作者は日本人と推定されたのである。そしてそれらとはさらに異質な日本流の漢文で書かれた巻があることは前もって分かっていたから、『日本書紀』の原文はそれぞれに異なる中国語を習得している三つのグループにより記述されたことが判明したのであった。

　ただしこの指摘は当然ながら、なぜ一つのパターンに統一しなかったかという疑問を惹起させることになる。三つのパターンのまま放置されたことは、それを統一する能力のある人物がいなかったか、これからその作業にかかる予定だったのか。いずれにしろ『日本書紀』は本当に完成された史書だったのだろうか？　というのがこの「歴史的快挙」としての『日本書紀』の成立に関する筆者の疑問である。

　参考までに付け加えると、『日本書紀』の編さんが企図されたのは681年（天武天皇10年）3月、それからざっと40年を経た720年にもこういう状況だった。これに対して、『古事記』は711年（和銅四年）9月に元明天皇から編さんを命じられ、わずか4か月後の712年（和銅5年）正月には天皇に献上されている。

　とすると、業をにやした天皇が『日本書紀』に代わるものとして編さんを命じたものという見方も、十分にありそうである。

さ

さいあい【最愛】男女が和合すること。寵愛すること。夫婦となること。『宇津保物語』に用例がある。

さいぐう【斎宮】皇室から派遣されて伊勢神宮で奉仕した皇女。その御所のこともさす。選ばれる皇女は男を知らないこととされていたが、『伊勢物語』では知り合ったその夜に男と関係したように描かれている。

さいしき【細色】容色のすぐれていること。女の美しい容姿、なめらかな肌。『無量寿経』に用例がある。

ざいしき【財色】財貨と女色。奈良時代の文書・文献を編さんした『寧楽遺文』にある言葉。

さいしょうをてんこす【典雇妻妾】古代の中国で、自分の妻や妾を賃貸料を取って他人に貸し出し、ある期間その男の妻妾とした風習。

さいじん【才人】唐時代の後宮の女性の呼称。後宮の女性は皇后、夫人、嬪、婕妤（しょうよ）、美人、才人と分かれ、それぞれがさらに細分化されていた。

さいよう【細腰】細やかな腰、美人の腰。『本朝文粋』に用例がある。☞腰細、細腰。

さいらんぞうやく【采蘭贈薬】淫奔な男女が相手に蘭や芍薬を贈り合うことで、蘭も芍薬も性的な感情をそそる花とされた。『詩経』にある言葉。

さいわいびと【幸い人】貴人の愛を一身に集めている女性をいう。『源氏物語』（若菜）に「生けるかひありつる幸ひ人の、光失ふ日にて…」とある。「貴人に愛されて、生きる喜びを一身に感じていた女性が、その輝きを失う日…」という意。

さかえおとめ【栄乙女、栄処女】年頃の美しい娘のこと。『万葉集』3305 に「つつじ花匂へ乙女、桜花盛え処女」という歌がある。

ざがじょけん【坐臥舒巻】『房内篇』で体位の解説の冒頭に上げられた三つの原則うちの第 1 で、座り方、寝方、伸び方、縮み方の形。

さがてんのう【嵯峨天皇】第 50 代桓武天皇の第 2 皇子で第 52 代天皇。子どもを産んだ女性だけで 24 人、子どもの数は 80 余人（現在確認されているのは皇子 23 人に皇女 27 人の 50 人）。上は父親である桓武天皇の皇女から下は刀自（とじ＝台所で働く女性）にまで及んだ。このため桓武天皇の治世に新設された「女御」という身分だけでは足りず、さらに低い階層出身の女性には「更衣」という名称が与えられた。子どもにかかる費用のため朝廷の財政が傾いたという。また財政立て直しのため 8

人の子どもに「源」の姓を与えて臣籍降下させた。これが武士集団としての源氏の始まり。☞桓武天皇。

さかなをとる【魚をとる】『詩経』では男が女を物にすることを意味する。さらに釣り上げられた魚が魚籠の中でピチピチと跳ねているシーンは「私の気持ちはこんなに逸っているのに、何もしないのはどういうつもりなの?」という女性の思いの表れとされる。

さがむん【師可聞】李寧熙の『もう一つの万葉集』によると古代朝鮮語で射精すること。『万葉集』1520の山上憶良作の「七夕歌」で使われている。

さかもり【酒盛】複数の人間がともに酒を酌み交わして楽しむこと。当時の酒造りは女性が口の中で米を噛みながら発酵させていたので、この場に女性がいる場合も多かった。その結果、上代には儀礼的な催しだったが、平安時代末期には飲んで男女が乱れるというイメージへと変化した。

さく【析】『古事記』によればイザナギは死の世界で腐乱死体を目撃したが、体じゅうに様々な雷神がいた。その中でイザナミの陰(ほと)にいた雷神は析と呼ばれた。中西進によれば、雷が落ちる時、空中に鋭い亀裂が走るが、あの亀裂を古代人は雷神の陰裂と考えていたという。☞闇(くら)

さくらこ【桜児】桜の花を思わせるような乙女。『万葉集』3786で歌われている。

ざこね【雑魚寝】大勢の男女が入り混じって寝ること。京都・大原の江文神社の雑魚寝が有名。☞鍋被り祭り、常陸帯、錦木、尻叩き祭り。

さざいがら【栄螺殻】サザエの身を取った殻。座りが悪いところから、尻軽で自分の家に落ち着かないものをいう。古代には男女双方を指したが、近世には女に限ったいい方が流通した。

ささげては【捧げては】神楽歌に登場する自慰行為の暗喩。歌の文句は「稲搗蟹のや　おのれさへ　嫁を得ずとてや　捧げてはおろし　や　おろしては捧げ…」というもので、『新編日本古典文学全集42』によると、「捧げてはおろし　や　おろしては捧げ…」が自慰行為の象徴だという。

ささめごと【私語】ひそひそ話。男女の睦言。平安時代の歌人藤原為忠の歌集『為忠集』に用例がある。

さしかわす【差し交わす】(男女が)互いに手を差し伸ばして交錯させること。その情景から男女が共寝すること。『万葉集』804に「真玉手の玉手差し交へさ寝し夜の…」という歌がある。

さしふさぐ【刺し塞ぐ】男性器を女性器に挿入すること。『古事記』に「我が身の成り余れるところをもちて、汝

が身の成り合はざるところに刺し塞ぎ
て、国生みをなさむとおもふ」とあり、
イザナギ・イザナミの性交を表現し
ている。

さしまく【差しまく】 横で寝ている女性の
頭の下に手を差し入れて枕にさせる
こと。「差し交わす」と同様、男女が
共寝することを意味する。『古事記』
（歌謡3）に「真玉手の玉手差しまき
…」とある。

さしまくら【差し枕、指し枕】 2人が「さし」
で行う際の枕。男女が共寝すること。
『古今集』に用例がある。

さだぶん【定文、貞文】 平安時代の歌
人で好色者として知られた平貞文の
こと。彼の歌を基にした『平中物語』
は在原業平の生涯を描いた『伊勢
物語』と並ぶ好色文学とされている。

さとう【左道】 インドの左道密教のこと。
インド仏教の末期に表れ、淫靡卑猥
な宗教儀式を行った。

さなんぎょうじょうかい【作男形成戒】 『広
説仏教語大辞典』によると、比丘尼
が男根の形をしたものを作って淫ら
なことをしてはならないという戒め。

さね【さ寝】 男と女が共寝すること。『万
葉集』2520に用例がある。「粗末
な薦のむしろ一枚を敷いて寝ている
けど、あなたといっしょに寝ているの
で、ちっとも寒くない」という意の歌が
ある。

さふうかい【左風懐】 古代中国の詩句

で男色のこと。女色は右風懐。

さほううゆう【左抱右擁】 左右に妾や愛
人を抱き抱えること。中国の戦国時
代の逸話をまとめた『戦国策』にあ
る言葉。

さまよし【様美し】 姿形が美しいこと。
『堤中納言物語』に「涙のこぼるる
様ぞ、様よき人もなかりける」とある。

さる【戯る】 ①世事に長けている。とく
に男女の機微に通じていること。②
相手、とくに女性に戯れること。『源
氏物語』（蛍）に用例がある。

さるがく【猿楽】 古代の芸能の一つで、
中国の散楽に端を発する。散楽は
シルクロードから中国に移入された
雑戯で曲芸や幻術（魔術）、滑稽な
物真似芸などからなり、日本ではとく
に滑稽・物真似芸が発達した。

さわり【障り】 月の障り。月経。『和名
類聚抄』に「月水、俗にさはりという」
とある。なお「障る」は月経になること。
『古事記』の中で、東国の敵を制覇
したヤマトタケルが尾張国の国造の
娘美夜受比売（みやずひめ）と交わ
りを持とうとした時、彼女の衣類の裾
に血がついているのを見つけたとい
う記述があり、「月経」の字を「さわり」
と読んでいる。これに対して平安時
代の『宇津保物語』では「穢」とい
う字を「さわり」と読んでいる。

さん【餐】 食事、ごちそうのことだが、
『詩経』では性的な欲望を充足させ

ること、あるいは充足させてやること
を意味する隠語として使われている。

さんあい【三愛】『倶舎論』にある言葉で欲愛、色愛、無色愛のこと。欲愛、有愛、無有愛を指すこともある。

さんえ【産穢】出産があると、その父母や同室にいた者も穢れを被るとされた、その穢れのこと。全盛期の平安時代の貴族社会を記録した『小右記』に用例がある。

さんがい【三界】『倶舎論』にある言葉で「三界」は欲界、色界、無色界を指す。欲界はもっとも下層に属し、衆生が淫欲と貪欲を起こすところ。そこには地獄、餓鬼、畜生、修羅、人、天の六道がある。色界は欲界の上にあり、淫欲と貪欲を離れたものの住むところ。無色界はさらにその上の高度な精神世界のこと。俗に「女三界に家なし」と使われる。

さんごう【三合】1度の性関係で3度交接すること。『神異経』にある言葉。

さんこん【三根】クリトリスのこと。『和名類聚抄』には「玉門の根、喜悦の根、それに子を生ずる根の意」とある。☞雛先。

さんし【三尸】中国の道教の教えで人体に住み、心身を損なう3匹の虫。腹に住むのが彭矯という白色の虫で、人間を好色淫欲旺盛とする。

さんじっぽう【三十法】『房内篇』で解かれた30の性交体位。ただし最初

の四つでは前戯の方法が記述されている。叙綢繆（じょちゅうびょう＝巻きつき絡むさま）、申繾綣（しんけんけん＝手を取り合って懇ろに親しむこと）、曝鰓魚（ばくさいぎょ＝鰓を空気中にさらして魚があっぷあっぷしている様子）をいい、女陰の興奮していることを示す）、麒麟角（キリン角＝陰茎が興奮している様子）。

さんじゅう【三従】女性の一生は三つのことに従う人生だとする教え。すなわち幼い頃は父に従い、結婚したら夫に従う、そして老いたら子に従うというもの。

さんしゅうく【三秋狗】『房内篇』で説かれた三十法の第30で、初、中、晩秋の三秋に発情した犬のさま。男女が背中合わせになり、両手と両脚を床につけて四つんばいになり、互いの尻を密着させる。そこで男は頭をうんと低く下げて、片手で玉物（陰茎のこと）を押して玉門に挿し込む。☞三春驢。

さんじゅうにそう【三十二相】『大毘婆沙論』にある言葉で、偉大な人間の持つ32の吉相。その中には「目の瞳が紺碧である」「歯並びがよい」「歯が白くきれい」「男根が体の内部に隠れている」といったことが上げられている。

さんしゅんろ【三春驢】『房内篇』で説かれた三十法の第29で、初、中、

晩春の三春に発情した驢馬のさま。
「女は両手と両脚をともに床につけて
四つんばいになる。男はその後ろに
立って両手で女の腰を抱く」。

さんびゃくしじゅうはっかい【三百四十八戒】仏教用語で比丘尼が守るべき戒律の数。比丘は二百五十戒。

さんじょう【三上】『帰田録』にある言葉で、インスピレーションの湧きやすい場所として馬上、枕上、厠上（トイレに入っている時）の3か所を指す。

さんしんごう【三身業】『往生要集』にある言葉で、十悪業道のうち身業である3種の邪婬と盗み、殺害をいう。十悪業道は人間が犯す悪のもとを身体によるもの、言葉によるもの、心理作用によるものの3種、10パターンに分類したもの。

さんてんめん【蚕纏綿】『房内篇』で説かれた三十法の第5で、蚕が繭に纏わりついているさま。女は仰向けに寝て、両手を上に向けて男の首を抱き、両脚を背中で交差させる。男も両手で女の首を抱き、女の股の間にひざまずいて玉茎を挿入する。

さんふきょ【三不去】妻と定めた以上、離縁できない三つの条件。『大戴礼記』にある項目で、去られて帰る家のない場合、夫とともに両親の3年の喪に服した女性の場合、嫁した時は貧困だったが、今は富貴になっている場合。日本の『戸令』にも記述されている。

さんようたいじゅ【山羊対樹】『房内篇』で説かれた三十法の第23で、山羊が木に向かって角をかまえているさま。「男はあぐらをかき、女に後ろ向きにならせて、自分の上に坐らせる。女は自分の頭を低くして玉茎が入っていくのを見守る。そこで男は急に手綱を引き締めるように女の腰を抱いて拍車をかける」

し【私】①姦通のこと。『史記』で使われている。②ゆばり、小便をするこ

と。『春秋左氏伝』にある言葉。③
男女の隠し所、陰部。六朝時代（222
〜589年）のポルノ小説『飛燕外伝』
にある言葉。

し【子】男子の陰物、ペニスのこと。『後
漢書』にある言葉。

し【子】古代の中国で貴族の婦人の
名前に添えた言葉。これが日本に伝
えられて女性の名前に用いることが
定着した。

し【姿】次と女の二つの文字を組み
合わせたもので、次は人間が口を開
けて嘆いている形という。古代の中
国では立って嘆く女の姿が美しいと
された。

じ【尼】ヒ（人の意）の後ろから尸（し。
人の意）が交わっている意味の象形
文字。それがなぜ尼僧を表すように
なったのかは不明。

シヴァしん【シヴァ神】ヒンズー教の最
高の神とされ、リンガ（男性器）を象
徴とする。寺院ではリンガは方形や
楕円形の台座に直立に突き立てられ
ている。台座はヨーニといわれ女陰
を意味する。この考えは密教にも導
入された。☞聖天。

しえつ【私悦】人知れず愛し合うこと。
東晋時代（317〜420年）の小説集
『捜神記』にある言葉。

しかいす【屎塊子】糞のかたまりのこと
で、『臨済録』にある言葉。

しがもの【其がもの】男性器のこと。「催

馬楽」の「鶏鳴」という歌に「さくら
麿が夜這いにきて、自分の其がもの
を押しつけ、（私の中に）入ってこす
った、子ができるまで」とある。

しき【私起】夜、小便に起きること。『世
説新語』にある言葉。

しきしゃまな【式叉摩那】既婚女性が比
丘尼を志願する時、妊娠の有無をチ
ェックすること。

しぎふじょう【四義不成】『唯識二十論』
にある言葉で、唯識説に対して常識
的な立場からなされる四つの非難。
例えば夢の中で性交しただけで、実
際に性交したわけではないのに精子
の漏出が起こることがある。こういう
事例を空間的、時間的、特定の場
所、特定の人という面から取り上げた
もの。

しきみ【色味】愛欲に溺れた生活をす
ることで、『無量寿経』にある言葉。

しきょう【詩経】中国最古の詩集で紀
元前500年頃に成立。女性が自分
の性的な欲望を吐露した作品が多
いことで知られ、『遊仙窟』と並んで
二大ポルノに上げられた時期もあっ
た。☞コラム⑤、⑥。

しきよく【色欲】『雑阿含経』にある言
葉で、男女間の性的な欲望のこと。
男女の姿形などに欲情を覚えこと。
人をして何らかの行動にかき立てると
いう意で、色使（しきし）ともいう。

しきる【頻る】平安時代には産気づい

て陣痛が起こるという意で用いられた。

しく【厠孔】『臨済録』にある言葉で、便所のこと。

しこ【子戸】子宮のこと。『房内篇』にある言葉。

しこて【醜手】汚い手。『万葉集』3270 の「汚い手で自分を抱こうとする男の手を打ち折りたい」という歌で使われている。

しごとう【子午道】女性の経水の通ずる道。『漢書』にある言葉。

しごふ【四五婦】日本の古代は一夫多妻の社会だった。『魏志倭人伝』の中に「大人皆四五婦、下戸或二三婦」（富裕な者は 4、5 人、その下の層は 2、3 人の妻を持っている）とある。

しこんぼん【四根本】仏教用語で不婬、不盗、不殺、不虚（うそ）の四つの戒めのこと。

しし・しじょ【思士・思女】思幽の国（太古の中国にあったとされる伝説の国）の男女で、相手の女を思うだけで女性の体内に精を注ぎ、女も男をおもうだけではらむことができたという。『列子』にある言葉。

ししぐ【肉具】上代における男性器の呼び名。小学館『日本国語大辞典』による。☞宝具。

ししくしろ【肉串ろ】「しし」は鹿や猪など食用の獣肉のことで、「くし」は串、すなわち肉の串焼きの意。「ろ」は

強調する接尾語。肉の串焼きがきわめておいしいという意味が転じて、すばらしい夜、性的な絶頂を表す言葉として用いられるようになった。『日本書紀』継体天皇 7 年、勾大兄皇子（後の安閑天皇）が春日皇女と結ばれた夜の記述にこの言葉がある。

しじのはしがき【楊の端書き】平安時代の歌学書である『奥義抄』で紹介された古代の伝説。男に言い寄られた女が、男の愛情の深さを測ろうとして、楊を立てて、この上に百夜通って寝たら会おうといったので、男は楊の端に回数を書き付けながら毎夜通った。九十九夜まで通ったものの、百日目に親が亡くなったため出かけることができずに思いがかなわかったという。これが小野小町と深草少将のエピソードの原典となった。☞小野小町。

しじゅうのいん【四十陰】『黄帝内経』にある言葉で、40 歳から陽の気が衰え陰に入る、男として精気が衰弱するという意。☞黄帝内経。

しじゅうはちきょうかい【四十八軽戒】『梵網経』で定められた、48 の特殊な比較的軽い罪。第 29 で売春が禁止され、第 30 で男女に淫行を勧めてはならないとされている。

ししょ【私処】女性の陰部。漢代の小説の『雑事秘辛』にある言葉。

しずむ【沈む】恋の思いにとらわれること。物思いに浸ること。『万葉集』

129 に「いい蔵をした老女なのに、これほど恋の思いにとらわれるもの（沈む）か、まるで童女のように」という意味の歌がある。

したごろも【下衣】下に着る衣、下着。古代には、恋する男女は再び会えるように下着を交換して着る慣しがあった。『万葉集』3751 に「私があげた真っ白な下着（下衣）を、あなたは次に会うまで忘れずに持っていてくれるのよね」という意味の歌がある。

したてるひめ【下照姫】神話の女性神の一人で、大国主命の娘。『古今集』（名序）によれば姫が夫の天稚彦の死に際して読んだ歌が日本の和歌の第一号とされる。

したひも【下紐】下着、下袴などのひも。古代には女性が男性から慕われると、下紐が自然に解けると言われていた。『万葉集』『源氏物語』『伊勢物語』などに用例がある。

したもえ【下燃え】人知れず恋の炎を燃やすこと。『金葉集』に「恋の辛さに耐えかねて空を眺めると浮雲が漂っている。あれは人知れず恋に身を焦がす（下燃え）私から出た煙なのかしら」という周防内侍の歌がある。下恋ともいう。

したんす【屎擔子】『臨済録』にある言葉で糞尿を入れる桶のこと。転じて人間の身体。

しちきょ【七去】中国古代の礼について述べた『大戴礼記』で、妻を離縁すべきとした七か条の理由。父母に従わざれば、子無ければ、淫なれば、多言なればなどが上げられている。七出ともいう。

しちじょう【七情】人間の感情を七種に分類したもの。仏教では喜怒哀楽愛悪欲をいい、儒教の基本経典の『礼記』では喜怒哀懼愛悪欲が上げられている。

しちどうもの【七道者】平安時代に奈良・興福寺の支配を受けていた七種類の芸人。猿楽、歩き白拍子、歩き巫女、金叩き、鉢叩き、歩き横行、猿飼い。

しちや【七夜】出産から7日目及びその祝い。産婦が床を上げ、火を改めて出産の触穢（しょくえ）が清まる日にあたる。平安時代、公家の間では出産の初夜、三夜、五夜、七夜を産養（うぶやしない）といって祝ったが、次第に三夜と七夜に限られて行った。

しちゅう【厠籌】『正法眼蔵』にある言葉で、厠は便所、籌は糞を削って落とすへら。

しつ【失】白川静監修の『漢字類編』によると「髪を振り乱し、手を上げて舞う人の姿」を形に表したもので、「舞踏による神と人との一体化を意味し、しばしばエクスタシーの状態に入る」とある。「神と人との一体化」と

は宗教的な法悦という意味だが、それが性の官能と同質であることも我々の常識である。そしてこの姿が踊りの原初の形とされた。☞妃。

しつう【私通】6世紀に僧侶の戒律について述べた『五分戒本』にある言葉で情夫、情婦となること。

しっしん【失身】女性が貞操をなくすこと。『孟子』にある言葉。

しっと【嫉妬】女性が自分の夫や親と親しく振る舞う他人を妬み、うらむこと。『今昔物語』に「遠助が妻は嫉妬の心きわめて深かりける者にて」と使われている。

しと【子都】紀元前千年以上前に中国にいたとされる伝説の美男子の名前。転じて美男子のこと。『詩経』にある言葉。

しときょう【子都経】中国の春秋時代（紀元前770年～紀元前221年）に子都が著したといわれる性の指南書。『詩経』でうたわれた子都と同一人かどうかは不明。

しどけなし【四度計無し】着衣や態度などがだらしがない、乱れていること。ただし平安時代には打ち解けた親しみのある態度として好感を持たれる部分もあった。

しどろ　心や髪がばらばらに乱れていること。1086年（応徳3年）に成立した勅撰歌集の『後拾遺和歌集』に「朝寝髪乱れて恋ぞしどろなる逢よ

しも哉元結にせむ」という歌がある。

しなう【撓う】やわらかにたわむこと。女性の曲線的な美をいう。『万葉集』4441に「立ちしなう君が姿を忘れずば世の限りにや恋い渡りなむ」という歌がある。

しなたり【間】男女の生殖器から出る液。精液、体液、淫水。『色葉字類抄』にある言葉。

しなたりくぼ【間】女陰の古いいい方。しなたりは女性器からでる液のこと、くぼは陰門の意。『日本霊異記』に「裳を挙げて婚ふ。魔羅の間（しなたりくぼ）に入るに随つて、手を携へて俱に死ぬ」とある。

しのびあるき【忍び歩き】身分ある男性が人目を避けて女のもとに通うこと。『源氏物語』（花宴）に「さもたゆみなき御忍び歩きかな」とある。「忍び通う」ともいい、『とりかへばや物語』に用例がある。

しのびたるおとこ【忍びたる男】和泉式部の歌の詞書にある語で、こっそりやってきた男。

しのびづま【忍び妻、忍び夫】人目を忍んで、こっそり契りを結んだ恋人。忍びの妻（夫）も同じ。平安時代の歴史書の『今鏡』で用いられている。しのび妻や夫を受け入れている場所があるからには、男女に秘密のあいびきところ（江戸の待ち合い茶屋のようなもの）が開業していたことが想像

あ

か

さ

た

な

は

ま

や

ら

わ

される。

しのびてものもうすおとこ【忍びてもの申す男】和泉式部の歌の詞書にある語で、夫に内緒で関係していた男。

しのびどころ【忍び所】人目を忍んで行く所。内密に関係する女の家。『源氏物語』（紅梅）に「（匂宮は）いとう色ぬき給ひて通い給ふ忍び所多く」とある。

しのびびと【忍び人】忍んで通ってくる人。『堤中納言物語』に「かたみに（たがいに）この忍び人も知り給へり」とある。

しのびわたる【忍び渡る】『万葉集』や『源氏物語』（夕霧）では長い間、恋い慕うという意味で使われているが、『とりかへばや物語』では人目を忍んで女のもとに通うという意味で使われている。

しのぶこい【忍ぶ恋】人に知られないよう心に秘めた恋。忍ぶる恋ともいう。歌題としては忍ぶる恋と使われた。『百人一首』に「忍ぶれど色に出にけりわが恋はものや思ふと人の問ふまで」（平兼盛）という歌がある。

しのぶのみだれ【忍ぶの乱れ】人目を忍ぶ恋をする者の心の惑い。『伊勢物語』に用例がある。

しはく【私白】去勢された男子、宦官のことで『唐書』にある言葉。

しはくしゅう【志柏舟】夫を亡くした女性が再婚の意思を否定すること。『日本往生極楽記』にある言葉。

しふ【私夫】間男。『漢書』にある言葉。

しふくのしん【指腹親】『有部律』にある言葉で、腹の中の子をさして婚約すること。女性が妊娠したので婚約すること。

しみづく【染み付く】男と女の気持ちが一つになること。男女が睦み合うこと。『源氏物語』（東屋）に用例がある。

しめのほか【注連外】男女の仲が絶えてしまうこと。『源氏物語』（賢木）や『伊勢物語』に用例がある。

しもつかた【下つ方】身体の下の方、下半身。『源氏物語』（夕顔）に用例がある。

しもん【子門】女陰のこと。『房内篇』にある言葉。

じゃいん【邪淫、邪婬】①妻または夫以外の者と性的関係を持つこと。②夫婦間での関係の仕方（器官、回数、場所、時）などが常軌を逸していること。『日本霊異記』に「鳥の邪婬を見て、世を厭い家を出て…」とある。

じゃぎょう【邪行】『往生要集』にある言葉で①十悪の一つである邪婬のこと。②羅漢が尼を婬すること。

じゃきをはらう【邪気を払う】古代中国の「高禖」において多くの男女が性の行為を行うこと。

じゃく【若】巫女が信託を受けるために長髪を振り乱し、両手を高く掲げてエクスタシーの状態にある姿を現

す象形文字。

しゃくにょ【石女】うまず女、不妊の女。石女児はうまず女の子、すなわちありえないことのたとえ。『正法眼蔵』に用例がある。扇提（せんだい）石ともいう。

しゃくやくのぎゃく【芍薬謔】男女が相戯れ、喜びに歓喜すること。喜びの証にお互いに芍薬を贈りあったことから生まれたといい、『詩経』にある言葉。

じゃくらく【著楽】『法華経』にある言葉で、性の快楽に耽溺すること。

しゃこう【斜巷】色里、遊女街。唐の都・長安の遊里は大通りの裏、細い斜めの通りにあったことから、こう呼ばれるようになった。

じゃこう【麝香】麝香鹿の雄にある麝香腺の分泌物で、古代から媚薬として用いられてきた。中国雲南省産の麝香がメコン川沿いに伝えられたもの。

じゃたい【邪態】『無量寿経』にある言葉で卑猥な行い。

しゃびょう【莎苗】唐代の中国で陰毛の学名として用いられた。莎苗の生い茂るところが「莎岡」で、恥丘のこと。

しゅうこ【秋胡】中国・春秋時代（紀元前770年〜紀元前221年）の人名。新婚五日目に遠くへ旅した秋胡は五年後に帰郷した。家に帰り着く直前、彼は路傍で桑の葉を摘んでいた女に金を与えて関係しようとしたが拒絶された。帰宅して見ると、先ほどの女性は自分の妻で、自分の顔も忘れて不義を仕掛ける夫に絶望した妻は投身自殺したと伝えられる。『列女伝』にある話で、この故事から不義を働く男を指す。

"秋胡"妻に戯る（『元曲選』）

しゅうごうじごく【衆合地獄】仏教でいう八大地獄（八熱地獄ともいう）の一つ。赤熱のくちばしを持つ鷲や鬼に襲われ、葉っぱが刀でできた林に追い込まれて苦しみを受ける。殺生、偸盗、邪婬を働いた者が堕ちるところ。☞叫喚地獄。

しゅうこっとう【臭骨頭】仏教用語で悪臭に満ちた肉体の意。肉体をさげすんだ表現で、臭皮袋といういい方もある。皮一枚下には五臓六腑の汚物が充満していて臭気を放っている

という意。

しゅうしゅ【執手】7世紀に成立した『六祖壇経』にある言葉で、男女が手を握りあうこと。

じゅうじゅうごんかい【十重禁戒】中国の天台宗の重要経典である『梵網経』に定める十種の戒律で不殺戒、不盗戒、不淫戒、不妄語戒など。これを犯した者は大乗教団から追放される。重禁ともいう。

じゅうせい【充盛】結婚した女性の肌が艶やかで、色気に満ちていること。儒教の経典の解説書の『白虎通義』にある言葉。

しゅうせん【鞦韆】『カーマ・スートラ』で紹介されている性交体位で、女性上位のポーズの一つ。女性上位の形で陰門で陰茎を挟み、しごいたり圧しつけることを鉗子といい、その状態で車のように回転するのが独楽。この場合、男は自分の腰を上げるべきだが、同じく腰を上げながら四方に回転させることを鞦韆という。鞦韆はブランコの意。☞『カーマ・スートラ』。

しゅうどう【衆道】男色の道。若衆道。男性が同性を性的対象として愛し、交合すること。中国では紀元前五世紀頃の『書経』などに見えている。日本の俗説では弘法大師（空海）に始まるとされている。☞真雅。

衆道の場面（『稚児の草子』『男色の日本史』、ゲイリー・P・リュープ、藤田真利子訳、2014年）より

しゅうび【愁眉】『後漢書』にある言葉で、都である洛陽の女性たちに流行した細く曲がった眉。

じゅうびず【十眉図】唐の玄宗皇帝が画工に描かせた最も魅力的な女性の眉の図。

じゅけ【授花】『有部律』にある言葉で、女性に花をプレゼントして誘惑すること。

しゅしつ【朱室】子宮のこと。『房内篇』にある言葉。

しゅしょう【主妾】本妻と妾。紀元前3世紀の思想家・韓非の思想を記した『韓非子』にある言葉。

しゅしょく【酒色】酒を飲むことと女遊びをすること。戒めるべきことの代表的なもの。平安時代初期の史書『続日本紀』天平神護2年6月の項に「敬福は放縦にして拘らず、酒色を好む」と記述されている。酒淫ともいう。

しゅしん【朱唇】小陰唇のこと。『房内

篇』にある言葉で、同書では小陰唇の表現として麦歯という言葉も使われている。

じゅじん【寿人】『漢書』に秦の時代にもてはやされた房中の秘薬とある。

じゅたい【受胎】身ごもること。『中阿含経』にある言葉。

じゅたいのみぎょう【受胎之微形】『法華経』にある言葉で、衆生は死んでは生まれ変わり、微小な形をとって母胎に入るという意。輪廻の思想の表現だが、輪廻を繰り返すたびに死体を残して行くという意味も含んでいる。

しゅちにくりん【酒池肉林】まるで池のように酒をそろえ、林のように全裸の女を集めた宴会のこと。中国の古典『史記』で紂王（ちゅうおう）の故事として紹介されている。

しゅっきょう【出胸】鳩胸のことで、『列女伝』にある言葉。☞鳩胸。

しゅったい【出胎】仏陀が生まれること。仏陀は母親の右の脇腹からこの世に出てきて七歩歩み、「天上天下唯我独尊」と語ったとされる。☞託胎。

しゅもん【朱門】女陰の別称。『鉄槌伝』にある言葉で、朱という言葉も使われている。

しゅる【衆流】『碧眼録』にある言葉で、欲情や煩悩に基づく心の流れ。

しゅんが【春画】男女の性交の様子を描いた絵。後には男色の絵も表れた。中国の『俗考』によれば漢代（紀

元前206年〜紀元220年）頃にはあったという。日本でも平安時代から行われ、おそくずの絵と呼ばれた。☞偃息図（おそくず）の絵。

しゅんけいむりのひと【春閨夢裏人】空閨を守る人妻の夢に男性が出てくること。多くは戦死した夫をいう。唐時代の詩にある言葉。

しゅんじょのかなしみ【春女の悲しみ】少女が春になると男子を慕うようになることの例えで、『詩経』にある言葉。成長した女性の場合、懐春（春におもう）という。

じょいん【女陰】女性の陰部のこと。この意味で使われたのは紀元100年に成立した『説文解字』が最初という。

しょう【精】教団内の規律などをまとめた『十証律』にある言葉で精液のこと。

しょう【妾】①妾のこと。女と辛の二つの文字を組み合わせたもので、辛は額に入れ墨を入れた人という意。神に捧げる女の額に入れ墨を入れていたことが妾の始まりと想像されている。②女性の一人称代名詞、自らをへりくだったいい方。『日本書紀』にもその用例がある。後には側女、妾の意で用いられるようになった。

じょう【情】喜怒哀楽のように人間の持つ自然な感情。紀元前5世紀〜3世紀の思想を紹介した『荀子』に「性の好悪喜怒哀楽を情という」とある。

じょういん【上淫】自分より身分の高い女性と私通すること。『春秋左氏伝』にある言葉。上蒸（じょうじょう）ともいう。

しょうがくにょ【正学女】『有部律』にある言葉で、18歳から20歳までの尼になるべく修行中の女性。

しょうぎょ【妾御】妾が夜の相手のために、主人の部屋に呼ばれること。『礼記』に記述されている。

しょうぎょう【小行】宋時代の仏教の入門書である『釈氏要覧』にある言葉で、小便に行くこと。

じょうぎょう【浄行】インドの経典にある言葉で、婬事を行わないこと。

じょうけつ【浄潔】『十誦律』にある言葉で、月経の終期のこと。

しょうこん【娼根】唐時代の俗語で情夫のこと。

しょうじにめぐる【生死に廻る】仏教の基本用語の一つで、迷いを断ち切ることができないために、死んでもまた迷界に生まれて同じ悩みに苦しむこと。とくに女に苦しむことをいう。

しょうじょう【清浄】『雑阿含経』にある言葉で、男女の性的な関係を断つこと。

しょうだい【章台】唐の都長安にあった町の名前。一帯が繁栄したので盛り場や遊郭の意にも用いられた。

しょうてん【聖天】インド仏教のシヴァ神の息子でガネーシャと呼ばれる。東京・浅草の待乳山聖天を始め、全国の聖天像は顔が象の姿をした男像が女像と抱擁している。これはシヴァ神が妻のパールヴァティーの部屋に入ろうとしたのを止めようとしたため、怒ったシヴァ神がガネーシャの首をはね、代わりに象の頭をつけてやったのだと伝えられる。聖天は大聖喜歓喜自在天、歓喜天とも呼ばれ、古来夫婦和合、子授けの神として信仰されている。☞シヴァ神、『カーマ・スートラ』。

しょうどうほう【障道法】『五分戒本』にある言葉で、修道の妨げとなる事柄。さとりの妨げとなるもの。すなわち婬欲、妄語など。

じょうにょ【貞女】『雑阿含経』にある言葉で、常に夫のことを思っている妻、貞淑な妻。

しょうふ【小婦、少婦】後でめとったつま。妾、側室。『今昔物語』に「一人の長者ありき。…後に小婦を娶りて甚だ愛念す」とある。

しょうふなん【生不男】『十誦律』にある言葉で、生殖能力を有しない五種類の男性の一つ。

しょうふなん【精不男】『十誦律』にある言葉で、根が変現して男に合えば女根が起こり、女に合えば男根が起こる者。

しょうにん【小夫人】『法顕伝』にある言葉で側室、妾。

しょふのうなん【性不能男】『十誦律』にある言葉で、生れながら婬することのできない男。生まれつき女性と交接しえない男。

しょうべん【小便】尿、尿を排出すること。平安時代の『小右記』に「中将、昨より小便せず辛苦す。証闍梨（高僧）来たりて加持す。快尿」とある。

じょうほう【蒸報】淫乱。蒸は身分の上の者と関係することで、報は身分の下の者との性交。両方をやるから淫乱を意味する。梁時代の思想家劉峻の言葉。

じょうぼう【浄房】①清浄な部屋。②厠、せっちん。『正法眼蔵』にある言葉。

じょうようきゅう【上陽宮】中国の河南省にあった宮殿。唐の玄宗皇帝に寵愛された楊貴妃が後宮の中で目立った美人たちをすべて閉じ込め、老齢になるまで出さなかったというエピソードで有名。

じょうようじん【上陽人】上陽宮に閉じ込めた女性。唐の詩人白居易の詩の作品で歌われ、『栄花物語』（十三巻「木綿四手」）で使われている。

しょうようでん【昭陽殿】古代中国の後宮の名称。玄宗皇帝と楊貴妃の愛を歌った白居易の『長恨歌』をはじめ、皇妃や愛妾たちのドラマの舞台となった。

じょうららせきしゃしゃ【浄裸裸赤灑灑】『碧眼録』にある言葉で、体に一糸もまとわぬ丸裸のこと。煩悩や妄想などの塵垢が一切なくなって、天真爛漫になったことを言う。

しょうろう【倡楼】『三教指帰』にある言葉で、売春婦のいる座敷。

じょか【女禍】女色に耽って失敗すること。女難。『唐書』にある言葉。

じょかい【女戒】女色についての戒め。『漢書』にある言葉。

じょき【女几】中国の周時代（紀元前1046年〜256年）の女性。陳という街の酒売りだったが、一人の仙人が酒代の質として『素女経』という有名な性の指南書を置いていった。それを写し取った彼女は自宅に多くの若者を連れ込み、30年にわたって性的関係に耽った。その結果、いつまでも20歳のような若さを保っていたという。

しよく【四欲】古代仏教の百科事典といわれる『法苑珠林』にある言葉で情欲、色欲、食欲、婬欲のこと。

しょく【色】①男女の性行を表す象形文字。女性がひざまずいて前方に両手をついているところヘク（男）が後ろから交わる形。②男女の情欲。『書経』にある言葉。

しょくえ【触穢】死、病、失火、出産、月経など忌むべきこと、血を見るなどの穢れが身近で起こったり、目にした時、身を慎んで神事や参内などを遠慮すること。平安時代の『延喜式』

（臨時祭式）に人の死は30日、産は7日などと定められていた。

しょくしないしんのう【式子内親王】 後白河院の第3皇女で平安末期の歌人で、『新古今集』の有力歌人の1人。当時の代表的な歌人である藤原定家との激烈な恋愛で知られる。

しょし【庶子】 側室の子、妾の子。古代日本の法律の注釈書である『令義解』にある言葉。

じょしん【女身】 処女のことで、『笑林』にある言葉。

じょせいかぶだん【女性歌舞団】 中国の春秋時代、各国は外交の一環として関係する国に女性の歌舞団（正確な名称は不明）を贈った。性の官能を声に出し、そのポーズを演じる集団で遊女も兼ねていた。孔子が魯の国の大司寇（裁判所の長官）を務めていた紀元前497年、斉の国から魯の国へこの歌舞団が贈られた。美女80人が黄金の馬車に乗ってやってきたという。孔子は受け取ることを拒否するよう進言したが、王侯や重臣たちは三日間、彼女たちとの遊興に耽って政（まつりごと）を放置した。その姿に絶望した孔子は直ちに魯の国を去ったと伝えられる。

しょたい【処胎】 『長阿含経』にある言葉で、妊娠すること。

しょにょ【処女】 『法華経』にある言葉で、まだ男子に接しない女。生娘。

しょや【初夜】 『出曜経』にある言葉で、母親の胎内に入った胎児が経験する初めての夜。なお同書は仏教の根本理念を説いた経典。

じょりょ【女閭】 遊女を集め住まわせている町、遊里。『戦国策』に「斉の宮中に女閭七百」とあるのによる。

しらかわじょうこう【白河上皇】 1053年（天喜元年）生まれ、20歳で即位、34歳で退位。第72代天皇。その後孫の鳥羽天皇、曽孫の崇徳天皇の時代まで、57年間にわたって上皇、法皇として権力をふるった。在位中、絶世の美女と言われた祇園女御を寵愛したが、彼女が妊娠中に平忠盛へ下賜、生まれたのが平清盛といわれる。祇園女御はまだ寵妃だった頃、7歳の藤原璋子を養女にした。上皇は還暦を迎えた頃、13歳の璋子に手を付けた。これを機に璋子は次々に身近にいる男性と関係、手を焼いた上皇は4年後、璋子を孫の鳥羽天皇の中宮に据えた。鳥羽天皇は璋子より2歳年下の15歳だった。ただし上皇と璋子の関係はその後も続き、1119年（元永2年）、男子が誕生した。これが後の崇徳天皇で、明らかに白河上皇の子と言われ、鳥羽上皇（当時）も「叔父子」と呼んでいた。長男であるはずの子は、実際にはお祖父さんの子で、自分にとって叔父さんの子だというわけ

である。後に崇徳上皇（当時）は父親である鳥羽上皇に反旗を翻し、これが保元の乱の一因となった。また白河上皇は男色をも好み、近臣として権勢を誇った藤原宗通をはじめ、藤原盛重、平為俊と関係を持った。盛重や為俊は上皇の身辺を警護する北面武士だったが、この役職自体、男色の相手をそばにおいておくために上皇が創設したとされる。

しらげうた【しらげ歌】歌謡の一種で、歌の後半に調子を上げて歌う歌。『古事記』に「あしひきの山田を作り…下泣きに我が泣く妻を昨夜（こぞ）こそは安く肌触れ…これはしらげ歌なり」と紹介されている。

しらびょうし【白拍子】平安時代末期から鎌倉時代にかけて流行した女舞い、及びその舞いを専業とする女性で遊女を兼ねていた。

しらめ【白女】遊女のこと。平安時代後期の歴史書の『大鏡』にあり。

しらん【私乱】不倫のこと。反体制運動などの公然たる叛乱と違って、目に見えない形で人倫を破壊している、私的な反乱という意。『史記』にある言葉。

しらんのちぎり【芝蘭の契り】芝は霊芝、蘭は藤袴のこと。共に香りのいい花で、才能と人望のある者同士が交わることの意で使われ、転じて古代中国で男色の関係を指す言葉となった。『荀子』などに用例がある。☞芝（がい）、鶏姦、男色。

しり【尻】臀部。ただし古代には「尻」は目につかないところにあるとして「かくれ」とも読み、「恥ずべきところ」の意でも用いられた。『日本書紀』や『竹取物語』などに用例がある。イザナミがカグツチを生んで死んだ時、

『七十一番職人歌合』の「白拍子と曲舞」

その死体に雷神が発生した。『日本書紀』には黒雷というとある。

しりたたきまつり【尻叩き祭り】越中（現富山県富山市）鵜坂神社で行われるお祭りで、神官が参拝する女性に何人の男性と関係したかを尋ね、その数だけ尻を打つというもの。尻打ち祭り、尻立ちの祭りともいい、鎌倉時代初期に順徳天皇が著した『八雲御抄』にも「天下の五奇祭」の一つに上げられている。☞鍋被り祭り、常陸帯、錦木、雑魚寝。

「尻叩き祭り」（鵜坂神社の奇祭）についての宮武外骨の記事（「滑稽新聞」明治41年8月20日号）

しりばら【尻腹】女性の産後の腹痛。『和名類聚抄』にある。

しりひき【尻引き】鶺鴒の異名。鶺鴒はイザナギ・イザナミに性交の方法を教えたとされるところから「教え鳥」といわれる。この言葉は性交体位（後背位）を暗示したもの。

しりぶり【後振り、尻振り】後ろ姿。『万葉集』4108に「里人の見る目恥づかしさぶるこ（遊女の名前）に君が宮出後振り」という歌がある。「里の人の見る目が恥ずかしい、私のような遊女に心を寄せるあなたが役所から退出するときの後ろ姿よ」という意。

しりめ【尻目】横目、流し目。平安時代には上品な女性でも打ち解けると、男性に流し目を送った。『源氏物語』（若紫）や『落窪物語』などに用例がある。

しるし【著】妊娠の兆候がはっきり見えること。『源氏物語』（若紫）に用例がある。

しるしのおび【標帯】懐妊を祝って腹に締める帯。「腰のしるし」、腹帯ともいう。

しるひと【知人】他の人とは違う特別な関係にある人。愛人。『枕草子』に用例がある。

しろつばめ【白燕】白い燕。数百年を経た燕といわれ、これを見た女性は貴人を産むといわれた。『続日本紀』景雲元年7月に「左京職白燕を献ず…」とある。

しろめ【白女】遊女の発祥の地とされる摂津国江口で、代々継がれてきた遊女の名。宇多天皇が寵愛したといわれる大江玉淵の娘が有名。大江匡房の『遊女記』には江口を観音

（遊女のこと）の祖とし、中君、小馬、白女、主殿などの遊女を上げている。

しん【身】腹部の膨らみを表す象形文字で、妊娠の意。

しんあい【信愛】『五分律』にある言葉で、夫が妻を信じ愛すること。妻が夫に愛されること。

しんあん【新按】中断していた愛撫を再び始めること。唐代の詩人・雍陶の作品で使われた言葉。

しんいんのせい【新淫之声】『列女伝』にある言葉で、新しい淫らな音楽。

しんえき【津液】性的な興奮によって、女性器に分泌される液。いわゆる愛液のこと。『房内編』にある言葉。

しんえきのふ【津液之府】尿水を司るところ。『往生要集』にある言葉。

しんか【心火】怒り、嫉妬、恨みなどの激しい感情。『今昔物語』に「彼の神は雷神として、嗔の心火を出せる也」とある。

しんが【真雅】空海の弟で、兄につい

真雅

て密教を究めた。伝説によれば若い時の在原業平に心を奪われて歌を贈ったのが、日本の衆道の初めともいう。☞衆道。

しんかい【心灰】欲情の火が鎮まること。梁の昭明太子の詩に用例がある。

じんきょう【塵鏡】禅の思想書である『証道歌』にある言葉で、煩悩・妄想の塵で汚れた心の鏡。

じんぐうこうごう【神功皇后】第14代仲哀天皇の皇后。熊襲を討つために筑紫に至り、そこで神懸りして新羅を討つことを決めた。その時皇后は臨月だったが、石を抱いて出征、出征先で両手にこの石を抱いて出産した（後の応神天皇）。この石を月延石や鎮懐石と呼ぶ。

しんけい【深閨】家の奥にある部屋で、女性の寝室のこと。白居易の『長恨歌』にある。

じんこ【深固】『法句経』にある言葉で、愛欲が深く固いこと。

しんこん【神婚】古代の宮廷は地上における神の世界とされ、官女は天皇（＝神）に仕える巫女とされた。宮廷人はその赤裳に強いエロチシズムを感じていた。「天皇（＝神）と巫女の結婚が神婚。☞巫女（みこ）。

しんこん【新婚】納采の儀を終えた男女のこと。ただし性関係は認められなかった。白居易の「鄧剣の詩を読む」という作品に用例がある。☞奔。

しんさんあくぎょう【身三悪行】仏教用語で人間が自分の身で行う三つの悪行、邪婬、殺生、偸盗をいう。

しんじょのしょうがい【神女生涯】淫猥な生活を送る女。楚の襄王が神女と遊んだという故事から出た言葉で、娼妓のこともいう。

じんすい【腎水】精液のこと。『黄帝内経』にある言葉。☞黄帝内経。

しんせん【神仙】①神または神通力を得た人。②遊女の別称。淀川べりの江口、蟹島、山崎などには多くの遊女がいた。大江匡房の『遊女記』によれば、彼女らは肌が透けるような薄物を身にまとい、色気たっぷりのまなざしで男たちを誘った。その魅力的な姿に地元の人々は「神仙」だと感嘆したという。

しんでん【神田】『洞玄子』にある言葉で、女性の陰核包皮のこと。玄圃（げんぽ）ともいう。

じんどう【人道】男女の交わり、性交のこと。『詩経』にある言葉。

しんぷ【新婦】古代中国では人妻が自分のことをへりくだっていう言葉。『世説新語』に用例がある。

しんぺい【心兵】異性に働きかける気落ち、色情。唐時代の詩人韓愈の「秋懐詩」に用例がある。

しんりゅうのこうごう【神龍之交合】神龍と交わること。漢の高祖の母の劉媼は神龍と交合する夢を見た夜に高祖を

身籠ったと伝えられる。その故事から出た言葉で『史記』に登場する。

す【為】男女の性行為のこと。『日本書紀』（歌謡3）に「小林に我を引き入れて為（せ）し人の面も知らず家も知らずも」という歌がある。

すい【粋】遊郭の遊びに熟練していること。古代中国で仙人と呼ばれた人々の伝記『列仙伝』で使われている。

ずいあい【随愛】愛欲を望む心に従うことで、『五分戒本』にある言葉。

すいえき【水駅】男踏歌の際、巡って来た男性を酒や湯漬けなどで接待する接待所。ご飯を提供する飯駅に対していう。ここではさまざまな酔狂が演じられ、男踏歌が廃絶される一因となった。

ずいぎょうあいよく【随形愛欲】『雑阿含経』にある言葉で、自他共に愛欲の心を好むこと。

すいぎょのまじわり【水魚の交わり】『管子』にある言葉で、切っても切れぬほどの深い関係。後世には深い友情を表す言葉となったが、本来は夫婦の仲や君臣の交わりを指していた。

すいせい【水性】水の性質。転じて浮気女のこと。『後漢書』にある言葉。

すいぞう【酔象】『倶舎論』にある言葉で、発情期に狂い立っている象。

すう【据う】愛人として囲うこと。『万葉集』2360に用例がある。自分の

娘を愛人として囲っていた男が、通って来なくなったことを嘆く親の歌がある。

すがた【姿】 様子。型や形が容貌をいうのに対して、プロポーションが整っている様をさす。『万葉集』4441に「優美なあなたの姿を忘れずに、私は一生、あなたに恋し続けることでしょう」という歌がある。

すがのねの【菅の根の】 菅の根が長く乱れていることから、激しく絡まりあって愛し合うこと。『万葉集』679に「菅の根のように絡まり合って愛し合い、思い乱れるまま恋して生きて行きましょう」という歌がある。

すがる【酢軽】 ジガバチのことで、腰細蜂と呼ばれ、女性の腰細を表す言葉として使われた。『万葉集』3791に用例がある。

すき【好】 数奇。男女の逸楽に耽ること。房事を好むこと。平安時代の『寝覚物語絵巻』に用例がある。

すきかげ【透影】 薄い布を透して女性の姿が見えること。『源氏物語』（箒木）や『宇津保物語』などで用いられている。

すきがまし【好きがまし】 好色めいている、浮気めいていること。『源氏物語』（帚木）に「好きがましいようには全然見えないけど…」と使われている。

すきごころ【好き心】 男女間のことに強い関心を持つこと、性的な関心を抱く

こと。『源氏物語』（橋姫）に襖の向こう側に若い女性がいるときの男の気持ちが「好き心のあらむ人は…」と表現されている。

すきごと【好事】 ①色好みなこと。好色な行為。『蜻蛉日記』に「昔好事せし人も、今はおはせずとか」とある。②色恋の言葉。『伊勢物語』に「かの宮に好事いひける女」とある。

すきずきし【好き好きし】 好色の意の好きを強調した言葉で、極端な色好みという意。『源氏物語』（橋姫）や『和泉式部日記』に登場する。

すきたわむ【好き撓む】 色好みですぐになびくこと。『源氏物語』（帚木）に「すきたわめらむ女に心置かせ給へ」とある。「すぐなびくような女には気をつけなさい」という意。

すぎにしひと【過ぎにし人】 『新古今集』にある言葉で、昔親しくしていた人、昔の恋人。

すきもの【好き者】 色好みの人。好色な人。平安時代、色好みはひたすら女性にアタックする現実主義の男と捉えられていた。これに対して相手は一人でも、何とかモノにしたいと願うのが好き者で、『源氏物語』の柏木がその一人とされる。『宇津保物語』にも一人の女性に対する思い込みの強い男が「あやしく類なき好き者にて…」と表現されている。☞愛、色好み。

すきわざ【好き業】浮気のこと。『源氏物語』（葵）に用例がある。☞徒業（あだわざ）。

すく【好く】好き者の動詞形で、色好みの人。好色な人。とくに女性についていわれる時は、美女であることや知的であることなどが強く求められる。『枕草子』に用例がある。

すさむ【遊、荒】『書経』には女色に耽った皇帝のことが「色の荒（すさみ）を作す」と記述されている。

すすむ【進む】相手を思う気持ちが募ること。『宇津保物語』に用例がある。

すばら【素腹】不妊症の女性。円融天皇の中宮藤原遵子（のぶこ）は子どもができなかったことから「すばらの后」と呼ばれた。

すまい【住まい】婿として通い、泊まるところ。『源氏物語』（藤裏葉）に用例がある。

すましもの【澄まし物】ふんどしの古名。『和名類聚抄』によれば汚れがひどく、いつも洗い清めるべき物という意。

スマラディーピカー　古代インドの性典の一つ。3大性典には含まれていないが、同書に記載された16種の性交体位と4種の補足態（俯状態、揚交態、口交態、逆態位）で知られている。

すみつく【住み着く】夫（または妻）として配偶者の家に定着すること。『源氏物語』（東屋）に用例がある。

すみはつ【住み果つ】夫婦として男女の仲が定まること。『源氏物語』（若菜上）に用例がある。

すみはなる【住み離る】妻に対する愛情がなくなって、夫が寄り付かなくなること。『源氏物語』（橋姫）に用例がある。

すみわたる【住み渡る】男が女のもとに通い続けること。『大和物語』で使われている。

すむ【住む】男女が夫婦として安定した関係を保つこと。妻問い婚のもとで、男が定まった女のもとに通い続けることをいう。

すもう【相撲・角力】『日本書紀』（雄略天皇紀13年）の条に「采女を集めて犢鼻（たふさぎ＝ふんどしのこと）をつけさせて相撲を取らせた」とある。女相撲の初め。

すもり【巣守】巣を守る人の意。転じて夫が寄り付かず、一人放置されている妻のこと。『大和物語』に用例がある。

すんぱく【寸白】女性の腰の痛む病気の総称。『栄花物語』にある言葉。

せ【背、夫、兄】女性が親しい男性をさしていう言葉。とくに恋愛や結婚の対象である男性を指していう。

せい【勢】陰茎、男根。『類聚名義抄』には「へのこ、ふぐり」との詠みが付されており、本来は睾丸を意味していたという。

せい【精】精液。『抱朴子』では「精を還して脳に戻す」とある。男性が射精を我慢して気を鎮めるという意。

せいえき【精液】①男性器から分泌する粘液。『類聚名義抄』に「交接の時精液流漾す」とある。精汁（せいじゅう）ともいう。②古代の中国では女性器から分泌する液を精液と呼んでいたこともある。いわゆる「潮吹き」とする説もある。☞愛涎、愛水、淫水。

せいか【精化】男女が欲情を発すること。漢時代の詩人漢嬰が詩文の古語を解説した『韓詩外伝』にある言葉。

せいか【臍下】➡その下。性器のあるところ。平安時代の通史『扶桑略記』に、仏像の臍下に陰部を作ったが、「ある所は又女形に作り、丈夫（男性）に対してこれを立つようにした」とある。

せいが【青娥】若い美人、美少女。白居易の詩で使われている。

せいかつ【精滑】中国の唐時代の医学用語で、遺精のこと。

せいさい【精彩】女性の男性に対する恋慕の情や媚の情が顔に表れていること。紀元前3世紀頃の詩人宋玉の「神女賦」という作品で使われている。

せいし【西施】中国の呉（紀元前500年ころ）の伝説的な美女。

せいしにゅう【西施乳】フグの腹の下部のすなずりのこと。白くて柔らかで美味なのを美人の西施の乳房に例えたもの。

せいしょく【声色】音楽と女色。『書経』によれば「耳に快い声を聞き、目に美しい顔を見る」ことの意と。

せいだ【精唾】精液と唾液。『三教指帰』にある言葉。

せいぶ【勢峰】男性の性器、男根。8世紀末に成立した『慧琳音義』にある言葉。

せいぼさつ【生菩薩】優しく美しい女性のこと。唐の時代に使われた言葉。

せいろう【青楼】遊郭の建物のこと。『南史』から出たもの。

せきかわ【関川】塞き止められた川。男女の仲を妨げるものの比喩として用いられた。『源氏物語』（宿木）に「世に許しなき関川を」という表現がある。

せきぼう【石棒】男根型の石。紀元前4500年頃の石棒が秋田市の上の山遺跡から出土。側には女性器状の石製品もあった。富山県氷見市の大境洞穴からは紀元前3000年以前の巨大な石棒（長さ95センチ、最大径20センチ）も出土した。

せきれい【鶺鴒】イザナギ・イザナミが鶺鴒の交尾する姿を見て交わる方法を知ったという『日本書紀』（神代）にあるエピソードから「色教え鳥」、「尻引き」、「嫁ぎ鳥」などの

異名がある。☞色教え鳥。

せく【塞く、堰く】関係ある人に愛情を伝えようとして拒絶されること。『枕草子』に「思ひ交はしたる若き人の中の、せく方ありて…」とある。

せしゃ【施写】射精のこと。『房内篇』にある言葉。

せっちん【雪隠】便所、厠のこと。語源については雪峰禅師が厠を掃除中に大悟を開いたからとも、厠は青椿で覆うのが普通とされていたからなと、いくつかの説がある。

せっぷ【雪膚】雪のように白い肌。そのような肌の美人。平安時代の学者大江匡房の『江都督納言願文集』にある言葉。

せっぷん【接吻】『カーマ・スートラ』にある言葉。ただし同書における接吻の解説にはほとんど見るべきものがないため、ここでは省略する。☞『カーマ・スートラ』。

せつようほ【折腰歩】女性が科（しな）を作りながら歩く姿。『後漢書』にある言葉。

せなかあわせ【背中合わせ】男女が仲違いしてそっぽを向くこと。そうなった男女を「せなかどし」（背中同士）という。『伊勢集』に用例がある。

せにたつおんな【瀬に立つ女】永池健二『逸脱の唱声／歌謡（うた）精神史』によると、女たちの水遊びの場は、古代にあっては男と女が歌を掛け合って求め合う、歌垣的な場であった。だから瀬に立つ女は歌垣での女たちの姿であったという。☞向こうが尾。

ぜんあい【染愛】『大智度論』にある言葉で、情欲の世界に染まること。

ぜんいん【善淫】盛んに淫乱を行うこと。漢時代の詩人屈原の作品を集めた『楚辞』にある言葉。

せんえき【旋液】『有部律』にある言葉で、小便のこと。

せんか【仙花】菊の花の別名。『江吏部集』に不老長生の妙薬として上げられている。

ぜんかい【染海】『性霊集』にある言葉で、愛欲の世界のこと。

ぜんがくぶほうよう【前額部抱擁】『カーマ・スートラ』で紹介されている抱擁の仕方の一つ。男と女が口と口、眼と眼を密着させて額を額に押し付ける。☞『カーマ・スートラ』。

せんきょう【宣姜】衛の恵公（在位、紀元前699〜696年、紀元前688〜669年）の夫人で、恵公の兄の公子頑との淫乱な関係で知られた。

せんきんしょう【千金笑】古代中国の言葉で、美人の笑顔はより素晴らしく感じられることの例え。

せんきんほう【千金方】652年、唐の孫思邈（そんしぼう）が著した医学書で、性の指南書。

せんげん【嬋娟】後漢時代の詩人張衡の『西京賦』にある言葉で、あで

やかで美しいこと。美女でスタイルのいい女性に対するほめ言葉。

ぜんしん【染心】『倶舎論』にある言葉で、煩悩に穢された心。

ぜんしんそうそく【染心相触】『倶舎論』にある言葉で、尼僧が婬欲の心をもって男性の身体に触れること。

ぜんしんに【善信尼】日本の仏教普及に貢献した司馬達等の娘で、『日本書紀』（敏達天皇紀）によれば551年頃出家。排仏派の首魁である物部守屋によって公衆の面前で全裸にされ、仏教の信仰を捨てるように迫られたが拒否、日本の尼の第1号となった。

せんた【扇搋】『倶舎論』にある言葉で、男根、女根のない者、男根の不具の者。扇搋半択迦（せんたはんだか）ともいう。

せんだい【璿台】『洞玄子』にある言葉で、女性のクリトリスのこと。穀実ともいう。

せんだにょ【扇陀女】インドの神話に登場する淫乱の女性。出家する以前の釈迦の后とされる。

せんだん【栴檀】香木の1種で芳香を発し、中国では古代から女性が乳房に塗った。高熱や風種などの病にも効くという。

せんにょ【仙女】女の仙人。古代中国では素女や玄女など、性の奥義を極めた女性を指すことが多い。美人

であることが強調される時は仙子と呼ばれることもある。☞『素女経』、『玄女経』。

せんにんだしょ【仙人堕処】仏教用語で、空中を飛行中の仙人が若い女性を見て欲心を起こし堕落したところ。小乗仏教の注釈書の『大毘婆沙論』にある言葉。☞久米仙人。

ぜんひ【善婢】姿のこと。播磨国（現兵庫県）の地誌で、『播磨国風土記』にある言葉。

せんぶ【蟬附】セミが木に止まっている姿。『房内篇』で説かれた九法（9つの体位）の第四。「女を俯けに伏せさせ、男はその上に伏して玉茎を深く挿入する。少し尻を上げて女自身に赤珠（小陰唇のこと）を触らせながら、69、54回行う…」

せんぼう【専房】妻妾が寵愛を独占すること。『新撰朗詠集』に「匂は唐帝の専房の女に同じ」とある。同書は平安時代に編さんされた朗詠用の詩歌集。

ぜんぼう【染法】7世紀頃に成立した『大日経』にある言葉で、愛欲、情欲、欲情のこと。

せんや【専夜】妻や妾が一夜、1人で寵愛されることで、『礼記』にある言葉。こういう言葉が使われていたことから推察すると、一夜に2人3人の女性が相手を務めることが通例だったと思われる。

ぜんや【前夜】『長阿含経』にある言葉で、初夜のこと。

そいぶし【添臥、副臥】①男女が寄り添って寝ること。共寝、同衾。②、①の中でも東宮や皇太子が元服した夜に、性的関係の相手を務める役の女性。平安時代には、東宮や皇太子は十代初めの未経験な少年だったから、その相手は年上で男性経験を持つ女性が選ばれることが多く、後に后となる例が多かった。『源氏物語』（紅葉賀）に用例がある。☞衾覆（ふすまおおい）。

そう【添う、沿う】男女が結婚して夫婦になる。連れ添う。『大和物語』に用例がある。

そうあい【相愛】男女がお互いに愛し合うこと。紀元前200年頃成立した『七処三観経』から出た言葉。

ぞうあい【憎愛】憎むことと愛すること。愛憎。空海著の『三教指帰』に「離憎愛執」とある。「憎しみを離れ、愛に一生懸命になる」という意。

そうか【相加】相生、相克とともに占いで重要な相性の一つ。男女が土、火、木、金、水のとれかの性で同じ場合をいう。

ぞうか【造化】男女の交合によって生命が誕生すること。古代中国の考え方から作られた言葉。

そうけい【孀閨】やもめの女性の居室。中国の白居易の詩から出た言葉。日本ではやもめ、未亡人の意で「孀婦」が使われた。菅原道真の漢詩集の『菅家後集』で使われている。

ぞうげい【雑芸】平安時代に流行した歌謡の中で、とくに「今様」と呼ばれるもの。『梁塵秘抄』に「遊び（遊女）の好むもの、雑芸・鼓・こはし舟」とある。☞梁塵秘抄。

そうこうのつま【糟糠の妻】貧しい時から連れ添って、苦労を共にしてきた妻。『後漢書』から出た言葉。

そうし【相思】互いに恋い慕うこと、相惚れ。『和漢朗詠集』にある。

ぞうしゃく【贈芍】芍薬の花を贈るという意味で、男女が愛情を示し合うこと。『詩経』にある言葉。

そうちゅうのよろこび【桑中之喜】『詩経』にある言葉で男女の不義の喜び。古代の中国では、桑の木のある岸辺に男女の仲を取り持つ女の神様（高禖）がいるという信仰があり、その神前が歌垣の場にもなっていた。『隋書』で使われている。☞歌垣。

そうにりょう【僧尼令】大宝律令で定められた僧侶と尼僧に関する取締規則。僧侶の住居に一般女性を、尼僧の住居に一般男性を泊らせてはならないとか、僧が尼寺に入ったり、尼が僧の寺に入ってはならないなどと定めている。酒を飲み、肉を食べ、五辛を摂取してはならないという項目もある。酒を飲んだり肉を食えば性欲が

亢進されるし、五辛（ニンニク、ニラ、ネギ、ラッキョウ、ハジカミ）も強壮剤だからダメというもの。

そうび【蒼美】美しく艶やかな髪。『古今著聞集』に「（さる大臣の娘が）蒼美落として、いよいよ往生浄土のつとめ念ごろ也」とある。

そうふれん【相夫恋】雅楽の曲の一つで、男性を慕う女性の恋情を歌ったものとされている。本来は「相府蓮」と記し、晋の大臣邸の蓮を歌った曲であったが、「相府」と「想夫」の音が通じることから恋歌とされるようになった。

ぞうもつ【雑物】女性のための秘具のこと。『日本紀略』に「道鏡が称徳天皇の陰部に挿した雑物が抜けなくなった」との記述がある。☞**孝謙天皇、道鏡**。

そうもん【瘡門】『倶舎論』にある言葉で、男女の性器のこと。

そうもんか【相聞歌】恋歌。『万葉集』で「相聞」に分類されている歌。そのほとんどは男女の恋愛感情を歌ったものであるところから相聞歌＝恋歌という図式が定着した。

そく【触】①肌触り、手触り。②『理趣経』にある言葉で、男女の接触・抱擁。犯すこと。

ぞくうらしまこのでんき【続浦島子伝記】浦島太郎の伝説をまとめた物語で、延喜20年（920年）に成立。そこで

は蓬莱山における浦島太郎と仙女のベッドシーンが次のように描かれている（現代語訳は三浦佑之『古事記学者ノート』による）。「仙女の白い肌を抱いて、2人は一つのベッドに入り、玉のような体を撫で、細い腰をやさしくいたわり、その美しさを口にしながら、交わりの限りを尽くした。…その押したり引いたりするさまや伏して抱き合う姿というのは古の尊い教えの通りであった」☞**龍宮**。

そくしつ【側室】貴人の妾、そばめ。正室の対。『春秋左氏伝』から出た言葉。

そくはいぜんきゃく【側背前却】『房内篇』で体位の解説の冒頭に上げられた三つの原則うちの3番目で、横、後ろ、進む、退くの形。

そくよく【触欲】女性の肌、女性の肌や衣服などに触れたいという欲望。

そしつ【素質】色白の肌、とくに女性の白く美しい肌をいう。『抱朴子』にある言葉で、『万葉集』794にも用例がある。

そしゅ【素手】白い手、美人の手のこと。『経国集』にある言葉。

そじょ【素女】紀元前数千年前に房中術（性のテクニック）を極めたとされる女性。☞**素女経**。

そしょうしょう【蘇少少】5世紀に斉の国の教妓楼という妓楼にいた遊女。中国の代表的な遊女といわれ、杭州市

にあるお墓には今でもお参りする人が絶えない。

そじょきょう【素女経】中国の初代皇帝黄帝と素女の房中術に関する問答を記したといわれる書で、紀元100年から200年頃に成立した。☞素女。

そそめく　ウキウキとして気持ちが落ち着かないこと。『宇津保物語』に用例がある。

そそる【唆る】①遊里を浮かれて見歩くこと。中国の南宋時代に書かれた『通志』からでた言葉。②そそのかす、あおり立てる。主として遊興を勧める場合にいう。『色葉字類抄』にある言葉。

そだい【楚台】楚の襄王が夢の中で神女と契りを結んだという宮殿。平安時代の男にとって憧れの場面だったのか『文華秀麗集』や『本朝文粋』などでも引用されている。

そだだく【そ擁く】手で抱く、愛撫する。『古事記』（歌謡3）に「若やる胸を曽陀多岐（そだだき）ただきまながり」とある。

そでにつくすみ【袖に付く墨】平安時代には人から恋い慕われる時は自分の袖に墨が付くという俗信があった。そこから恋い慕われる兆しのこと。『奥義抄』に「人に恋せらるる人は袖に墨付く」とある。

そでぬるる【袖濡るる】『源氏物語』（紅葉賀）で、不倫の恋を強調する表現として用いられている。泥沼に足を踏み入れて袖まで濡れるような感じ。

そでをかえす【袖を返す】袖口を折り返して裏側を表にすること。こうして寝ると、自分の姿が思う相手の夢に見える、相手が自分の夢に出てくるとされた。『万葉集』2812に用例がある。

そでをかたしく【袖を片敷く】共寝の時は2人の袖を重ねるのに対して、自分の袖だけを敷く、すなわち独り寝の表現。『万葉集』3625に用例がある。

そでをかわす【袖を交わす】男女が互いに袖を敷き交わして寝ること。性的関係を表す。平清盛の父平忠盛の歌集に「袖交はす人なき旅の草枕露も涙もところせきかな」という歌がある。「袖続く」ともいう。

そとおりひめ【衣通姫】『古事記』、『日本書紀』に登場する伝説の女性で、『古事記』では允恭天皇の皇女軽大皇女の別名とされる。衣を通して肌の美しさが輝いて見えたことからこう呼ばれた。同母の兄軽太子との近親相姦の罪により、兄は伊予（現愛媛県）に流された。彼女も後を追い、当地で心中したとも伝えられる。☞軽皇子。

そねまし【嫉まし】妬ましい、憎らしい。嫉むの形容詞形。『今鏡』に「おほかたもそねましき御こころの深くおはしましけるに」とある。

そばばら【妾腹】妾の子の意。『漢書』

陰嚢の大きな僧侶と陰嚢を指さす男（「異本病草紙」）。

から取られた言葉。

そび【陰㿉】陰嚢が脹れる病気。または病気で膨れ上がった陰嚢。『令義解』に説明がある。

そめひめ【染姫】秋の紅葉を司ると言われる女神。『輔親集』に染姫を歌った歌がある。同書は平安時代の貴族で、三十六歌仙の1人大中臣輔親の家集。

そらうたがい【空疑い】（妻が）なんの根拠もなく夫の浮気を疑うこと、邪推。『今昔物語』に用例がある。

そらた【蘇羅多】八世紀に成立した『大楽金剛不空真実三昧耶経般若波羅蜜多理趣釈』にある言葉で、男女が互いに楽しむこと。妙適。

そらなるこい【空なる恋】実り少ない恋。『古今集』579に「五月山の梢の高いところでほととぎすが鳴いている、空しい恋をしているのだなあ」という意味の歌がある。作者は紀貫之。

そらはずかし【空恥ずかし】わけもなく恥ずかしいさま。『源氏物語』（若菜下）に用例がある。

そわか【薩婆訶】『沙石集』にある言葉で、真言や陀羅尼の最後に添えて言う言葉。願いが成就することを祈るという意味がある。転じて女と関係すること。

コラム③　天御柱考

　イザナギ命とイザナミ命が天御柱を一回りしてからまぐわった（セックスした）というエピソードは、日本人にはよく知られたところである。

　しかしこの話には二つの疑問がある。第1にまぐわうのに、なぜ柱を回るのかということ、さらにイザナギが左回り、イザナミは右回りとあるが、この回り方にどんな意味があるのかという点である。

　この疑問を解きたいと、いくつかの資料に目を通した。選んだのは『古事記』が岩波書店「日本古典文学体系」、朝日新聞社「日本古典全書」、小学館「完訳日本の古典」、同じく「新編日本古典文学全集」、新潮社「日本古典集成」の5種類と、岩波書店「日本思想大系」の『古事記』である。一方、『日本書紀』の方は「日本古典文学大系」と「日本古典全書」及び「新編日本古典文学全集」の3点を参考にした。「完訳日本の古典」と「日本古典集成」には『日本書紀』が含まれていないので、この3冊になったのである。

　第1の疑問については「新編日本古典文学全集」の『日本書紀』（校注者小島憲之ほか）に次のような記述がある。
「柱を回って性交することは穀物豊饒の予祝儀礼で、中国雲南省の苗族の〈豊饒の柱。山上に立柱の周囲を男女が廻り舞い、性的な歌を歌う〉の習俗、東日本の小正月の日に夫婦が囲炉裏の周囲を回りを（裸で）回る習俗など、今も例が多い」

　苗族は人類草創期の歌垣（本文参照のこと）の風習を今に伝える少数民族だが、この習俗は歌垣と関わりがあるのだろうか。が、残念なことに説明はそこで止まっている。

　右回り・左回りの意味については学者の間でもわかっていることがほとんどないようだ。ここでは「日本古典文学大系」の『日本書紀』の補注（坂本太郎）を紹介する。これを選んだのは定説がない中で、さまざまな説を取り上げていることに注目したものである。

坂本はまず男神左旋、女神右旋の思想は624年、唐時代の中国で成立した『芸文類聚』という文学辞典に採録されている話であると指摘している。これが中国で男尊女卑の思想が確立されたことの表れだという。

　しかし、それがそのまま日本に持ち込まれたわけではない。なぜなら当時の日本は男女がセックスして人口増加をはかることが国家の第一条件とされていたから、そういう状況下ではより多くの出産を勧めるために、「産めよ増やせよ」と国民に対して檄を飛ばしていたはずだというのである。その根拠として坂本は『日本書紀』の冒頭に「陽神の曰く〈妹は左より巡れ、吾は右より巡らむ〉」という記述のあることに注目している。すなわち最初は男が右で、女は左回りとされたが、蛭子が生まれるなどの失敗に終わったので、「反対回りで頑張りましょう」と励ましているというわけである。

　ただ坂本自身、自分の意見にあまり自信がなかったらしく、別の意見として性科学者の安田徳太郎の意見を紹介している。それによると、古代中国には『洞玄子』と呼ばれる性の指南書があり、紀元500年以前に成立していた。実物は中国にも残っていないが、平安時代に日本で成立した『医心方』に、『洞玄子』の教えが引用されている。
「天は左にめぐり、地は右にまわっている。……男性は上から下の女性を衝き、女性は上の男性に身体をぴったり合わせるべきである」

　これが男性上位での結合を意味していることは明らかである。要するに「左旋右旋」という部分だけ抽出するから分かりにくいが、その後に続く文句とセットになっているというわけである。

　もっとも坂本はこの意見にも賛成というわけではない。なぜなら法隆寺が創建されたのは607年、その金堂の落書きに女性上位の性交図が描かれている。落書きが庶民のものとすれば、それは当時の社会では男性上位よりも、女性上位の関係が一般的だった可能性を示唆しているかも知れないというのが坂本の疑問である。要するに『記紀』が誕生して1300年、日本の歴史はまだまだ疑問がいっぱいなのである。

た

たあい【多哇】淫らな声を多く発する女性。紀元前後の儒者揚雄の『法言』にある言葉。

たい【胎】『准南子』にある言葉で①母胎。②懐胎する、孕んで育てること。

たいいんじん【大陰人】陰茎の大きな男。呂不韋は秦の宰相で、皇帝の荘襄公亡き後、太后と密通していたが、太后は淫乱で、呂不韋一人では不満だったところから、巨大なペニスを持つ男を宦官を装って宮廷に送り込んで太后の相手をさせた。男は大官に取り上げられたが、後に車裂きの刑に処せられた。『史記』にある言葉。

だいきちじょうてんにょ【大吉祥天女】古代のインドや密教で幸福と美の天女。

たいきょう【胎教】妊娠中の女性が正しい行動をすることによって、胎児によい影響を与えるようにすること。『列女伝』に「(文王の母は身ごもった時に)悪色(男女の淫らな交わり)を見ず、淫声を聞かず奢った言葉を口にしないよう努めた」とある。

たいこう【大行】便通、便秘のこと。平安時代の公卿の日記である『小右記』に「(藤相公は)大行通ぜず。内外の祈禱、其の験なきに似たり」とある。

たいごく【胎獄】『観経疏』にある言葉で、母胎内にある者が体内にあることの意味を獄にたとえたいい方。

だいしょう【大小】『正法眼蔵』にある言葉で①大便と小便。②大便と小便の排泄される場所、すなわち肛門と尿道口。

たいしんぎょくひ【大真玉妃】唐の玄宗皇帝の夫人楊貴妃のこと。玄宗皇帝の息子の妻だった貴妃を我が物にしようとした皇帝は、世間体を取り繕うため貴妃を女道士とした。大真玉妃はその時の名。

たいぞう【胎蔵】『観経疏』にある言葉で、①母胎、子宮のこと。②胎児。

たいのかた【対の方】寝殿造の屋敷で対屋に住む女性。貴族の妻として北の方に次ぐ待遇を受けている女性を指す。『源氏物語』(薄雲)に用例がある。

だいゆい【大遺】ヒンズー教の経典の『金七十論』にある言葉で、肛門のこと。

だいらく【大楽】仏教用語で男女の交わりにおける最高の快楽。エクスタシー。真言宗の最重要経典の一つである『理趣経』の中の「十七清浄句」で説かれている。☞『理趣経』。

たいらのよしかぜ【平好風】平安時代の貴族で、当代随一の色好みといわれた「平中」こと平貞文の父親。た

だし好風も破天荒な色好みとして知られ、さまざまな宴会の記録として知られる『競狩記』に宇多天皇が開いた宴会での行状が、こう記されている。「遊女数人、入り来りて坐す。好臣（好風のこと）、その懐を探り、口を吸い、卑猥な言葉を連発す」。文中の「口を吸い」はキスの最古の記録という。☞平中。

たえはつ【絶え果つ】 関係が途切れる。男が女のもとに通わなくなること。『後撰集』に用例がある。

たおたおと ほっそりとしなやかな女性の形容。『源氏物語』（夕顔）に夕顔のことが「細やかにたをたをと」とある。「たはたは」ともいう。

たおやめ【手弱女】 なよなよと優美な女性。「たはやめ」ともいう。『古事記』に「我が心清く明し、故、我が生める子は手弱女を得つ」とある。理想の女という意味も含まれ、天岩戸の伝説で知られる天宇受売命も「神代記」で「たをやめ」と呼ばれている。また『万葉集』では男らしさを表す「益荒男」の対語として用いられている。

たおる【手折る】 女性の純潔を奪う。処女と関係する。『神楽歌』の中で使われている。

たきぎ【薪】 紀元前の中国で男女が結合することの婉曲的な表現。『詩経』に採られた詩で使われている。

さらに茨、蓬（よもぎ）、蒲（がま）の束も同じ意味で使われている。☞林。

だきにてん【荼枳尼天】 インドのヒンズー教の女神カーリの侍女で、人肉を食べる夜叉。神通力によって人の死を六か月前に知ることができ、その心臓を食ったとされる。髪を振り乱し、牙をむき出しにした口からは血を滴らせ、人の生首をつなぎ合わせた首飾りをしていたという。現世における地位や財宝を求める人々に侵攻され、平安時代末からは本体を狐とみなす見方も広がり、稲荷信仰とも結びついた。

たくたい【託胎】 仏教用語で①母胎に宿ること。②釈尊が白象に乗って兜率天から下り、摩耶夫人の右脇から胎内に入ったというエピソードのこと。摩耶夫人のエピソードを記述した『立世阿毘曇論』にある言葉。☞出胎。

たけとりのおきな【竹取翁】 かぐや姫の伝説で知られる老人。別の伝承によると、竹取翁は野遊びの場で、野草を摘む九人の仙女と出会って和歌を交わし、性的な関係を持ったことが暗示されている。☞かぐや姫。

たけのさけめ【竹の裂け目】『カーマ・スートラ』で紹介されている性交体位の一つ。女が男の肩に片足を乗せ、他の足を伸ばしながらペニスの伸縮を交互に繰り返す。☞『カーマ・スートラ』。

カーマ・スートラをテーマとした絵画

だたい【堕胎】4世紀頃に成立した『人本欲生経註』にある言葉で、母胎に宿ること。妊娠。ほかの生を終えた者が新たに次の生を受けるために母体内に入るという考えに基づくもので、輪廻の思想からきた考え方。

ただならず【只ならず】体調が尋常でないさま。妊娠していること。『宇津保物語』に用例がある。

ただぶみ【只文】恋文ではなく、時候の挨拶や仕事上の手紙などのこと。平安時代には「恋文ではない」と断るほど恋文のやりとりが盛んだった。『和泉式部日記』に用例がある。

たちおどる【立ち踊る】立って跳ね回る。踊りながら法悦の境地に達するような激しい踊りをいう。『今昔物語』に用例がある。

たちかわりゅう【立川流】真言密教の一派で平安時代の末期に成立。男女

「立川流敷曼荼羅」

踊る僧侶（「異本病草紙」）

の交合の快楽こそ生きた身で成仏することだと唱え、男女交合図の曼荼羅の前で交合し、その愛液と漆を髑髏に塗りつけたものを本尊とした。

たちならす【立ち馴らす】『万葉集』2951に「海石榴市の八十の衢に立ちならし結びし紐を解かまく惜しも」と使われている。「歌垣の場で知り合ったあの子の下着の紐をなんとか解きたい、凸凹の土地が平らになるまで歩き回っても」という意。

たちまつ【立ち待つ】立ったままで恋人の訪れを待つこと。『古今集』に用例がある。

だっき【妲己】殷の紂王の妃。紂王とともに淫楽に耽り、人民に対する残虐行為を好んだ。

紂王と妲己

たつな【立つ名】恋の噂が立つこと。

『後撰集』に用例がある。

たてまつる【奉る】貴人のところへ自分の娘などを侍女や妻妾として差し出すこと。『竹取物語』に「なんじが持ちて侍るかぐや姫奉れ」とある。

たねもらいまつり【種もらい祭り】子のない女性が子種をもらうため見知らぬ男性と雑魚寝する祭り。京都・宇治市の県神社、静岡・伊東市の音無神社などが有名。県神社ではぎんかり、音無神社では尻摘み祭りともいう。☞ぎんかり、暗闇祭り。

たのめたるおとこ【頼めたる男】和泉式部の歌の詞書にある語で、来ることを約束していた男。

たまあう【魂合う】男と女の魂が一つに結ばれる。『万葉集』3000に「霊合ば相寝るものを小山田の鹿猪田守るごと母し守らすも」という歌がある。「心が通ったらあなたと共寝をするのに、鹿や猪が荒らす山の田を見守るように母が監視していることだ」という意。

たまくら【手枕】①他人の腕を枕にして寝ることで、男女が共寝していることを表す。②恋人がいないため、自分の腕をまくらにして寝ること。『赤染衛門集』に「かわくまもないひとり寝の手枕にあやめの根を…」という歌がある。

たまずさ【玉梓】霊魂を招き留める呪力を持った梓の意。使者に女性あ

ての恋の手紙を届けさせる時、言霊が漏れ出ないように梓の枝に結わえたことによる。「玉梓の」は恋にかかる枕詞。

たまだすき【玉襷】 襷が交差して絡み合うように男女の思いが食い違うという意味で使われることが多い。

たまつくりのこまちそうすいしょ【玉造小町壮衰書】 絶世の美女で栄華を尽くした女性が、王妃になることを夢見て多くの求婚を退けていたが、ついに零落して猟師に嫁いだ。しかし夫や子どもにも先立たれ、老醜を晒して生きていたという説話。平安時代の作で、一説に空海作という。

たまで【玉手】「手」の美称。共寝する相手への思いを込めて使われた。『万葉集』1520 に「ま玉手の玉手さしかへあまた夜もい寝てしかも…」という表現がある。

たまなおとめ【珠名娘子】 上総国（現千葉県）にいたといわれる淫らな女。『万葉集』1738 によれば珠名は「豊満な胸を持ち、腰は蜂のようにほっそりしている。通りすがりの男にしなだりかかるので、男たちは自分の行く道を忘れて誘い込まれた」という。

たまむすび【魂結び】 体から遊離する魂を体に結び留めておくこと。古代人は人を強く求めたり、恨んだりすると睡眠時に魂が体から抜け出してその人のもとに行くと考えた。それを止めるまじない。

たまも【玉裳】 裳の美称で、処女の裳をいう。『万葉集』4452 に「乙女らが玉裳の裾を引っ張りあいながら戯れている」という歌がある。

たまも【玉藻】 処女の髪のたとえ。『大和物語』に「吾妹子の寝くたれ髪を猿沢の池の玉藻とみるぞかなしき」とある。

たまよりひめ【玉依姫】 大物主命の妻で、神武天皇の母親と伝えられる。山城国（現京都市南部から奈良県）の地誌である『山城国風土記・逸文』によれば「丹塗矢」（後背位のこと）によって妊娠したという。☞丹塗矢（にぬりや）。

たもろ 女陰の別称。『催馬楽』で上げられている女陰の俗語の一つ。☞『催馬楽』。

たや【他屋】 ①女性が月経や出産の時に籠る別棟の小屋。②転じて月経の事もいう。左大臣藤原頼長の日記『台記』に用例がある。

たよたよと しなやかなさま。美人のなよなよとしたさま。

たりよ【足り夜】 満ち足りた時間。性的な関係の後の時間。性的に満足した夜の表現。『万葉集』3280 に用例がある。

たる【足る】 ①十分に満たされている状態をいい、性的に満足した夜の表現。『万葉集』3820 の歌の一節に

「実際にはあなたに会えないけど、夢だけでも会えると思うから、年に一度の天の原での夜も満足（足る）できるのです」とある。②美女のこと。

たれあま【垂れ尼】高貴な女性が出家するとき、髪を肩のあたりできりそろえた形。髪が垂れ下がっているので垂れ尼といい、正式な尼とはみなされなかった。『台記』に用例がある。

たわく【戯く】妻以外の女性を犯すこと、不倫・強姦。『日本書紀』に用例がある。

たわぶれあそび【戯れ遊び】ふざけ半分の言動。『宇津保物語』に「ある限りの君達は足を乱りてたわぶれ遊びをし給ふ」とある。

たわる【戯る、淫る】異性に対して淫らな接し方をすること。色っぽく振る舞うこと。『新撰字鏡』にある言葉。

たわれ【戯れ】色恋に耽ること。『梁塵秘抄』に「若い時にはずいぶんと色恋の遊びに溺れたものだ」という意味の歌がある。

たわれお【戯れ男、蕩子】女遊びの好きな男。放蕩な男。『漢語抄』に「蕩子、太波礼乎（たわれお）」とある。

たわれな【戯れ名】浮気者（という噂）。曽根好忠の『好忠集』でこの表現が用いられている。

たわれね【戯れ寝】男と女が戯れに共寝すること。曽根好忠の『曽丹集』に用例がある。

たわれびと【戯れ人】浮気者、淫らな人。『栄花物語』に「対の御方、いと色めかしう、世の戯れ人にいひ思はれ給へるに」とある。

たんいん【誕淫】思う存分、淫らなことに耽ること。『史記』にある言葉。中国の三国志の一つの『魏志』には同じ意味で「耽淫」という言葉も使われている。

たんかのくちびる【丹花の唇】赤い花のように美しい唇。男性を魅了する唇。『往生要集』に用例がある。

だんき【断棄】『法句経』にある言葉で、愛欲を断ち切ること。

たんけつ【丹穴】『洞玄子』にある言葉で、女性の陰部のこと。

たんけつほうゆう【丹穴鳳遊】『房内篇』で説かれた三十法の第25で、丹穴（女陰）の中で雄の鳳凰が遊ぶ。「女を仰向けに寝かせて、自分の両手で脚を持ちあげさせる。男は女の後ろにひざまずき、両手を床の前方について体を支え、玉茎を丹穴に挿入す

る。

たんじゃくよくらく【耽著欲楽】『書経』にある言葉で、快楽に耽けること。愛欲の生活に耽けること。

だんしゅう【断袖】男色。男色の相手の少年に対する愛。紀元前の漢の時代に、哀帝は寵愛する董賢と昼寝をした時、帝の衣の袖を下に敷いて眠っている董賢が目覚めるのを恐れて自分の衣の袖を切り取って起きたという。男色を好むことを断袖癖ともいう。☞餘桃の罪（よとうのつみ）。

だんじょこんいんふ【男女婚姻賦】藤原明衡撰の『本朝文粋』に収められたポルノグラフィックな戯文で、作大江朝綱。

たんしんしゃくくようかい【嘆身索供養戒】東大寺の僧が1268年に著した『八宗綱要』にある言葉で、自らをほめることにより、女性が自分に愛着し、婬心を持って供養するように仕向けることを戒めること。

だんずほう【断頭法】『五分律』にある言葉で、比丘（出家）が犯してはならない四つの波羅夷罪、邪婬、偸盗、殺生、妄語を指し、「この罪を犯すことは人が頭を絶たれれば再生できないことに似ている」と説いたもの。

だんちょう【男寵】男色の相手を寵愛すること。中国で西晋時代（265〜316年）に男色が流行、その頃生まれた言葉という。☞艾（がい）、鶏姦、

男色、芝蘭（しらん）の契り。

たんのうにょ【堪能女】「四婆羅夷」（『律蔵』の一部）にある言葉で、さまざまな婬事を経験した女性のこと。

だんび【断鼻】夫の死後、再婚を勧められた女性が夫への愛の証として、鼻をそいでしまうこと。『魏志』にある言葉。

たんめん【耽湎】『長阿含経』にある言葉で、愛欲に耽り溺れること。耽欲も同様。

ち【乳】乳房及び乳首。平安時代後期の史書で、四鏡の一つの『大鏡』に「御胸を引き開けさせ給ひて乳をひねり給へり」とある。

ちあれ【血荒れ】女性が妊娠中にかかる病気で、妊娠7、8か月頃に腹が痛み、血塊がいくつも下りること。平安時代の医学辞典の『大同類聚方』にある。

ちかおとり【近劣り】遠くで美人に見えた女性を近くで見ると、大したことなかったという意。奈良時代の歴代天皇の歌を集めた『奈良御集』にある言葉で、近勝（ちかまがり）の対。

ちかちかし【近近し】男女が親しい関係にあること。『落窪物語』に用例がある。

ちぎり【契り】①男女間の愛の誓い。『古事記』の中で、ヤマトタケルが東征の途中で、尾張国の美夜受比売と性的な関係の約束をしたことが「期

（ちぎり）」と記されている。②男女の交わり、共寝をすること。『源氏物語』（松風）に「月に再びばかりの御契り」とある。契るはその動詞形。

ちくしょう【畜生】『五分戒本』にある言葉で、性質が愚癡で貪欲、婬欲だけをもち、父母・兄弟の区別なく害し合う生き物のこと。

ちご【稚児】天台・真言宗の格式ある寺院で、一山の寵愛を受けた少年。貴族や武家の出で学問を教えられながら高僧に給仕していたが、同時に衆道の対象とされた。『宇治拾遺物語』で使われている。

若い僧侶が稚児の肛門をなめ、稚児がお返しに僧侶にフェラチオをしている（「稚児の草子」）

ちごかんじょう【稚児灌頂】天台宗で高僧が得度したばかりの少年僧を稚児として愛する儀式のこと。その式次第（段取り）が「弘児聖教秘伝」。☞**弘児聖教秘伝（こうちごしょうぎょうひでん）、法性花（ほっしょうのはな）、無明火（むみょうのひ）。**

ちしょうのれい【置妾の令】王侯の妾の数を定めた中国・東魏の法令。皇族の元孝友が制定したもので諸王8

人、郡君侯6人、官品（官吏）第一品第二品は4人、第三第四は3人、第五第六は2人、第七第八は1人。元によれば「男が妻との間に快楽を得ることができなければ男はその快楽を外で求めようとする。それを防ぐのが目的」と。

ちどう【池堂】諸橋轍次の『大漢和辞典』に古代中国で混浴の風呂とある。

ちゃくさい【嫡妻】第一の妻。唐の令制では妻は嫡妻、次妻、妾などと区別されていた。その令制に習った呼び名。ただし古代の日本では複数の妻がいる時、彼女たちの間に制度的な区分は存在していなかった。

ちゃくたい【着帯】妊婦が妊娠5か月目に胎児を正常な位置に保つため岩田帯を締めること、及びその儀式。一説によれば間引を恐れるためだったという。平安時代末期の内大臣中山忠親の日記『山槐記』に用例がある。

ちゅうこう【中冓】夫婦の睦言。『詩経』にある言葉。

ちゅうこう【偸香】香りを盗むという意だが、転じて不倫、私通のこと。『晋書』にある言葉。

ちゅうびゅう【綢繆】男女が睦みあうこと、またそのさま。空海の出家宣言の書といわれる『三教指帰』にある言葉。

ちゅうぼう【中棒】ちんぼうの古形で男根のこと。『古今著聞集』に「年は

寄りたれども、ちゆうほうは六寸ばかりにて、若者よりは強かにしたりつる」とある。

ちよ【千夜】千の夜。どんなに愛し合っても、まだ愛し足りないという思いの表現で使われることが多い。『伊勢物語』に「秋の夜の千夜を一夜になせりとも…」という歌がある。

ちょ【著】恋い焦がれること。恋をむさぼる、または迷うことで用いることもある。『遊仙窟』にある言葉。☞コラム⑤⑥。

ちょうあい【寵愛】君主が臣下や妻妾を特に気に入って愛すること。『続日本紀』に「時に道鏡、常に禁掖（宮中のこと）に侍して、甚だ寵愛せらる」とある。

ちょういん【聴淫】淫らな話を聞くこと。『漢書』にある言葉。

ちょういんぼう【長陰方】『洞玄子』にある言葉で、男性の陰茎を長くする薬。

ちょうき【調飢】調は朝。朝の激しい性的な欲求のこと。『詩経』で使われている言葉。☞薪（たきぎ）、秣（まぐさ）、睢鳩（みさご）。

ちょうごんか【長恨歌】唐の白居易作の漢詩。玄宗皇帝に寵愛された楊貴妃は栄華を極めたのち反乱により落命した。悲しみに沈む玄宗が修行者を蓬莱に派遣したところ、楊貴妃の霊が現れて、比翼連理の誓いを伝えたという一大叙事詩。ただし詩では漢の武帝と李夫人の物語に置き換えられている。平安時代以降、日本の文学に大きな影響を与えた作品として知られる。

ちょうじゃ【長者】平安時代の遊女集団を統率した女性。『遊女記』に「神崎は河菰姫を長者となせり」とある。女性のリーダーを長者と呼んだ理由について『角川古語大辞典』では、宿駅の女主人の意から出たのではないかと想像している。

ちょうせいでん【長生殿】唐の都・長安の御殿で、玄宗皇帝と楊貴妃が初めて契りを交わしたところ。

ちょうひえん【趙飛燕】漢の成帝の寵姫。趙は身分の低い踊り子だったが、舞が上手で飛燕と呼ばれていた。その

趙飛燕

踊りがお忍びで街に出た成帝の目に止まり宮中に召された。ところが飛燕は夜な夜な成帝の寵愛を求めるところから、帝は精根尽き果てて死亡したという。飛燕のエピソードは白居易の詩『宮中行楽詞』で歌われている。

ちんぎょらくがん【沈魚落雁】絶世の美人の表現。魚は川の底に隠れ、空からは雁が落ちてくるほどの美人という意で、紀元前300年頃にできた『荘子』にある言葉。

ちんこ【珍古】陰茎の小児語。『伊勢物語』に「めめっことちんこが井筒のぞいてる」とある。

ちんみょうとう【陳妙登】宋時代の女性。明帝の妃として寵愛されたが、まもなく部下に下げ渡された。その後、再度妃として迎えられたが、またも王子の一人に下げ渡された。『宋書』で紹介されている話。

ちんめん【沈湎】常軌を逸するほど飲酒や女遊びに耽けること。『類聚三代格』や『小右記』に用例がある。

つうか【通家】婚姻によって親しくなった家。菅原道眞が編さんした漢詩集の『菅家文草』で用いられている。

つうず【通ず】異性と交りを持つこと。『今昔物語』に「この家娘なりけりと思ふに嬉しくてその夜通じぬ」とある。

つかい【使い】よそへ出かけてゆき、伝言すること。またその人の意。古代には男が女に会いに行く日や、女から男への伝言は使いを通して行われた。

つかいびと【使い人】身近に使う者、実質的な側女もいう。

つかう【使う】夜の相手をさせること。寵愛すること。『伊勢物語』に「昔、おほやけおぼして使い給ふ女へ…」とある。

つき【月】月のもの、月経。月の満ち欠けに関係があるとされていたことからいう。『古事記』に「我がけせる（着ている）襲（おすい）の裾に都紀（つき）立たなむよ」（あなたが着ている襲の裾に経血がつくでしょうの意）。「さわり」、「月の障り」ともいう。☞月の障り。

つきにひにけに【月に日に異に】月ごと日ごとに、月日が経つにつれての意。思慕の念が日毎に募ることの表現。『万葉集』698に「…吾は恋ひまさる月に日に異に」という歌がある。

つきのさわり【月の障り】月経。月経は神詣でもダメとされた。和泉式部の「晴れやらぬ身の浮き雲のたなびきて月の障りとなるぞ悲しき」という歌は熊野詣でに出かけた先で月経になったことを嘆いた歌。

つきよ【月夜】古代には月夜は男女の逢い引きの時とされ、男女の逢瀬を詠んだ歌は多い。

つくしつび【筑紫つび】つびは女性器の

こと。『古今著聞集』第16、第25に「つびはつくしつびとて第一の物といふなり。…まらは伊勢まらとて最上の名を得たれども、我が物はちひさくよはくて、ありがひなき物なり」という記述がある。☞伊勢魔羅。

つくばやま【筑波山】常陸国にある山で、古くから嬥歌（歌垣と同じ）の場として知られ、その歌枕として使われた。筑波嶺も同じ。『万葉集』4369に「筑波嶺の小百合の花の夜床にもかなしけ妹ぞ昼もかなしけ」という歌がある。☞歌垣。

つち【土】人の容貌や化粧が醜いこと。「土でも塗ったよう」から転じたもの。『源氏物語』（蜻蛉）に「御前なる人は誠につちなどの心地ぞする」とある。

つばきち【海石榴市】奈良県桜井市の地名で、地方の中心道路の交差するところ（八衢＝やちまた）、ここには椿が植えられていたからこの名になった。市が立つと同時に歌垣の演じられる場として親しまれ、『万葉集』3101には「紫は灰指すものそ海石榴市の八十の衢に逢へる子や誰」とある。女を紫に、男を灰に例えて、女は男を知ってこそ美しくなるものだと口説いている歌である。

海石榴市（奈良県桜井市）にある歌碑

つび【開】女性器のこと。『色葉字類抄』に「ツビ。玉茎・玉門の通称なり」とある。また『和名類聚抄』には「閉を以って男陰とし、開を以って女陰となす」ともある。

つびくそ　精液のこと。『色葉字類抄』に「精液。つびくそ。交接の時精液流漾」とある。

つびしらみ【陰虱】毛じらみ。『病草紙』に「陰毛に虫ある女あり。これをば陰虱という」とある。

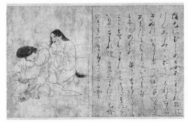
陰虱をうつされた男「病草紙」

つぶろさし　佐渡に伝わる性の奇祭。巨大な男根棒（つぶろさし）を股間に付けた男役が女役に関係を迫るもので、平安時代、京都の祇園祭の屋台で演じられていた寸劇が佐渡に伝わったもの。

佐渡の奇祭「つぶろさし」

つま【妻】①配偶者、夫婦や恋人の間で互いに相手を指す言葉。上代の東国地方では妻と書いて「み」と読んだ。②牡鹿は雌鹿と共寝するときに萩を褥にするといわれるところから、萩のことを妻に見たてて妻という。

つまがり【妻許】妻のもと、男が通う女の家。『万葉集』2361に「恋人のもとへ行くのだから橋を渡る時は足飾りをつけて渡ろう」という意味の歌がある。

つまご【妻籠】妻が籠っている屋。『万葉集』135の長歌に妻籠を歌った歌がある。

つまさだめ【妻定め、夫定め】妻または夫を定めること。平安時代後期の歌論書『俊頼髄脳』に用例がある。

つまどい【妻問】求婚すること、男女が相手を求めること。妻問ふの名詞形。『万葉集』1801の長歌に「いにしへのますら男のあひ競ひ妻問しけむ…」とある。

つまや【妻屋】妻問いで訪ねてくる男を迎えるための小屋。夜這いにきた男性を迎えるために一夜妻が籠るところ。女の家の母屋のそばに設けられていた。夫婦の寝室の意でも用いられる。『万葉集』210の長歌に用例がある。☞伏屋。

つまわかれ【妻別れ】妻と別れること。関係していた男女が別れること。『万葉集』4333に「鶏（とり）が鳴く東男の妻別れ…」という歌がある。

つゆわく【露分く】夜露を分けて女のもとを訪ねる、あるいは朝露を分けて女のもとから帰ること。『後撰集』に「露分けし袂干す間もなき物を…」という歌がある。

つらたり　女陰の別称。『催馬楽』で上げられている女陰の俗語の一つ。☞『催馬楽』。

つるぎだち【剣太刀】陰茎の象徴。古代には蛇は陰茎の象徴とされた。絵に描いた蛇は剣と太刀と二つの武器を合体させたような形をしているところから、剣太刀といえば、より強固な陰茎を暗示する言葉となった。剣と太刀が合体された武器は現実には存在しないが、凱旋した兵士が腰に刺した時に見栄えがするというので人気が集まった。『万葉集』でも、剣太刀という言葉が使われた歌は、それを身につけた男の凛々しさを強調した例が多い。

つるくさのまとわり【蔓草の纏わり】『カーマ・スートラ』によれば、抱擁は性

交以前の4種の抱擁と、性交中の4種の抱擁に分類される。蔓草の纏わりは後者の第1のもので、樹木に蔓草が纏い付くように女が男に絡みつき、彼に接吻するために顔をうつむけるか、微かに声を発しながら彼に身を任せたまま愛情を込めて見つめる。☞『カーマ・スートラ』。

カーマ・スートラをテーマとした絵画

つるび【交尾】つるむの動詞形で交尾する、関係すること。『日本書紀』に「（裸にした女の前に）馬を牽きて前にいたして遊牝（つるび）せしむ」とある。つるむはその動詞。

つれなし　心が動かされないこと、無情で冷淡なこと。『伊勢物語』（三十四段）に「つれなかりける人」とある。

つわり【悪阻】妊娠した兆し。『新撰字鏡』にある。

つわりな【悪阻魚】悪阻の時に適した栄養食品。『梁塵秘抄』に「つわりなに牡蠣もがな」とある。

て【手】手首や指のそれぞれが恋しい

人の象徴として使われている。『万葉集』150には「玉ならば手に巻き持ちて、衣ならば、脱ぐときもなく、我が恋ふる君ぞ昨の夜夢に見えつる」という歌がある。

てい【貞】女性が操を守ること。夫によく仕えて真心を変えないこと。『日本三代実録』貞観7年の項に用例がある。

ていえいそうかん【鄭衛桑間】鄭と衛は中国・春秋時代の国家。両国には桑の林が群がり、男女の密会の場所とされていたという意。☞高禖、濮上桑間、六根懺文。

ていえいのおん【鄭衛の音】鄭と衛の歌謡は淫猥だったところから猥褻で風俗を乱す音楽のこと。この点は孔子の『論語』でも触れられている。

ていこう【廷孔】女性の前陰の穴。『黄帝内経』にある言葉。☞『黄帝内経』（こうていだいきょう）。

ていじょ、にふにまみえず【貞女、二夫にまみえず】貞女は1度嫁いだ以上、2度と他の男と結婚することはしないという意。『史記』にある言葉。

ていよう【羝羊】垣根にツノを引っ掛けた羊のことで、性的な欲望をむき出しにした状態の例え。『大日経』で使われている。

てきえつ【適悦】仏教用語で男女の交合によって得られる快美感のこと。「ちゃくえつ」とも読む。『菩提行経』に

田楽の様子（年中行事絵巻）

あ
か
さ
た
な
は
ま
や
ら
わ

ある言葉。

てきえつせいじょうく【適悦清浄句】適悦は前項と同じ。その快感を清らか、爽やかと強調したい方。

てっついでん【鉄槌伝】漢文で描かれた日本初のポルノ小説で『本朝文粋』に収められている。鉄槌（陰茎）を擬人化してその一代の転変を記したもので、作者は平安時代の代表的な漢文の大家である藤原明衡とされている。同書には房内をはじめ、龍飛・虎歩・蟬付など『房内編』に記述されている体位の名称が使われている。このことから作者は『医心方』を読んでいたと推定されている。また明衡の造語と推察されるセックス用語も数多く登場する。本書ではそれも極力抽出した。☞**藤原明衡。医心方。**

てをとる【手を取る】相手の手を取って誘うこと。『万葉集』385に用例がある。

でんがく【田楽】田植えの時に田の神を祀った古代の農耕芸能が平安時代に遊芸化されたもの。さまざまな楽器を用いて踊り狂い、果てはオージー状況を呈することも多かった。永長元年、京都近郊で演じられた田楽はスケールが大きかったことから「永長の大田楽」と呼ばれている。

「艶色真似ゑもん」の田植えの図：鈴木春信画

てんき【天癸】『黄帝内経』によると、はるか古代には男子の精液、女性の月経の双方を意味していたが、のちには月経の意になったという。☞**『黄帝内経』**（こうていだいきょう）。

てんちはんごう【天地判合】天と地が合すること。転じて男女が関係すること。判は片、判合は判と判が一つになっ

て、初めて完全となるという意で、『漢書』にある言葉。

てんてい【天庭】 唐代の中国で膣前庭の学名として用いられた。「幽谷」ともいう。

てんてんはんそく【輾転反側】『詩経』の「関雎」（みさご）という詩にある言葉で、恋しい人を思う切ない恋心の表現として、孔子が絶賛したといわれる。

てんにあらばひよくのとり、ちにあらばれんりのえだ【天に在らば比翼の鳥、地に在らば連理の枝】 男女間の契りの深さをいう言葉で、白居易の『長恨歌』から採られたもの。

てんにょ【天女】『大智度論』にある言葉で、天上界に住む女人。色界の上にあり、そこでは性的な欲望が消失して男女の相がないとされた。

てんにょぎょう【天女形】 仏教用語で弁財天や吉祥天などの仏像のこと。これらの仏像は豊麗な女性の姿を写しているとされる。

てんにょじょうなん【転女成男】『無量寿経』にある言葉で、女性の身では成仏できないから、女性から男性へ転換すること。変成男子ともいう。

てんにょじょうなんのがん【転女成男願】『無量寿経』にある言葉で、転女成男の願をかけること。阿弥陀仏四十八願のうちの第三十五願。

と【妬】 ①妻が夫に嫉妬すること。『説文解字』にある言葉。②石女（うまづめ）。『集韻』にある言葉。☞石女。

といんごう【兎吮毫】 ウサギが細い毛を吸う様子。『房内篇』で説かれた九法の第7。「男は仰向けに寝て脚を伸ばす。女はその上に後ろ向きになって跨がり、両膝を男の体の外側に置く。女の頭は男の足と向き合う姿勢である。女が両手で体を支えて頭を低くすると、男は玉茎を挿入し陰核を突く…」

とう【問う】 ①尋ねる、質問する。②求婚する、性関係になる。『古事記』（歌謡78）に実の妹の軽郎女（衣通姫）と近親相関の関係になった軽皇子が、「山中深くに樋を走らせ、その地中の樋のようにこっそりと妻問いをして、ひそかに恋い泣く妻に、今夜こそ安んじて肌にふれたことだ」という意味の歌がある。

とう【蕩】 淫ら、放蕩。『論語』にある言葉。

とういん【悩淫】 思うままに淫らなことに

耽けること。『書経』にある言葉。

とうか【踏歌】平安時代の宮中儀式の一つ。古代の歌垣から性の要素が大幅に削ぎ落とされて宮中儀式として定着したもの。『角川古語大辞典』によると、後世の三河万歳の原点は踏歌の性的な要素を継承したところにあるという。☞歌垣、内教坊。

とうかじょ【登伽女】『摩登伽経』にある言葉で、淫乱な女性のこと。なお『摩登伽経』は淫乱な女性が仏教に目覚める姿を説いたもの。

とうかにしょくしてせいかにねむらん【東家に食して西家に眠らん】斉の国の美女が結婚する相手として「東隣の富める醜男と西隣の貧なる美男のいずれを選ぶか」と問われ、「昼は東家に食し、夜は西家で休みたい」と答えたという故事から生まれた警句。『太平御覧』にある言葉。

どうきょう【道鏡】奈良時代の僧侶で政治家。762年4月に女帝の孝謙天皇が病気となった際、密教の秘法によって病を治したことをきっかけに寵愛を得ることになった。女帝は帝位を淳仁天皇に譲ったが、道鏡との仲を非難されたことに激怒し、天皇を廃帝として、自ら復位して称徳天皇なった。道鏡は女帝の妄愛を利用して太政大臣や法王の地位に上り詰めたが、吉備真備のクーデターにより失脚した。後世、道鏡が女帝を虜

にした理由として、巨根の持ち主だったからとか、山芋で作った秘具を使ったなど、さまざまな憶測が流布された。

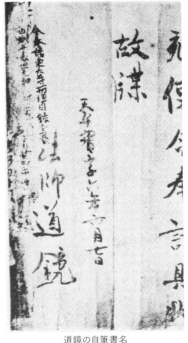

道鏡の自筆書名

どうきん【同衾】一つ夜具で共寝をすること。空海の『性霊集』に用例がある。

どうけつ【同穴】夫婦として仲睦まじく暮らすこと。『本朝文粋』に用例がある。

どうげんし【洞玄子】中国の性の指南書で、陰萎に効果のある薬、陰茎を長大にする法などが説かれている。隋の時代（581～618年）に成立したといわれ、『日本書紀』にある国

産みの神話（イザナギは御柱を左から、イザナミは右から回って出会ったところでまぐわったというエピソード）も、似たような話が同書にあることから、『日本書紀』の編者も同書を読んでいたと推定されている。『房内編』にもしばしば引用されている。☞『房内編』。

とうさぎ【犢鼻褌】男性のふんどしの古語。男根は犢（こうし）の鼻のような形だとして、『史記』で、こう呼ばれた。

とうじょ【東女】唐の時代に西域にあったといわれた国の名で、女王が支配し、女尊男卑の風で知られた。

とうす【東司】禅宗の用語で便所、厠のこと。『正法眼蔵』に用例がある。

とうそう【盗嫂】兄嫁と不倫すること。『史記』にある言葉。

とうそじん【道祖神】日本では古代から村や峠などの境界には荒ぶる神がいて、村への侵入をはかったり、旅人に乱暴を働くとされていた。道祖神はその乱暴を抑止する石仏で、男女が抱擁する姿が彫られている例が多い。その由来については各地方に伝わる近親相姦伝説との関わりで説明される場合もあるが、近親相姦と境界の守り神がどのように結びつくのか疑問である。むしろ相思相愛の姿を誇示することによって、結界内への侵入を阻止する意図があったという観点から見直すことも必要と思われ

る。道祖神は幸の神やさへの神ともいわれ、古くは『古事記』に「道返大神」とあり、『今昔物語』では「道祖」という記述が「サエノカミ」と訓じられている。

道祖神（編集部撮影）

とうにょ【童女】結婚していない少女、処女。『続日本紀』に用例がある。

とうほう【投報】男と女がお互いに恋情を抱いていることが通じ合うこと。『詩経』にある言葉。

とうよう【桃夭】国中の男女関係が正しく行われている状態のこと。『詩経』にある言葉で、紀元前11世紀頃、文王の妃が文王の女関係に嫉妬しなかったことから、国中で男女関係のトラブルがなかったという。

とうようりんじごく【刀葉林地獄】仏教用語で邪婬を犯した者が堕ちる地獄。そこでは木の葉が刀になっていて、微風によっても葉が落ち、そこにいる者の身体を切る。『瑜伽論』に記載されている。

とうりてんにょ【忉利天女】『無量寿経』にある言葉で、忉利天にいる天女。ただし俗説では帝釈天が快楽の極地を満喫している場とされた。帝釈天は喜見城（きけんじょう）の殊勝殿に住んでいた。その四辺には101個の楼があり1万7千の房が付設されていて、各房には7人の天女が住んでいた。彼女たちはいずれも帝釈天の正妃とされ、帝釈天はその快楽を享受しているというもので、『栄花物語』にもその記述が見られる。

どうるいにょ【同類女】『金七十論』にある言葉で、妻にとって夫をともにする妾たちのこと。

とおつま【遠妻】①遠方にいる妻（夫）。②七夕伝説の牽牛星や織女星をさしていう。『万葉集』534に用例がある。

とおやまどり【遠山鳥】ヤマドリは雌雄が谷を隔てて寝るといわれることから男女が別々に夜を過ごすこと。『源氏物語』（総角）に「（大君と物越しに会った薫が）嘆きがちにて、例の遠山鳥にてあけぬ」とある。

とき【妬忌】妬むこと、やきもちを焼くこと。大宝元年（701年）制定の「戸令」（こりょう）には妻を捨てても良い条件として淫乱、妬忌など七つを上げている。

ときかわす【解き交はす】男女が共寝をするため、互いの帯や下紐などを解き合うこと。解き開くも同様の意。『万葉集』2090に「高麗錦紐解き交はし天人の妻訪う宵ぞ我も偲はむ」という歌がある。

ときぎぬの【解き衣の】「解き衣」は着ているものを脱ぐことで、性的な関係のこと。そこから「解き衣の」といえば乱れるにかかる枕詞となった。『万葉集』2620に「解き衣の思ひ乱れて恋ふれども…」という歌がある。

ときめく【時めく】女性が天皇の寵愛を受けて栄えること。『源氏物語』（桐壺）に「すぐれてときめき給ふなり」とある。

とくけいがん【禿鶏丸】性交増長剤、男性の勃起不全の回復薬。『洞玄子』で紹介されている話で、雄の鶏にこれを与えると、雌とつがう時に雌の鶏冠が禿げるまで噛みながら交接するという。鹿角散も同じ。

とくだんやく【得男薬】男の子を産むための薬。古代中国で流行した。

とくふつわんみょうしょう【屎沸碗鳴声】『碧眼録』にある言葉で、下品な音や声のこと。屎は肛門のこと、沸は湯の沸くこと、碗鳴は碗に熱湯を注いだ時の音。肛門からブツブツと音のすることをいう。

ところあらわし【所顕し】平安時代には男が女のもとに3日通えば婚姻が成立したとして、2人の関係を祝う儀式が行われた。この祝儀のこと。

としじょらにつく【兎糸附女蘿】ねなしか

ずらがつたに絡みついている情景、転じて男女の交わりのこと。『文選』にある言葉。☞一本葛。

としのこい【年の恋】 一年中思い続けた恋。七夕の恋をいう。『万葉集』2037に用例がある。

とつぎおしえどり【交接教鳥】 鶺鴒のこと。伊弉諾・伊奘冉に性交の方法を教えたという『日本書紀』の記述による。☞鶺鴒。

とつぎのみち【交の道】 性交の方法。イザナギとイザナミが性交のし方を知らずに困っていた時、一つがいのセキレイが飛んできて目の前で交尾を行ったという『日本書紀』の記述から生まれた言葉。

柱をめぐるイザナギとイザナミ（名取青仙画）

とつぐ【嫁ぐ】 性交を行うこと。結婚すること。古代において「と」は男性器

と女性器の両方を示した。従って「とつぐ」は男性器と女性器をつなぐという意。『今昔物語』に用例がある。

とまり【止、留】 終生連れ添う相手、本妻。『源氏物語』（帚木）に「この人を止まりにとも思ひととめ侍らず…」とある。

ともしづま【乏妻】 ①会うことが稀で、それだけに恋しい妻。『万葉集』2002に「乏し妻」を歌った歌がある。②七夕伝説の織女星のこと。

ともとりめ【艫取女】 遊女が小舟で客のいる船に向かう時、舟をこぐ役の老女のこと。『梁塵秘抄』に遊び（遊女）の好むものの一つとして上げられている。

ともね【共寝】 男女がいっしょに寝ること、性的関係を持つこと。『後拾遺和歌集』に用例がある。他にもくみ寝、さ寝（さね・さぬ）、抱き寝（だきね）、戯れ寝（たわむれね）、靡き寝（なびきね）、一つ寝、諸寝（もろね）など、同義語は多い。

とらのきば【虎の牙】 『カーマ・スートラ』で紹介されている爪の技の第5。線状爪痕は身体のどの部分につけても良いが、あまり長くてはならない。乳房に付けた線状爪痕を曲げて乳頭に至るまでつけたのが虎の牙である。☞『カーマ・スートラ』。

とりたわけ【鶏婚】 雌鶏を姦淫すること。国津罪で定められた畜犯の罪の一

つ。他に馬婚、牛婚がある。☞**天津罪**。

とりとり【鳥獲り】『神楽歌』の中に「我が夫の君は五つ鳥、六つ鳥獲り、七鳥、八つ鳥獲り、九よ、十は獲り、十は獲りけむや」という歌がある。歌垣の場で、若い娘が相手の男に歌いかけているもので「（あなたは歌垣で）処女の5人や6人はものにしたでしょうね、いや7人、8人かしら、9人よ、いや10人、10人はものにしたわよね」とからかっている歌。

とりはなきぬ【鶏鳴】『催馬楽』の曲名で「夜這いに来た男がニワトリが鳴き始めるまで、私の中でこすり続けていた」というもの。

とるい【吐涙】仏教用語で男女の精液。女性の液を吐、男の精液を涙に例えたもの。唐の時代にできた『止観輔行』という経典にある言葉。

とんあい【貪愛】『法華経』にある言葉で、愛欲の世界に、とことん執着すること。

とんいん【貪淫】みだりに色欲を貪ること。中国で呉の時代（222〜280年）から使われるようになった。

とんよくか【貪欲火】貪欲は仏教用語で自分の欲するものをむさぼり求めること。貪欲火はその欲望の激しさを火に例えていったもの。仏陀の生涯を描いた『仏所行讃』にある言葉。

あ

か

さ

た

な

は

ま

や

ら

わ

コラム④　鶺鴒伝説考

『日本書紀』では天御柱のエピソードに続いて、イザナギ命とイザナミ命が「まぐわい」の方法をセキレイに教えられたという、いわゆる「セキレイ伝説」が登場する。『日本書紀』(神代篇)では国生みの神話に関して、各地に伝えられた伝承の一つ一つが「一書に曰く」という決まり文句とともに丁寧に記録に留められており、「セキレイ伝説」もその一つである。

伝説の中身はすでに知られているが、簡単にストーリーをおさらいしておくと、天御柱での最初の失敗をクリアしたイザナギとイザナミは、「さあ、まぐはむ」と勇み立った。ところが2人は初めての人類だから「まぐわい」の方法を知らなかった。2人が困っているところへセキレイのつがいが飛んできてその様子を演じてくれたので、めでたくその技を会得することができたという。ちなみに小鳥たちの交配は後背位だからイザナギとイザナミのお二人も、その姿勢で済ませたものと推察されている。

このエピソードは日本人にとって、よほど心の琴線に触れるところがあったようだ。その後の日本の文化史にさまざまな形で足跡を残すことになった。まず奈良時代から平安時代にかけて、セキレイのことが嫁鳥（とつぎ鳥）、嫁教鳥（とつぎおしえ鳥）、恋知鳥（こいしり鳥）、道教鳥（みちおしえ鳥）などの愛称で呼ばれるようになった。関白太政大臣などの高官や、宮廷の女性たちの間で使われていた言葉が下々にも広がったのである。

江戸時代中期の国学者谷川士清の『倭訓栞』によると、伊勢神宮に保存されている「大和錦」にはセキレイの模様が織られているという。「大和錦」とは「日本で初めて織られた錦」を意味し、伊勢神宮で「神衣」とされているものである。

室町時代に始まったとされる礼儀作法の小笠原流では、新婚初夜の夫婦の寝所にセキレイ台を置くことが決まりとされた。セキレイ台と

いうのは床飾りの一つで、盆栽くらいの大きさの器に島の形が作られている。台上にセキレイの一つがいが置かれ、根固めとして岩が置かれているというものである。その用途についての説明はないが、初めてのことで緊張している2人に「これを見て落ち着きなさい」と語りかけるものだったと想像されている。最初は武士の間だけの儀式とされていたが、江戸時代には町民にとっても「夫婦島」と呼ばれて、セキレイ台が欠かせないものになったという。

さらにこのエピソードは鳥としてのセキレイの格をも大幅に上昇させることになった。静岡県や広島県ではセキレイを神の鳥と呼び、捕まえてはならないものとされている。神に「まぐわい」の道を教えた万物の師であり、神の使い以上の存在とされているからである。群馬県や宮崎県では、セキレイは神様の使いだから殺すと罰が当たるとか、殺してはいけないといい伝えているという。なお東京・青山の明治記念館の結婚披露宴会場の壁にもセキレイが描かれているという。

このように拾い出して行くと、セキレイ伝説は日本人が日本人として、初めて共鳴し合った出来事だったといえるようである。われわれは「日本人とは何かを」を問うとき、「桜が好き」とか「寿司が好き」というように、共通にシンパシーを感じるものを拾い出して、「日本人とはそういう民族だよな」と納得している。「まぐわい」の方法を教えてくれたセキレイのエピソードは、日本人であることの絆を史上初めて実感させてくれたのである。

なおセキレイ伝説は、これまでの文化の流入経路とは違うルートの存在を暗示しているともいわれている。これまで日本文化は大陸から朝鮮半島を経て移入されたという見方が定番とされてきたが、最近では東南アジアから、台湾、琉球、日本という海路に注目が集まっている。セキレイ伝説もその一つで、これとそっくりの話が、1923年に台湾で出版された『生蕃伝説集』に記録されているのである。それによると、台湾のアミ族の神話では「東海の孤島に男女2神が天下り、ホワック（セキレイ）が尾を振るのを見て交合の道を知った」という伝承が言い伝えられているという。

な

ないきょうぼう【内教坊】 妓女を置き、女楽や踏歌などを教習する施設。☞**踏歌**。

ないしんにょやしゃ【内心如夜叉】「外面は菩薩のごとく、内心は夜叉の如し」と用いられる。女性はその面貌は美しいが、精神は邪悪であるという意味。『宝物集』には『華厳経』にある文句とあるが、『広説仏教語大辞典』によると、同経には該当する文句がないので、我が国で偽作されたものだろうという。

ないちょう【内寵】 君主が寵愛する女性。『本朝文粋』に「弘仁・承和の二代、もっとも内寵多し」とある。

ながこい【長恋】 長い年月恋い慕うこと。『万葉集』864 に用例がある。

なかだか【中高】 鼻筋が通って整った顔。美人の形容詞で、『紫式部日記』に用例がある。

なかだち【仲立ち、中媒】 男女の仲を取り持つこと、またその人。平安時代には高貴な女性の侍女が、王族や貴族の男性（女性）と、自分の主人との仲を積極的に取り持つ例が数多く見られた。その場合、侍女は相手方の主人に仕える侍臣と恋愛中で、自分たちの逢瀬の機会を確保したり、2 人して主人に積極的に取り入る方策として仲介する例が多かった。

なかのころも【中の衣】 単衣の上に着る衣、上着と下着の間に着る衣の意から転じて、男女が共寝する時にかけて寝る衣を指す。『源氏物語』（紅葉賀）に用例がある。

なかびと【仲人】 仲人を立てて嫁をもらうという村落共同体の習俗は平安時代に生まれたとされる。『日本霊異記』34 には富裕な男やもめが娘に惹かれて、「媒（なかびと）を通して夜這う」とある。

ナーガラカ インドの性典『カーマ・スートラ』で主人公となる青年。同書は性技から文学や音楽などの教養、食事のたしなみなど、至高の日々を送るための書というスタイルで記述されている。☞**『カーマ・スートラ』**。

ながれ【流れ】 遊女のことで、流れの女や流れの君ともいう。日本で初めての遊女が江口や神崎の里など河水のほとりを拠点としていたことからきたもの。☞**流類**（るるい）。

なきな【無き名】 身に覚えのない噂。無実の評判。特に女性についてのデマを言うことが多い。『伊勢物語』（八十九段）に「人知れず我が恋死なばあぢきなくいづれの神になき名おほせむ」という歌がある。

なく【泣く】 感情が溢れて声を出し涙を流す状態だが、古代には相手が

恋しくて声を出して泣くという意でも使われた。『万葉集』2942にその用例がある。

なげぐし【投げ櫛】櫛を投げること。伊弉諾が黄泉の国から逃げ帰る時、追ってくる伊弉冉に櫛を投げながら逃げたという故事により、日本では上代から縁切りなどの呪いとして定着した。

なさけ【情】異性を慕う気持ち。性愛や女らしさ、色気の意味でも用いる。『角川古語大辞典』によれば『万葉集』では「情」は「こころ」と詠まれており、「情」と「心」の区別がなかったという。これが分化されるのは平安時代に入ってから。

なさけがる【情がる】情愛が深いように振る舞う。『源氏物語』(関屋)に用例がある。「情立つ」も同じ意。

なさけなさけし【情情し】情愛深い様子。『源氏物語』(帚木)に「あはれ知らるばかり、なさけなさけしくの給ひ尽くすべかれど…」とある。

なさけぶ【情ぶ】いかにも情愛ありげに見える、誠実そうに見えること。『源氏物語』(玉葛)に「故少弐の、いと情び…」とある。

なす【為す】子を生む。『竹取物語』に「おのがなさぬ子なれば…」とある。

なす【寝す】「寝(ぬ)」の尊敬語で、お休みになる。共寝にも一人寝にもいう。共寝の用例が『万葉集』3467にある。

なず【撫ず】いたわる、愛撫する。『日本霊異記』に用例がある。

なだつ【名立つ】(男女関係のことで)評判になる、不名誉な噂が立つ。『大鏡』に用例がある。

なつかし【懐かし】対象に強く惹かれて、そばにいたいと願う感情。『源氏物語』(総角)に「(大君の)ほのかにうち笑ひ給へる気配など、あやしう懐かしく覚ゆ」とある。

なづけ【名付け】いいなづけ、婚約者。

なでし子【撫でし子】『万葉集』には植物のナデシコが性的な関係を持った女性を、愛しい気持ちで撫でるという意で用いられている。『万葉集』1992では「家にこもってあの人のことを恋しがるのは苦しいものだ。なでしこの花になって咲いて欲しい、毎朝、(撫でながら)眺めるので」と歌われている。

なとり【汝鳥】あなたの意のままに従う鳥。『古事記』(歌謡)に「後は汝鳥にあらむを」とある。

なにも【汝妹】女性(性的対象となりうる)を親しみを込めて呼ぶ言葉。『古事記』に「愛しき我が汝妹」とある。

なのる【名乗る、名告る】上代には男性が女性の名を尋ねることは性的な関係をのぞんでいることを意味し、女性が名を告げることは承諾したことを意味した。『落窪物語』に用例がある。

なびかす【靡かす】靡くの他動詞形。

従わせる、思いのままにする。『源氏物語』（若菜）に「何事につけてか（女の心を）なびかし聞ゆ」とある。

なびきぬ【靡き寝】寄り添って寝る。共寝する。『万葉集』207に用例がある。

なびく【靡く】女性が男性に身も心も任せて従うこと。『万葉集』505に「今さら何を物思いなどしよう。私の心はすっかりあなたに靡いてしまったのだから」と、男の魅力に惹かれきった女心が歌われている。また2483の柿本人麻呂の作品では美しい藻のなびく様を独り寝の女のしなやかな寝姿に重ねて歌っている。

なぶる【嬲る】慰みもてあそぶこと。『梁塵秘抄』に用例がある。

なべかぶりまつり【鍋被り祭り】江州（現滋賀県米原市）筑摩神社で行われるお祭りで、土地の女性が過去一年のうちに関係した相手の数だけ鍋を被って参拝するというもの。社伝によれば桓武天皇（八世紀）の時代に始まったとされ、順徳天皇が著した『八雲御抄』にも「天下の五奇祭」の一つに上げられている。☞尻叩き祭り、常陸帯、錦木、雑魚寝。

鍋被り祭で鍋を被る女子

なまおんな【生女】自分の関係する女を卑下して言ったもの。『狭衣物語』に「なま女のあはれにしつべき…」とある。

なまめきかわす【生めき交わす】男女がお互いに色めいたやり取りをすること。『源氏物語』（箒木）に用例がある。

なまめく【艶めく】①優美で優艶なさま。②男が女に言いよる、恋をしかけること。『源氏物語』（夕霧）に最初は全く別の話題を持ち出しながら、突如、言いよるという場面がある。なお女が男の気をひくように振る舞うことを指す場合もある。

なまやか【艶やか】身のこなしが洗練されていること。『古今著聞集』に「いとなまやかなる女房一人臥したり」とある。

なみだのいろ【涙の色】紅の涙の色。悲しみの深さや激しい恋が頂点に達した時、流す涙は紅色になるといわれた。紅涙。『栄花物語』に「夜もすがら契りしことを忘れずば恋しむ涙の色ぞゆかしき」という歌がある。

なよたけ【なよ竹】なよなよよした、しなやかな竹。女性らしさを強調する表現。『竹取物語』では「なよ竹のかぐや姫」と表現されている。

なよびか色めいていること。『源氏物語』（箒木）に用例がある。

ならく【奈落】ヒンズー教で「地獄」を意味する「ナラカ」の音訳。ヒンズー

教には「三界」という教えがあり、地獄の数も144〜145あるという。「三界」の一つである地底界では死者の王である閻魔（ヒンズー語ではヤマ）が死者が生前に行った行為の善悪を査定している。罪人はさまざまな地獄（ナラカ）に送られるが、その中で妻や夫を裏切った後で食事をとった男女が堕ちるところが「アンダ・タースミラ」で、閻魔の従卒に縄できつく縛られ失神する。

ならなり【那羅那里】那羅は男性、那里は女性。仏教用語で男女の交わりの楽しみ。『大楽金剛不空真実三昧耶経般若波羅蜜多理趣釈』という経典にある言葉。

なる【馴る】異性との関係に慣れること。性的な情愛を理解するようになること。『源氏物語』（花宴）に用例がある。

なれがお【馴れ顔】もの慣れた態度。『源氏物語』（浮舟）では、匂宮が着ている物を脱いで浮舟のそばで横になることが「馴れ顔に」と記されている。

なをかくすこい【名を隠す恋】歌題で名を秘して表さぬ人への恋。「隠名恋」と表記する。『新古今集』に用例がある。

なんいん【男婬】女が男との婬楽に耽けること。『今昔物語』に「この女人は…女の形を受けたりといへども、男婬が業尤もが故なり」とある。

なんこん【男根】①男性の陰茎。②男性を男性たらしめる要素。古代インド仏教の用語。

なんしょ【難処】『五分戒本』にある言葉で、酒屋や婬女（遊女）のいるところなど、修行の妨げになるような場所。

なんしょく【男色】晋の霊公、漢の高祖や成帝などの男色が古代の日本にも伝えられた。☞艾（がい）、鶏姦、断袖、男寵。

なんにょ【男女】『金七十論』にある言葉で、男女の性器の意。

なんにょ、しちさいにしてせきをおなじうせず【男女、七歳にして席を同じうせず】『礼記』の「七年、男女席を同じうせず」という記述から出た言葉。

なんにょう【男女宮】太陽が一周する軌道を黄道と呼び、その軌道を12分割したものの一つ。夫婦宮、婬宮ともいう。

なんにょてんこん【男女転根】古代インド仏教の用語で、男女の性が転換すること。

なんにょわごう【男女和合】古代インド仏教の用語で、男女が性的に結びつくこと。

なんにょわごうぞう【男女和合像】仏教教団の規則や戒律などを定めた『十誦律』にある言葉で、春画のこと。

にあい【二愛】『大智度論』にある言葉で欲愛と法愛のこと。欲愛は庶民

が妻子や恋人を愛するような愛の形。法愛は庶民を平等に愛する菩薩の愛。

にいはだ【新肌】まだ誰も触れていない肌。『万葉集』3537に用例がある。「新肌触る」は処女と交わること。

にいたまくら【新手枕】男女が初めていっしょに寝る時、男が手枕をさせること。『万葉集』2542に「若草の新手枕を巻き初めて…」という歌がある。

にいまくら【新枕】男女が初めていっしょに寝ること。処女と交わること。『伊勢物語』に「ただこよひこそ新枕すれ」とある。初枕ともいう。

においやか【匂やか】容姿や姿態が華やかで輝くように美しいこと。頰に赤みがさして艶やかに美しい顔立ち。『源氏物語』（桐壺）に「いとにほひやかに、うつくしげなる人の…」とある。

におう【匂う】①人間の（心身の）美的な魅力、女盛り男盛りの人の成熟した魅力。『源氏物語』（浮舟）に「細やかににほひ清らなることは、こよなくおはしけり」とある。②男が女の情けに染まり、なじんでゆくこと。『万葉集』932には布を染める女との交情によって、女の情けに染まっていく男の気持ちが歌われている。

にきはだ【柔肌】女性の柔らかな肌。『万葉集』194の長歌の一節に「柔肌すらを剣刃（たち）身にそへ寝ねば…」とある。「柔肌を剣の刃のよう

な（皇子の）身に寄り添って共寝をすると…」という意。

にぎょう【二形】インド仏教の用語で①男根と女根。②男女両性を身に備えている者。

にくえんし【肉遠志】『玉房秘訣』や『千金方』で、代表的な精力増強剤とされている。和名・イトヒメハギ。☞『玉房秘訣』、『千金方』。

にくけい【肉刑】古代中国で実施された刑罰で、墨（ぼく、入れ墨）、劓（ぎ、鼻そぎ）、剕（ひ、足切り）、宮（きゅう、去勢）、大辟（たいへき、死刑）のこと。五刑ともいう。

にくこう【肉交】『大漢和辞典』に男女が交合することとある。

にくじきさいたい【肉食妻帯】浄土真宗の教えで肉を食べ妻を持つことで、在家の象徴であり、それが出家なら破戒の象徴とされた。

にくしょ【肉杵】『大漢和辞典』に男子の陰茎とある。

にくだんす【肉団子】肉のかたまりの意、すなわち人間の肉体で『伝光録』にある言葉。同書は釈迦牟尼以来曹洞宗に至る名僧の教えを説いた書で1300年（正安2年）頃に成立。

にくびょうぶ【肉屏風】寒さを防ぐため、周囲に美女を並び立たせること。転じて美女に囲まれた生活及びその女性たちをいう。唐の楊国忠（楊貴妃のまた従姉妹）が冬に、客をもてな

すために多くの美女を周囲に立たせて寒さを防いだという故事からでた言葉。肉陣ともいう。

にこん【二根】仏教用語で男根と女根。「根」は色欲を起こすところの意。『梵網経』にある言葉。

にざい【二罪】仏教用語で比丘の犯す罪を性罪と遮罪の2種に分類したもの。性罪は性にまつわる犯罪。遮罪はそれ自体は罪ではないが、結果的に罪を引き起こす原因となるような罪。具体的には飲酒や虫類を殺すこと。

にじ【虹】古代中国では淫奔の象徴とされた。『詩経』の「候人」という詩でも使われているほか、「虹は陰陽の交接の色にもあらわる」「夫婦礼に優れば虹気盛んなり」などの表現もある。

にしきぎ【錦木】古代東北地方の性的な風習の一つ。男は夜這いしようと思う女性の家の前に、さまざまに色取りした一尺ほどの木を立てかけ、女性にその気があれば、ほどなく家の中に取り入れるというもの。順徳天皇が著した『八雲御抄』にも「天下の五奇祭」の一つに上げられている。
☞雑魚寝、尻叩き祭り、鍋被り祭り、常陸帯。

にしのきょう【西の京】平安京の右京。『梁塵秘抄』によれば「色好みの多い世の中心」とされ、娼婦などもいた。

にしんぐえ【二身共会】『十誦律』にある言葉で男女の交合のこと。

にどう【二道】ブッダの最晩年を記録した『仏所行讃』にある言葉で、肛門と生殖器。共に性行為に使われるという意。

になし【二無し】他と比べるものがないほど愛し合っていること。『大和物語』（六十二段）にのうさんという女性と浄蔵（三善清行の第八子）という男性の仲が「いと二なう思ひかはす仲なり」と記載されている。

にぬりや【丹塗矢】後背位のこと。古代の伝説では神が丹塗りの矢に姿を変えて用便中の女性に近づき関係したという話がいくつか見られる。その姿から丹塗矢が後背位の隠喩として用いられていることが明らかである。
☞伊須須岐（いすすく）。

にはち【二八】2掛ける8の意で16を表し、とくに結婚適齢の女性を示す。『文華秀麗集』に「妾、年妖艶二八の時、灼々たる容華桃李の姿」とある。

にべんおうらい【二便往来】禅宗の用語で坐禅の修行中に、用便（大小2便）のために坐禅堂を出ること。

にぼう【尼房】尼僧の居住する家。『日本書紀』にある言葉。

にほんりょういき【日本霊異記】日本初の説話集で、弘仁13年（822年）に成立した。その中にフェラチオの最初の記録が残されている。

にゃくむびく【若無比丘】僧が女色に惹かれることを戒めた『法華経』の文句の一節で、「僧が村里で食を求める時は比丘を連れて行け、もし比丘がいない時は一心に念仏を唱えて誘惑に負けないようにしろ」という意を込めたもの。

にゅうげつ【入月】女性が生理になること。唐の時代の詩人王建の詩で使われている。赤潮ともいう。

にゅうこつあい【入骨愛】男が女性を骨まで愛すること。白居易の「五弦弾」という詩で使われている。

にゅうたい【入胎】『倶舎論』にある言葉で、人間として生まれるために母親の胎内に入ること。精子には意思があるという考え。

にゅうほ【乳哺】古代インドの仏教用語で、乳を飲ませてくれる人。

にゅうり【入理】新婚初夜に、男性が新婦の待つ部屋に入る際、気持ちを整えること。『世説新語』にある言葉。

にょ【女】古代インド仏教の用語で、女根（女性器）の略。

にょいりん【如意輪】如意輪は六臂（六本の手）を持つ観音のこと。転じて手練手管に長けているという意で遊女のこと。

にょうご【女御】平安時代に設けられた天皇の妻の呼称。天皇の妻には大宝律令で妃、夫人、嬪などの地位が定められていたが、桓武天皇が27

人の女性を引き入れたため、規定だけでは間に合わなくなり、新しく制定されたもの。836年（承和3年）頃に入内した紀乙魚（きのおといな）が第1号といわれる。周の制度に習ったもの。なお嵯峨天皇の治世になると、それでも不足し、女御の他に更衣と呼ばれる地位が設けられた。☞ **桓武天皇、嵯峨天皇、更衣。**

にょうごまいり【女御参り】天皇の妻として入内すること。

にょうず　念ずに同じ。自分の思いを遂げたいと一心になること。『伊勢物語』に「色好む女、これをいかで得んと思ふに、女もねうしわたるを」とある。

にょうたつ【尿闥】『宗門統要続集』にある言葉で、小便所のこと。

にょこん【女根】女性器。『法華験記』に「形は女といえども女根なし」という話がある。

にょさ【女鎖】『大智度論』にある言葉で女色のこと。人をとらえて脱離し難いという意。

にょじ【女事】男性の女性関係。宇多天皇が天皇の心得を記した『寛平御遺誡』（かんぴょうのごゆいかい）に「左大将藤原朝臣（時平）には…先年女事に於いて過つ（あやまつ）ところあり」とある。

にょしき【女色】女性の肉体、女性との情事、性的な魅力。女性の美しい姿。

『大智度論』にある言葉。

にょしん【女心】『大日経』にある言葉で、（男が）女性に対してさまざまな欲望を抱くこと。心の中で女性と経験したことを思い浮かべ、その声、姿態などを思い起こすこと。

にょしんくえ【女身垢穢】『法華経』にある言葉で、女性は臭く穢れた不浄の存在であるという意味。産婦や月経中の女性のほか嫉妬、悪口、所言軽挙なども上げられている。古代の日本では産婦や月経中の女性を忌避する傾向は希薄だったが、仏教の伝播と共にそれらをタブー視することも濃厚になった。

にょぞく【女賊】『大智度論』にある言葉で、女性は愛執の根本であって求道心を害するものだという意でこういう。

にょなんしょう【女男性】古代インド仏教の用語で、女性を女性たらしめ、男性を男性たらしめている特徴。

にょにん【女人】女性のこと。五つの障りにより成仏できない存在という意を含む。『源氏物語』（夕霧）に「女人の悪しき身を受け、長夜の闇にまどふは…」とある。女身（にょしん）ともいう。

にょにんおうじょう【女人往生】2世紀に中国に移入された『平等覚経』にある言葉で、女性が極楽浄土に往生して、男子に生まれ変わること。

にょにんじごくし【女人地獄使】「女人は地獄の使いなり」と読み、女性は地獄からよこされた使者であるという意。『華厳経』にある言葉と言われているが、『広説仏教語大辞典』によれば、『華厳経』には見当たらないという。

にょにんしん【女人身】『法華経』にある言葉で①女人の集まり。②女人の身体。

にょにんふじょう【女人不浄】『菩提行経』にある言葉で、女性の体は不浄であると観想すること。

にょびょう【女病】女色のこと。仏教の基本的な考えで、人を害する点で女性の存在は病気と同じという意味。

にょぼん【女犯】仏教用語で、僧が不邪淫戒の戒律を犯して女性と交わること。『中外抄』に「大殿仰せて曰く、晦日には頭を洗ひ沐浴の後は魚食せず、女犯せず」とある。

にんこん【人根】『金七十論』にある言葉で、男女の性器のこと。

にんず【妊ず】妊娠する、はらむ。『宇津保物語』に「六の宮の御かた、北の方にはとし十四、妊じ給へり」とある。

ぬ【寝】横たわること、男女が共寝をすること。共寝を強調するために「さ寝」と使われることも多い。『万葉集』2520に「刈り薦の一重を敷きてさ寝れども…」という歌がある。女性が男と共寝した喜びを歌ったもの。「寝」が性行為そのものを表す場合もある。

『万葉集』3465 の「高麗錦紐解き放けて寝るが上に…」もその一例。

ぬえくさ【萎草の】女にかかる枕言葉で、なよなよとした草の意。『古事記』（歌謡 3）に「ぬえ草の女にしあれば…」とある。

ぬえとりの【ぬえ鳥の】片恋や悲恋にかかる言葉。ぬえという鳥の鳴き声が悲しげなところから出たもの。『万葉集』196 に用例がある。

ぬぐくつがかさなる【脱ぐ沓が重なる】脱いだ沓が重なることは自分の妻が密通している証拠とされた。『袖中抄』に「ぬぐ沓の重なることの重ればいもりの印今はあらじな」という歌がある。☞いもりの印、赤染衛門。

ぬし【主】妻に対する夫、あるいは女性の側からかしずく男、情人のこと。『古今集』に「秋の野に誰のものかわからぬ藤袴が脱ぎ捨てられていた。それを見てどんなことを想像しろというのか」という意の歌がある。

ぬすみとる【盗み取る】（女性を）盗んで自分の妻とする。『蜻蛉日記』に「右馬の君はもとの妻を盗みとりてなむ、あるところにかくれ給へる」とある。

ぬすむ【盗む】女性を密かに連れ出して妻とする、人目を忍んで異性と通じること。『日本書紀』（皇極天皇紀）、『伊勢物語』、『源氏物語』などこの用例は多い。

ぬながわひめ【沼河比売】高志の国の長者の娘で、夜這いにきた大国主命と結ばれる。その前夜、関係を迫る大国主命に姫が贈った歌には、こうある。「真白き綱にも似たわが腕を、あわ雪にも似たわが若き胸のふくらみを、そっと抱きしめやさしく撫でていとおしみ、なめらかなわが手とたくましいその手をさし巻いて、からめた足ものびやかに、尽きぬ共寝をいたすゆえ、はげしくつよい恋の焦がれも、今しばらくは、ヤチホコのいとしいお方よ」（現代語訳は三浦佑之『古事記学者ノート』による）。『古事記』に登場する話で、記録に表れた夜這い（呼ばい）の第 1 号。☞八千矛、夜這い。

ぬばたまの【ぬばたまの】黒髪や夜など、黒いものにかかる枕詞。特に黒髪は女性の最大の魅力とされた。『万葉集』3712 にその用例がある。

ぬひほう【奴婢法】691 年（持統天皇 3 年）、奴婢の法が定められ、親が子を売ることが認められる。奴は男の奴隷、婢は女の奴隷。

ぬらす【濡らす】（恋情をもって）髪などをほどくこと。『万葉集』2610 に「私の黒髪を引き濡らして心を乱したあなた、今もあなたを恋い慕っています」という歌がある。

ぬるたま【寝魂】夢の異称。平安時代中期の女性歌人・相模の『相模集』に「寝魂のうちに合はせし好き事を…」という歌がある。

ぬるむ【温む】①病気で熱が上がること。②恋の思いから熱が出ること。和泉式部の和歌集である『和泉式部集』に「人知れぬ我れが思ひに逢へぬ夜は身さへ温みて思ほゆるかな」という歌がある。「人知れず恋い慕っている人に逢えぬ夜は、体が火照って熱があるように思われる」という意。

ぬれぎぬ【濡れ衣】無実の浮き名、根も葉もない噂。『古今集』402 に「雨のために出発できないと春雨に濡れ衣、着せて、あなたをいつまでもここにとどめておこう」と歌った歌がある。

ぬれる【濡れる】髪などがずるずるとゆるんで、締まりがなくなること。女性が恋に心を奪われた情景を示し、『万葉集』123 に「束ねれば濡れたように美しく光る彼女の髪…」と歌った歌がある。

ねいみ【子忌】初子（はつね）の日に屋内にいることを忌み避けて、野外に出ること。これが丘に登ったり、若菜を摘んだりする子日（ねのひ）の野遊びなど、歌垣の風俗に結びついたといわれる。

ねぐさ【寝臭】共寝をした相手の体臭が残っている様をいう。『金葉集』に「近江にあるというねぐさし山を君は超えたようだね、体臭もいっしょに」という歌がある。

ねくたれ【寝腐れ】寝乱れてしどけないさま。『源氏物語』（藤裏葉）に「ねくたれの御朝顔、みる甲斐ありかし」とある。

ねざめのこい【寝覚めの恋】眠りから覚めて、側にいない恋人を恋い慕うこと。『拾遺和歌集』に「恋する人に逢う事は夢の中でもうれしいが、目覚めた時に恋人がいない時のわびしさは格別なことだ」という意味の歌がある。

ねずみ【寝住】男が女の子と関係を持つこと。『拾遺集』に「年をへて君をのみこそ　寝住みつれ、こと腹にやは子をば生むべき」という歌がある。本居宣長は『古事記伝』の中でこの歌について、「まぐわいすること」と述べている。

ねそむ【寝初む】男女が初めて共寝すること。『兼盛集』に用例がある。

ねたし【妬し】男性に対して嫉妬の気持ちを抱く。妬ましい。『神楽歌』に、（夜来なくなった男が）「いといとねたし」と恨む歌がある。

ねたむ【妬む】男女関係で、相手が他の異性と仲睦まじい、または自分に冷淡であることを嫉妬すること。『宇津保物語』に用例がある。

ねっとう【熱湯】煮え立っている湯、熱い湯。『鉄槌伝』によれば「淫水（精液）の出が悪くなった時、熱い湯を手ですくってかければ効果がある」という。

ねはだ【寝肌】共寝した人の肌の温も

り。『好忠集』に「荒波立ちて荒るる夜も君が寝肌は懐かしきかな」という歌がある。

ねぶ【合歓】性的な関係の喜びのこと。この木の昼に咲いて夜は葉を閉じて「寝る」という姿と、その文字から連想されたもの。『万葉集』1461に「昼は咲き、夜は恋して眠る合歓の花、そんな花だというのに、あなただけご覧になるのでしょうか。私も一緒に見たいものです」という歌がある。

ねみだれがみ【寝乱れ髪】寝て起きた時の乱れた髪。特に男心をそそるものとされた。『後拾遺和歌集』に「朝寝髪乱れて恋ぞしとろなる逢よしも哉元結にせむ」と男色を歌った歌がある。寝捩（ねよ）り髪ともいい、『好忠集』に「私の妻の髪は（激しい情交で）汗まみれになり、寝捩り（よじれて）しまっている」という歌がある。

ねや【寝屋】寝室。『古今集』に用例がある。

ねる【寝る】①体を横たえる、眠る。②異性と共寝をする。性交の婉曲ないいかた。『日本霊異記』に「天皇、后と大安殿に寝て婚合し給へる時…」とある。

ねん【念】仏教用語で①異性をしたう心。②妄想。『往生要集』に用例がある。

ねんごろ【懇ろ】①間柄が親密なこと。②男女の仲が睦じいこと、情交関係

があること。『伊勢物語』に「懇ろに言ひ契りける女のことざまになりにければ…」とある。長く関係のあった女が心変わりしたので…といった意味。

のうえん【濃艶】艶っぽくて麗しいさま。『本朝文粋』や漢詩集の『新撰朗詠集』に用例がある。

のうさつ【悩殺】女性が性的な魅力によって男性の心をかき乱すこと。菅原道真が自作の漢詩を編さんした『菅家文草』に「薔薇の花の妖気が人を悩殺す」という歌がある。

のうそう【濃粧】濃く化粧すること、厚化粧。白居易の詩に「紅梅が六七分咲いた風景は厚化粧の少女が月下に立っているような風情だ」という1節がある。

のうらん【悩乱】悩み苦しんで心が乱れること。『日本霊異記』にある言葉。

のがみ【野上】美濃国（現岐阜県）不破郡関ヶ原に奈良時代からある宿場で、遊女の多いことで知られた。

のく【退く】関係がなくなる、離縁する。『梁塵秘抄口伝集』に「共に数年、一緒に過ごしてきた上、歌が上手なので縁切もできずに（のかで）きましたが」とある。

のこり【残り】かつて愛した人への心残りの思い。『源氏物語』（幻）に「人恋ふるわが身も末になり行けど残り多かる涙なりけり」と、心残りを歌った

歌がある。

のぞく【覗く】 すき間から見る、見てはならないものを、こっそり見ること。『落窪物語』に用例がある。

のちせ【後瀬】 男女の関係で、後日会うためのいい機会。『源氏物語』（帚木）に用例がある。

承応版絵入源氏物語「箒木」

のちのあした【後の朝】 男女が一夜を共にした翌朝。『能因歌枕』に「後のあしたは残り多かるここちなんする」とある。「一夜を共にした翌朝はずっと一緒にいたいという思いでいっぱいだ」という意。☞後朝（きぬぎぬ）の別れ。

のちのもの【後物】 後産。あと産に同じ。『宇津保物語』に「のちの物もいと平らかなり」とある。

のなかのしみず【野中の清水】 和歌用語で元の妻の意。野中の清水は生ぬるいことが多く清冽な印象に欠ける。

その感じが古妻のやることに似ているというもの。ただし心尽くしという点では物足りないが、味わいは残っているという意を含んでいる。『後撰集』に用例がある。

のぼる【登る】 のぼせ上がって夢中になる。『落窪物語』に「むげに恥づかしと思ひたりつるに、気登りたらむとほほえみての給ふ」とある。

のむ【禱む】 『万葉語誌』によると「額を地につけるようにして頼む、または祈る」こと。相聞歌では「恋しくてどうしようもないので、うわさが立たないようにひたすら神に祈る」ことという。

あ
か
さ
た
な
は
ま
や
ら
わ

コラム⑤　『詩経』と『遊仙窟』①

　『詩経』と『遊仙窟』は中国で2大ポルノに上げられる書物である。

　中国文学者の目加田誠によれば、『詩経』は中国最古の詩集で、紀元前11世紀から6世紀頃までに作られた詩が集められ、紀元前5世紀頃に成立した。同書では詩は国風、小雅、大雅、頌の4種に分類され、さらに表現方法として賦、比、興の3要素が抽出された。収められた詩は、女性が自分の性的な欲望を率直に吐露したものが多いのが特徴で、その点が朱子学の始祖である朱熹（しゅき）などの儒学者によって「淫奔の書」として唾棄されたという。

　その一例として「汝墳」という詩を紹介すると、「かの汝墳（汝水という川の堤）に出かけて　その条枚（堤に生えている木の枝や木肌）を伐る　いまだ君子を見ず　ひもじき思いは調飢の如し」（目加田訳、「中国古典文学体系15」平凡社）

　というもので、「汝水の堤（汝墳）に登って木々の小枝を切ったが、待っていた若者は表れなかった。狂おしい気持ちから朝明けのような激しい性的な欲望を感じた」という意味である。その感情を表すのが「調飢」という文字で、若者とのセックスがかなわなかった性への思いを、これ以上ない率直さで告白しているのである。

　一方の『遊仙窟』は唐代初期の小説で、作者は張文成（658〜730年）といい、発表されたのは679年頃であった。ストーリーは著者が黄河の河源という土地に赴く途中、道に迷って神仙の窟に入り、二人の仙女に出会って性の快楽の限りを尽くすというもので、そのクライマックス・シーンがこう描写されている。

　「私は綾絹のうちかけを下させ、薄絹のもすそを解かせ、紅の上着を脱がせ、緑の襦袢を取らせれば、花のかんばせはわが目に満ちわたり、かぐわしい風はわが鼻を裂くばかり。……わが手をくれないの二布（腰巻き）にさし入れつつ、わが足を緑の夜着におし入れた。二人の唇は互いに迎え、一本の手は乳のあたりを撫でつ押さえつ、股のほとり

をさすりつ撫でつひとたび嚙めばひとえにこころよく、ひとたび抱き
しめればひとえにせつない思いがして、鼻のうちはうずき、心の底は
堪えかねる思い、まもなく目はくらみ耳はほてり、脈はふくれ筋はゆ
るむとおぼえた。かくてこの人こそは世にも遭いがたく貴（たっと）
ぶべき女とさとり、しばしの間にいくたびか交わったのであった」
（前野直彬訳、「中国古典文学体系24」平凡社）。

　『遊仙窟』は中国4000年の文化の中で生まれた最初のポルノ小説で、
「価値のない泡沫の書」という批判が浴びせられる一方、古代中国の
人々はこれまでお目にかかったことのないようなリアルなセックス描
写にショックを受け、こぞって読み耽ったという。

　作者の張はなぜ、このような小説を思い立ったのか？　内山知也の
『漢籍解題事典』（明治書院）によれば、張は河北省深県で生まれ、少
年の頃から詩文の才に優れていると評判だった。若くして警察幹部に
昇進したが、有能な故に同僚から妬まれ、その讒言により死刑に処せ
られる寸前で許されたという。

　この小説を執筆したのは左遷されて、河源道行軍という軍隊の書記
をしていた頃のことであった。彼の所属する部隊の前線は吐蕃（チベ
ット軍）の大軍と対峙していたが、チベット軍は軍隊の技術的なレベ
ルや組織性といったことでは唐軍に劣ったものの、長年、シルクロー
ドを行き来するラクダの隊商を急襲して金品をせしめていたため、奇
襲作戦の巧みなことでは唐軍のかなうところではなかった。

　とくに前年の戦いで唐軍はチベット軍に決定的な敗北を喫し、18万
人の兵が虐殺された。その結果、犠牲になった兵士の妻や娘たちは売
春婦になったため、河源地方には大量の売春婦がひしめいていた。同
輩の嫉妬で処刑されそうになった我が身の上と、戦争のせいで夫や父
親が虐殺され、売春婦として生きていかざるを得なくなった女性たち
の境遇を重ね合わせ、あえて明るく描いたのではないかと推測してい
る。

　その背景が読者にも想像されたことが、小説への関心をいっそう引
き立てたのである。

は

ばいかかい【媒嫁戒】東大寺の学僧・凝然が著した『八宗綱要』にある言葉で、出家僧が男女間の媒介をすることをいましめた戒律。

ばいがん【売眼】色目を使うこと。ウインクすること。李白の「越女詞」という詩で使われている。

はいぎょく【佩玉】古代の人々が腰帯などに付けた飾り。『列仙伝』によると、果実や佩玉を贈答しあうことは性的な関係の証とされた。

はいごう【配合】結婚すること、夫婦になること。『大鏡』に「右大臣藤原師輔朝臣第1女、天慶3年4月をもつて配合す」とある。

ばいこう【媒媾】『五分戒本』にある言葉で私通の媒介。媒法ともいう。

はいさす【灰指】古代朝鮮語では「灰指」は「ジャジ」と呼び男性器のこと。『万葉集』3101に「紫は灰さすものそ　海石榴市の　八十の衢に逢へる児や誰」という歌がある。

はいひふ【背飛鳧】『房内篇』で説かれた三十法の第12で、鴨が空中で反転するさま。男は仰向けに寝ると両足を伸ばして開く。女は後ろ向きになって男の上に坐る。女は脚を床にくっつけ、頭を低くして男の玉茎を

つまむと自らの玉門に入れる。

はかま【袴】下帯など下半身に着ける下着、ふんどし。『古事記』に「追い詰められ極まりて、屎が出て褌（はかま）にかかりき。ゆえに其の地を謂ふ」とある。屎褌（くそばかま）は現在の大阪・枚方市樟葉。

はかん【覇姦】諸橋轍次の『漢和大辞典』に人の妻を横取りして強姦することとある。

はぎ【萩】妻や恋人など深い関係にある者のたとえ。雄鹿は雌鹿と共寝する時花の咲いた萩をしとねとするところから出た言葉。『万葉集』1761に「秋萩の妻を巻かむと朝月夜…」とある。

はきょう【破鏡】夫婦が別れ別れになることのたとえ。別離せざるを得なくなった夫婦が鏡を2つに割って、半分ずつ持ち合っていたが、妻が不貞を働いたため、鏡が鳥になって夫のもとへ飛んで行き、そのことを知らせたという中国の伝説に基づく。平安時代の歌学書や説話集に登場するエピソード。

ばくし【麦歯】女性器の小陰唇のこと。『房内篇』にある言葉。

ばくしゃはんだか【博叉般荼迦】仏教では交接不能の男性が五種類に分類されている。そのうちの一つで半月は男性だが、後の半月は男性としての能力を有しないという人物のこと。

『十証律』にある言葉で、半月黄門ともいう。☞**黄門**。

はくたい【白諦】男の精液。『沙石集』に「赤白二諦の中に入りて、子とはらまれる」とある。赤諦は母親の血、白諦は父親の精液。

はくにく【白肉】女性の太腿の裏の肉。女性が野外で労働していた太古にも、太腿の裏だけは真っ白で、それが男をそそったという意味で、いくつかの資料に見られる。

はぐろめ【歯黒め】鉄漿（かね）で歯を黒く染めること。『和名類聚抄』に「黒歯国、東海の中にあり。その土俗、草をもつて歯を染む、ゆえに黒歯といふ。俗に波久呂女といふ」とある。『角川古語大辞典』によれば、既婚の女性が歯を染める風習は 10 世紀頃、貴族の女性から始まり民間に広がった。院政期には貴族の男性も始めたという。

はこ【箱、筥】便器のこと。『今昔物語』に「この人…、筥にし入れらむ物は我等と同じ様にこそ有らめ」とある。「便器に入っている大便は私らと同じものよ」という意。

はし【愛し】男性の女性に対する気持ちを表す言葉でかわいい、いとおしいさま。多田一臣編の『万葉語誌』によれば『万葉集』では妻への愛情を表す例がもっとも多いとある。なお「はしけやし」という場合、「ああ、愛おしい」「ああ、慕わしい」という詠嘆の言葉としても使われている。

はじかわす【恥交わす】互いに恥ずかしく思うこと。『伊勢物語』に「おとこも女も恥交はしてありけれと」とある。

はじのいらつこ【土師娘子】越中国（現福井県）の遊行女婦。『万葉集』4047 に「垂姫の浦を」という歌が採られている。この女性は土葬された遺体の側に埋める埴輪造り（土師）の娘だったが、埴輪造りが廃れて遊女に変わったものという。歌は 748 年、国司（長官）の大伴家持の宴会で詠んだもの。

はしはか【箸墓】持っていた箸で、自分の陰部を突いて死んだと伝えられる百襲姫（モモソヒメ）を祀る墓のことで、『日本書紀』（崇神天皇紀）にある。夜毎に自分のもとに通ってくる三輪山の神を慕った姫は「一度お顔を見たい」と懇願した。神は「あなたの櫛笥（櫛を入れる箱）に入っていよう。しかし我が姿を見て驚くな」と告げた。神が帰る朝、姫が櫛笥をのぞくと小さな蛇がうごめいていたため、驚いた姫は箸で女陰を突いて死んだとされる。

はす【蓮】①スイレン科の植物。②美女の例え。中国の『遊仙窟』で使われたのが始め。☞**コラム⑤⑥**。

はすのは【蓮の葉】『カーマ・スートラ』で紹介されている爪の技の第 8。乳

房の膨らみの上や帯を締める部分に、蓮華の葉の形をした痕をつけるのが蓮の葉。☞『カーマ・スートラ』。

カーマ・スートラをテーマとした絵画

はせ【破前】前部を突き破るような勢いという意で、男性器の異名。『漢語抄』にある言葉。

はせい【破勢】男性器の異名。『鉄槌伝』にある言葉。☞『鉄槌伝』。

はだ【肌】男女が肌を触れ合うこと。肉体的に交渉を持つこと。『古事記』（歌謡79）に「下泣きに我が泣く妻を昨夜（こぞ）こそは安く肌触れ…」とある。

はだすすき【肌薄】穂にかかる枕詞で、赤みを帯びたススキの花穂の色が恋心に染まる頬の色に通じている。

はだせ【肌背】体に何も着けていないさま、裸。『赤染衛門集』に用例がある

はだつき【肌付き】肌の色艶。とくに女性の肌についていう。『源氏物語』（賢木）に「うす物を着給へるに、透き給へる肌付き、ましていみじく見ゆる」とある。

はちえき【八益】女性の冷え性や月経不順などの障害を治す八種類の交接法。『素女経』にある言葉。

はちじ【八事】『五分律』にある言葉で、比丘尼が守るべき戒律の一つ。欲情の心を抱いている男子の手を取り、衣をとらえ、共に人目につかないところに入り、一緒に座り、共に語り、共に相寄り、手を取り合って、相抱き合わんとする行為。

はっかいさい【八戒斎】『観無量寿経』にある言葉で、在家信者が1日だけ出家の生活を実行するという行事。（1）生物を殺さない。（2）盗みをしない。（3）性交しない。（4）嘘をいわない。（5）酒を飲まない。（6）化粧をやめ、歌舞を見ない。（7）高くゆったりしたベッドに寝ない。（8）昼以後何も食べない。八斎法ともいう。

はっさいりゅうにょ【八歳龍女】『法華経』に登場する女性で、8歳で仏教に帰依し、女身に5障があるにも関わらず、忽然と男子に変成して悟りを得たとされる。☞五障三従。

はつしお【初入】和歌用語で、恋の悩みや嘆きなどで流す涙のために衣服の袖が濡れて色が変わること。

はっぴゃくそくふこく【八百媳婦国】中国の先史時代にあったとされる伝説の部族国家。酋長は八百人の妻を持っていたとされ、それが国の名前として伝えられた。

はとむね【鳩胸】鳩の胸のように女性

の胸部が発達している様子。『類聚名義抄』に「ハトムネ」の記述がある。

はな【鼻】男子の陽物の大小を示す指標。平安時代から鼻は男子の陽物の大小を示すとされてきた。『源氏物語』(末摘花)に(あの方の鼻は)「びっくりするほど高く伸び伸びとしていて、先の方が少し垂れている」という一節がある。

はなごころ【花心】移りやすい浮気な心。『源氏物語』(宿木)に「花心におはする宮なれば…必ず御心移ろひなむかし」とある。

はなぞの【花園】『催馬楽』の「竹河」で花街のこととして歌われている。

はなぞめ【花染め】①露草の花で縹色(はなだいろ)の染めること。および染めた衣。②心が変わりやすいものの例え。『古今集』に「世の中の人の心は花染めのうつろひやすき色にぞありける」という歌がある。

はなだのおび【縹帯】縹の帯は変色しやすいところから男女関係の希薄なこと。『和泉式部集』にそのことを嘆いた歌がある。

はなづま【花妻】①花のように美しい妻。②花だけで実のならない妻。潔斎や月の障りなどで触れることができない妻。『万葉集』3370に「箱根の山のにこ草のように、ただ見つめていなければならない妻だったら、紐を解かずに寝るのだけれど、そうじゃないから、ね」という意味の歌がある。

はなとりび【花取り日】古代において娘たちが野花を摘む日。のちには盆の花を取る日に転嫁された。☞**歌垣**。

はなのにしき【花の錦】①桜の花が咲き乱れる様子を錦にたとえたもの。②女性の服が桜の花が咲き乱れるように美しいこと。『源氏物語』(梅枝)に用例がある。

はなのひも【花の紐】和歌の用語で、花の蕾を下帯に見立てたもの。下帯を開くことは男との関係を意味した。それを蕾が開くとかけたもの。『古今集』に「百草の花のひもとく秋の野に思ひたはれむ人な咎めそ」という歌がある。

はなばなと【花々と】花のように美しくきらびやかなこと。『栄花物語』に用例がある。

はにやまひめ【埴山姫】『日本書紀』(神代篇)では伊奘冉は火の神の軻遇突智を生む直前に、その火に焼かれて死んだが、死の直前に大便をした。これが埴山姫で大便の神となった。一説に土の神ともいう。☞**罔象女(みずはのめ)**

はやり【逸り】心がはやり立っていること。気をそそられること。逸るの名詞形。『平中物語』に「この頃通はす女ぞ、おそろしくもはやりあるかな」とある。

ばようてい【馬揺蹄】『房内篇』で説か

れた三十法の第20で、馬が蹄を動かすさま。「女を仰向けに寝かせて、男は女の片脚をつかんで肩に乗せる。もう一方の脚は自然に持ち上がるように密着して、玉茎を女陰に挿入するのは非常に面白い」

はら【腹】母胎の、子の宿るところ、また宿った子。『日本霊異記』に「我、必ず日本の国王の夫人丹治比の嬢女の腹に宿りて王子に生まれむとす」とある。

はらい【波羅夷】仏教用語で戒律の中でもっとも重い罪である淫、盗、殺、妄のこと。『四分戒律』にある言葉で、これを犯した比丘（僧侶）は懺悔しても許されない。☞**無根謗戒**（むこんぼうかい）。

はらごもり【腹籠り、胎】平安時代の漢和辞典の『名義抄』にある言葉で、胎児が宿ること。とくに父が死んだ時、子が母親の胎内にあること。

はらしゃきゃ【鉢羅奢佉】『有部律』にある言葉で、胎内の子どもの状態を表す「胎内五位」の一つ。受胎後第5の7日以後、出産までの間の胎児の状態をいう。

はらむ【孕む、妊む】妊娠する、身ごもる。『角川古語大辞典』によれば、古代には氏・家の継承との関係から、その人物の出生に至る過程が重視されたため、腹に宿ったことから説かれることが多かった。

はらめ【孕女】胎内に子を宿した女。『和名類聚抄』に「孕婦。波良女」とある。

はりがた【張り形】男根を模して作られた淫具。女性の自慰用に用いられる。『角川古語大辞典』によれば、奈良時代に高麗・百済の工人が作り始めたという。

はるのよのゆめ【春の夜の夢】春の夜に見る夢。はかなく美しいという恋のイメージを喚起させる言葉として使われた。『千載集』に用例がある。

はるはなの【春花の】花の美しく咲くイメージから、匂う、貴いなどにかかる枕詞。

はんいん【煩淫】煩わしく淫らな声、俗楽。中国の南斉についての歴史書である『南斉書』にある言葉。

はんかいふらん【半懐不乱】女性を抱いて性交はしないこと。『詩経』にある言葉。

はんがく【潘岳】晋の時代にいたといわれる伝説の美男子。中国では若

い女性が憧れの男性を見かけると果物を投げるという風習があったが、潘岳が通ると、町中の女性が果物を投げてきたという。

はんきゅう【半球】『カーマ・スートラ』で紹介されている性交体位の一つで、男女が足を伸ばして重なり合うポーズ。同書では「最低度性交の体位」とされているが、このポーズで女が男の太腿を強く挟めば「錝」（きょう）という体位となり、両腿を互いに交錯すれば「包懐」という体位となる。☞『カーマ・スートラ』。

はんげつ【半月】男女両性を具有すること。『和名類聚抄』に「其の体男にして男ならず、1月30日、その陰十五日男と為り、十五日女と為る。名づけて半月也」とある。☞**五種不男**。

はんしょう【半牀】独り者。寝床の半分しか使っていない者の意で、中国の歴史書の『隋書』にある言葉。

はんしょうよ【班婕妤】紀元前48〜紀元前6年の前漢の女性文学者。美人で皇帝の寵愛を受けた。名前の中にある婕という字が皇帝の寵愛を受けたことを表す。のちに趙飛燕姉妹にその寵を奪われた。その悲しみを歌った「怨歌行」で有名になり、悲劇のヒロインとして語り継がれた。

ばんだいし【盤大子】古代インド仏教で、石女（うまずめ）の子という意味で、ありえないことのたとえ。☞**石女（う**

まずめ、しゃくにょ）。

はんだか【半荼迦】『倶舎論』にある言葉で、生まれついた時から付いている男根がある時から女根に変わり、再び男根に変わること。

ひ【妃】①巫女、神の妻妾の意を表す象形文字から君主の妻妃を表す言葉となった。なお白川静の『漢字類編』によると、君主の妻を意味する「妃」という字は、性関係において「髪を振り乱し、手を上げて舞う女性」の姿を表現しているという。性の官能を大胆に表現する女性こそ、君主の妻に相応しいと考えられたようである。②天皇の妻。皇后に継ぐ地位で夫人や嬪（ひん）より上位とされ、定員は二名とされていた。奈良時代やそれ以前には「妃」は「みめ」と呼ばれていたが、平安時代に「きさき」という呼び名が定着した。☞**失、嬪**。

ひ【樋】大便を受ける箱。大便器。宮殿では対屋や細殿を囲った場所、帳台（貴人の寝所）の中などで用いられた。宮中の樋は朱の漆器と定められていた。

ひお【氷魚】夫のしなだれたペニスを妻が嘲笑した言葉。『万葉集』3839に「わが背子が犢鼻にするつぶれ石の吉野の山に氷魚ぞ下がれる」とあるによる。

びおうきゅう【未央宮】中国の漢代の宮殿。白居易の『長恨歌』に歌われ

たことから、容姿の美しさを表現する例えとして『源氏物語』などに取り入れられた。

びおうのやなぎ【未央の柳】未央宮の庭の柳。『長恨歌』に黒髪の美しさの例えとして用いられた。

ひかり【光】美貌の表現、輝くような美しい容姿。『狭衣物語』に用例がある。

ひきたべのあかいこ【引田部の赤猪子】『古事記』の雄略天皇紀に見えるエピソードで、三輪川に川遊びに出かけた天皇が、川べりで美少女を見かけて「お前を宮中に召すから他の男と結婚せずに待つように」と述べた。赤猪子は80年間待ち続けたが音沙汰がないので、宮中に申し出たところ、彼女と面会した天皇は老女の醜い姿に驚いて褒美を与えて帰したという。この裏に女の容貌はすぐに衰えるが、天皇は神だから若さも衰えることがないという思想が含まれている。

ひきまさぐる【引き弄る】引っ張ったり、触ったりしてもてあそぶこと。『宇津保物語』に用例がある。

ひぎょうしゃ【飛香舎】内裏にある中宮・女御の住居の一つで、女御の入内の儀が行われた。

びくに【比丘尼】『四分律』にある言葉で出家した女性、尼僧。日本最初の尼は584年に誕生、741年には鎮護国家の建前から諸国に国分寺・国分尼寺が設けられ、多くの尼

僧が存在したが、仏教界では正式には認められなかった。尼僧が仏教者として認められるようになったのは鎌倉時代になってから。

ひざ【膝】膝枕のこと。『万葉集』3457に「大和女の膝巻くごとに…」とある。

ひし【皮紙】魏の時代に成立した『洛陽伽藍記』によれば、人間の皮膚を紙にして経文を書くこと。

びしゃじゃ【毘舎闍】『法華経』にある言葉で、人間の精気や血肉を食う食肉鬼。

びじょ【美女】美しい女。『本朝文粋』に「白衣の美女二人有りて山嶺の上に並び舞ふ」とある。「びんじょ」ともいう。

びしょう【美少】美しく歳が若いこと、美少年。『文華秀麗集』に「美少の繁華春意奢る」とある。

ひしょく【妃色】『漢書』にある言葉で、女色及び好色のこと。

ひじり【聖】①学徳のすぐれた僧への尊称。②、前項①が転じて、平安時代には女性に接しない者の意、妻を持たぬ者の意で用いられた。

びじん【美人】『詩経』では男性のこと、『楚辞』の場合は君主を意味していた。

ひすいこう【翡翠交】『房内篇』で説かれた三十法の第8で、カワセミが交尾するさま。女を仰向けに寝かせ

て足を上げさせる。男は女の股の内側にしゃがんで足を開く。両手で女の腰を抱いて玉茎を陰核一帯にへ突き進める。

びそう【美相】美しい容貌。『源氏物語』（箒木）に用例がある。

ひそみにならう【顰に倣う】やたらに他人の真似をすること。紀元前300年頃の中国の『荘子』にある言葉で、越の美女の西施が胸の痛みのために眉をしかめたところ、「美人は眉をしかめるものだ」として、多くの女性が真似をしたという故事から出たもの。

ひたい【皮袋】『祖堂集』にある言葉で、皮をかぶった生き物の意で人間のこと。大小便の臭いを持つという意味で臭皮袋ともいう。

ひたちおび【常陸帯】常陸国（現茨城県日立市）鹿島神宮で行われる神事。男性経験が豊富で、その夜の相手を決めかねた女性が、帯（紙の短冊）の一枚、一枚に男性の名前を記して神前に供えると、そのうちの一枚だけが裏返り、神のお告げが下されるというもの。順徳天皇が著した『八雲御抄』にも「天下の五奇祭」の一つに上げられている。☞**雑魚寝、尻叩き祭り、鍋被り祭り、錦木。**

常陸帯

ひっぷ【匹夫】①身分の低い男。②妻としか性交をしない男。『春秋左氏伝』にある言葉。

ひと【人】『古今集』で男女に限らず恋人のこと。ちなみに木村紀子訳注『催馬楽』によれば、こういう用例は奈良時代以前はあまり例がなく、『催馬楽』に一例見られるだけ、『万葉集』でも稀という。

ひどう【非道】①人の踏み行うべき道に外れたこと。邪道。②仏教用語で女根ではないところ（口や肛門など）で行婬を行うこと。藤原道長の日記『御堂関白記』に用例がある。

ひとだね【人種】人を生殖する基準、子孫を生みつぐ基本、精子。『落窪物語』に用例がある。

ひとつになる【一つに成る】夫婦になる。夫婦として一緒に暮らすこと。『浜松中納言物語』に用例がある。

ひとの【樋殿】大小便をするための場所。便所。『御堂関白記』に用例がある。

ひとのよ【人の世】世間の男女の仲。『源氏物語』（夕霧）に「人の世のうきをあはれと見しかども…」とある。

ひとぶた【人豚】中国の前漢時代（紀元前202年〜紀元前195年）の高祖王の正夫人は呂后と称した。彼女は戚姫が高祖王の寵愛を一身に集めたことに嫉妬し、王の死後、戚姫の手足を切断、目や耳を潰して厠に投げ入れ、豚と同様エサとして人糞を食べさせた。俗に「人豚」と呼ばれる。

ひともとかずら【一本葛】ぐるぐるにより捻れたかずら。古代にはそのからまりあった様子から、男女が深く結びついた形に擬せられた。『梁塵秘抄』に「美女うち見れば一本葛にもなりばやとぞ思ふ」とある。

ひとよ【一夜】その場限りの関係。『日本書紀』（歌謡）に用例がある。

ひとよつま【一夜妻】一夜だけを共にした行きずりの男。『万葉集』3873に「我が門に千鳥しばなく起きよ起きよ我が一夜夫人にしらゆな」という歌がある。一夜妻（いちやつま）も同じ。

ひとりずみ【一人住み】一人で暮らすこと、一人住まい。平安時代には正妻があっても別居している夫を指す例が多かった。

ひなさき【雛先】女性のクリトリスのこと。さねともいう。平安時代に作られた『色葉字類抄』に記述がある。

ひひ幼児の陰茎。『色葉字類抄』に「ヒヒは小児の陰茎なり」とある。

びびのきょく【靡靡の曲】殷の紂王が寵姫の妲己の求めに応じて作らせた淫靡な曲の題名。古代中国の皇帝は専属の楽師を抱え、女性と関係する際には楽師に淫靡な曲を演奏させることが通例になっていた。『史記』によると、紂王お抱えの楽師は師涓（しけん）といい、曲作りの上手なことで知られ、「靡靡の曲」や「新淫の声」という曲は特に紂王や妲己のお気に入りだった。なおお抱えの楽師はいずれも盲目だったという。

ひみこ【卑弥呼】中国の『魏志倭人伝』等の史書に記されている邪馬台国の女王。神の神託を告げる巫女だったといわれる。邪馬台国が南の狗奴国の卑弥弓呼と交戦中に没し、殉死のために奴婢1000人余が生き埋めにさせられたと伝えられる。この頃、この国には神夏磯媛、田油津媛、倭迹迹日百襲姫などの姫がいたという。

ひめなそび【姫なそび】姫遊びの変化したもので、淫事に耽ること。『日本書紀』（崇神天皇紀）に用例がある。

ひも【紐】上代には紐といえば衣服を結んでいるものをさし、紐を解くといえば性的な関係を意味した。『日本書紀』（歌謡）に用例がある。

ひものお【紐の緒】紐の緒は性的な関係を期待する心の高ぶりを表すもの

だから、「恋しい」「会いたい」など心のこもる状況の枕詞となった。『万葉集』1753 に用例がある。

びゃく【白】仏教用語で男子の精子のこと。『摩訶止観』にある言葉。

ひゃくだゆう【百大夫】遊女・傀儡の守り神。大江匡房の『遊女記』によると、道祖神が発展したものという。『梁塵秘抄』に「遊び（遊女のこと）の好むもの、男の愛祈る百大夫」とある。

ひゃくびず【百眉図】綺麗な眉を描くことで知られた唐の長安の遊女螢が1日に一例ずつ描いた眉の形を集めたもの。☞十眉図。

びゃっことう【白虎騰】『房内篇』で説かれた三十法の第 21 で、西方の神獣である白虎が天に馳せ登るさま。「女に顔を低くしてひざまずかせ、男は女の後ろにひざまずく。さらに両手で女の腰を抱き、玉茎を子宮の中まで挿入する」

びょうそどうけつ【猫鼠同穴】『房内篇』で説かれた三十法の第 28 で、猫と鼠が同じ穴にいるさま。「男は仰向けに寝て足を広げ、女は男の上に伏して深く玉茎を入れる。次に男が位置を変えて女の背中の上にうつ伏し、今度は後ろから玉茎で玉門を攻める」

びょうふのうなん【病不能男】『十証律』にある言葉で、病気によって男性の機能を失った者。男根が腐ったり、男根を切断したもの。

ひよく【比翼】比翼の鳥の下略形。雌雄がそれぞれに一目一足一翼で、常に一体となって飛ぶとされた想像上の鳥で、雌雄の中が睦じいことの表現。白居易の『長恨歌』にある言葉。

ひよくよく【逼浴】男と女が湯殿で湯浴みすること。『礼記』にある言葉。

ひよくれんり【比翼連理】『長恨歌』にある言葉で、男女の契りの深いこと。

ひるね【昼寝】男女が昼間に共寝すること。『枕草子』（百五段）「見苦しきもの」に用例がある。

びれい【美麗】きれいで美しいさま。

多くは女性の容貌についていう。『大鏡』に用例がある。

ひろい【広井】平安時代前期の女官で、天武天皇の皇子長親王の子孫。平安時代以前の古謡である催馬楽の上手として知られ、古代の性風俗の象徴である歌垣の名手としても知られた。

ひん【嬪】令制で定められた天皇の妻の一つ。天皇の妻は妃2人、夫人3人、嬪4人とされ、妃は皇族で四品以上、夫人は三位以上、嬪は五位以上と決められていた。☞妃（ひ）。

ひんばのてい【牝馬の貞】『易経』にある言葉で、牝馬は受精すると雄を近づけないことら貞操の固い女性のこと。

ふいん【不婬】『法句経』にある言葉で①性的関係を全く断つこと。②不邪婬のこと。

ふいんかい【不婬戒】『梵網経』にある言葉で、一切の婬事から離れること。

ふいんよく【不婬欲】『正法眼蔵』にある言葉で不倫な男女関係を持たないこと。

ふういつ【風逸】盛りの着いた男女が誘い合って淫事にふけること。『春秋左氏伝』にある言葉。

ふういん【風淫】思う存分、淫事にふけること。『後漢書』にある言葉。

ふうじん【風塵】娼妓、遊女のこと。宋時代の詩人論である『後村詩話』にある言葉。

ふうりゅう【風流】男と女の情事に関すること。『遊仙窟』にある言葉。

ふきし【不起子】出産の場で間引かれた子。『世説新語』にある言葉。

ふくかん【服汗】淫らなことをすること。『大載礼記』にある言葉。

ふくないしょうし【服内生子】喪中に子を生むことで、唐律（唐の法律）で、非常な罪悪、十悪の一つに挙げられた。

ふくないのうしょう【服内納妾】喪中に妾を囲うことで、唐律では服内生子と同様十悪の一つとされた。

ふぐり【陰囊】睾丸。『和名抄』にある言葉。

ぶくりょう【茯苓】古代中国で愛用された性欲増進剤。『素女経』にその効用が述べられている。

ふざける【巫山戯】男女がセックスして快感を得ること。『文選』に用例がある。

ふざんのゆめ【巫山の夢】夢の中で美女と情交すること。漢時代の歌に出てくる言葉で、雲雨、高唐、陽台ともいう。

ふしや【伏屋】妻問いで訪ねてくる男を迎えるための小屋。夜這いにきた男性を迎えるために一夜妻が籠るところ。妻屋と同じ。☞妻屋。

ふじゃいん【不邪婬】①男女間の品行を正しく守ること。道ならざる愛欲を犯すことはやってはならないという意。

②『長阿含経』にある言葉で、在家者は妻以外の女、または夫以外の男と性交をしないことの意。

ふじゃいんかい【不邪婬戒】『薩婆多毘尼毘婆沙』にある言葉で、不倫な性的行為を禁じた戒め。淫らな性交をしてはならないことも定めている。

ふじょう【不浄】『五分戒本』にある言葉で①汚れていること。②男子の精液。

ふじょうかん【不浄観】『十証律』にある言葉で、肉体の汚らわしさを観法することによって、煩悩や欲望を取り除く方法。とくに異性の容色の美しさに対する欲望を抑えるために、死屍が次第に腐敗してゆく姿を想像することが勧められた。

ふじょうぎょう【不浄行】『長阿含経』にある言葉で、婬欲を実行すること。男女の交わり。

ふじょうほう【不定法】『十証律』にある言葉で、信者の男女関係について疑わしい行為のあった時、その場にいたものが判定するのではなく、信用ある信者の裁定に委ねること。

ふじわらのあきひら【藤原明衡】平安時代の貴族で文人。1004年に大学に入学したものの、学閥の壁に阻まれて官吏の登用試験に合格したのは28年後。このため『鉄槌伝』という日本初の漢文によるポルノ小説を著したり、庶民の芸能として人気のあっ

た猿楽の記録（『新猿楽記』）を残すなど、庶民の生き方に共感を示していた。一方、優れた漢詩文を編さんした『本朝文粋』も著している。☞大江匡房。

ふじわらのたかいこ【藤原高子】清和天皇の女御で、天皇との子である陽成天皇の即位によって皇太后になったが、僧善祐との醜聞によりその地位を停止された（没後に復位）。『伊勢物語』で在原業平の恋人とされたのをはじめ、平安時代の代表的な乱倫の女性とされている。

ふじわらのひでさと【藤原秀郷】934年（天慶3年）4月、平将門の乱を平定。秀郷は将門の首級をあげ獄門にかける。獄門の初め。

ふじわらのみちなが【藤原道長】平安時代の宮廷文化を象徴する公卿、政治家。とくに996年（長徳2年）、左大臣となって以降、政界の頂点に立ち、貴族社会を牛耳った。娘を天皇の中宮に据え、その子ども（自分の孫）を天皇に即位させて、実質的に自分が支配したいとする執念は凄まじく、娘3人を天皇の妃とする「一家に三后」という事態を成し遂げた。「この世をば我が世とぞ思う望月の欠けたることのなしと思へば」という歌はその満足感を詠んだ歌として知られている。『源氏物語』の作者である紫式部は道長の愛人だったといわれ

あ
か
さ
た
な
は
ま
や
ら
わ

る。

「夜、紫式部を訪れる道長」（「紫式部日記絵詞」）

ふじわらのよりなが【藤原頼長】平安時代の太政大臣。若い頃には「日本一の大学生、和漢の才に富む」と絶賛された。同時に若い頃から男女との精力的な色ごとに没頭、その記録を『台記』という自らの日記に残している。頼長には3人の妻がいて4人の男を設けた。遊女とも交わったが、『台記』には9人の男と関係していたことが記述されている。1146年（久安3年）9月、鳥羽上皇は四天王寺に参詣。頼長も同行した。上皇の目的は参詣よりも「容貌壮麗」の美少年の舞人で、彼との関係に妄想を舞い上がらせていた。宿舎に戻った頼長は上皇が少年と通じる前に、彼を宿舎に引き込んで通じた。しかもその後で、年来の衆道の仲である藤原隆盛とも通じた。2人の関係は長いので、いつでも同時に精を漏らすことができたという。頼長は翌日も、舞人と隆盛の2人との衆道を楽しん

だ。男色では主人が下の者の尻を犯すのが通例だが、頼長は攻めも受けもマスターしていた。後の太政大臣の藤原忠雅との関係ではもっぱら頼長が攻める側であったが、2年4か月後、初めて後門を貫かれた。以後、交互に攻め合ったという。それから約3年後、頼長からはかなり身分の低い木曽義賢が寝所に侵入して頼長をおかした。義賢は木曽義仲の父親である。「無礼に及ぶ行為だったが、景味（えも言われぬ心地よさ）も味わった」という。

ふすまおおい【衾覆】年若の天皇や東宮（皇太子）のもとに娘を入内させた公卿やその夫人が、初夜の寝所に入った新郎新婦の上から衾（布団）をかけてやること。歴史書ではそこまでしか記述されていないが、挿入まで手ほどきをして、天皇や東宮が満足して射精したことを確認したところで、布団をかけたことが想像される。その理由は娘の親や親族である有力貴族が自らの権力を拡大させたいと考えたことにあった。そのためには初夜をスムーズに終えることが絶対の条件であったが、「添臥」の項で触れたように平安時代初期には、東宮の初体験の相手として男性経験のある年上の女性が選ばれたが、時代が経つにつれて年上のふさわしい女性がいなくなったことが「衾覆」

の登場を促す条件となった。しかも後の天皇と皇后の性関係を目撃し、時には手助けすることになるから他人任せにできず、例えば藤原道長の娘嬉子が敦良親王（後の後朱雀天皇）に入内した際には、道長夫人の倫子がこの役を務めた。さらに親仁親王（後の後冷泉天皇）に入内した時には母方の親族で、関白の藤原頼通が務めている。頼通は役目を終えるまでに３日を要したという。☞ **添臥**（そいぶし）。

ふぞくうた【風俗歌】古代日本の地方の国々で伝承されていた歌謡。主として東国地方の歌謡をいい、風俗舞に合わせて歌われた。『日本後紀』延暦23年10月に「播磨国司、風俗歌を奉献」とある。

ふたがみ【二神】男女一対の神、イザナギ・イザナミをいう。

ふたごころ【二心】男女間の浮気心。『源氏物語』（東屋）に「いかにもいかにも、二心なからむ人のみこそ目安く頼もしき事にはあらめ」とある。

ふたなり【二形】男女両性器を持っている人。半陰陽。『病草紙』に「夜、寝入りたるに、密かに衣をかきあげて見れば男女の根ともにありけり。これ、二形のものなり」とある。

ふたなり（「病草紙」）

ふだん【不男】性交をできない男。『南史』にある言葉。

ふとももほうよう【太腿抱擁】『カーマ・スートラ』で紹介されている抱擁に関する他派（スヴァルナナーバ派）の主張の第２の形。男が女の一方の腿あるいは両腿を股の間にはさみ、力を込めてはさみ付ける。

ふなとおう【道祖王】天武天皇の孫で、孝謙天皇の皇太子に立てられたが、日頃から淫らな振る舞いが多かった。天平宝字元年（757年）４月、先帝（聖武天皇）の喪中に侍童と姦淫したことが発覚して皇太子の地位を廃され、のちに橘奈良麻呂の乱に連座して捕らえられ獄死。

ふなん【扶南】官能的な舞曲のこと。扶南は現在のプノンペンのことで、中国の南朝時代の梁に関する史書の『梁書』にある言葉。同書によると五世紀頃の扶南は好色の女が多く、淫行の際音曲を奏することをが多かっ

たことから、扶南といえば猥褻な音楽というイメージが広まったという。

ふぼん【不犯】『菩薩地持経』にある言葉で、僧侶や尼僧が戒律を犯さないこと。淫戒についていうことが多い。

ふやじょう【不夜城】『漢書』に出てくる言葉で中国の不夜県にあった城の名。夜にも太陽が出て明るかったと伝えられることから、夜になっても灯火で明るく人々で賑わう遊里などを指す言葉として用いられる。

ぶりょう【武陵】中国・湖南省の地名。昔、ある漁師が渓流を上って行くうちに、この世のものとも思えない理想郷に到達したという。以来、桃源郷として伝えられた。

ふる【触る】軽く接触する。さわる。肉体の交渉を持つこと。『古事記』（歌謡）に「下泣きにわが泣く妻を昨夜（こぞ）こそは安く肌触れ…」とある。☞肌。

ぶれつてんのう【武烈天皇】第25代天皇で500年頃の6、7年間在位。『日本書紀』（武烈天皇紀）には雄略天皇と並ぶ異常な行為の数々が記録されている。それによると(1)妊婦の腹を裂いて胎児を取り出した。(2)女たちを全裸にして板の上に座らせ、その前で発情した馬の交尾を見物させた。さらに天皇は彼女たちの陰部をのぞいて、そこが湿っていた女性は殺害、そうでない者は奴隷

の身に落としたなどとある。☞雄略天皇

ふんぎ【粉戯】『大漢和辞典』に古代の中国で猥褻な見せ物とある。

へ【屁】おなら。平安時代の漢和辞典である『新撰字鏡』に「屁、出気也戸」とある。「尻の穴から出る気」の意。

へいしょう【嬖妾】『春秋左氏伝』にある言葉で、君主や貴人に寵愛される女性のこと。

へいちゅう【平中】平安時代の貴族で、『伊勢物語』の在原業平と並ぶ代表的な色好みである平貞文のこと。彼を主人公にした歌物語が『平中物語』。☞伊勢物語

へいてい【娉婷】美人で趣きのあること。漢の時代の詩人辛延年の「羽林郎」という詩にある言葉。

へきよう【辟雍】『洞玄子』にある言葉で、女性の膣尿道部のこと。

へだてなし【隔てなし】肌身を許すこと。『堤中納言物語』に「隔てなくさへなりぬるを…」とある。

へのこ【篇乃古】陰核のこと。『和名類聚抄』に①「陰核を俗に篇乃古（へのこ）という」とあり、「淫乱にはその勢を割く」と記述されている。②男子の陰嚢のこと。古くは睾丸の異称として使われたこともあった。③『和名類聚抄』には「俗に閂字を男根（へのこ）とし開字を女陰（ぼぼ）とする」ともある。へのこが男根の意と

して定着したのは江戸時代になってから。

愛知県小牧市の田懸神社の「豊年・扁及古（へのこ）祭」の男根の神輿

へのこかむなぎ【篇乃古巫女】『和名類聚抄』には男巫女のこと。巫女は通常は女性の役目だがまれに男性で巫女の役をなしている者もあった。ヘノコを持つ巫女の意。

へび【蛇】男子の生殖器のシンボル。その形態から日本では蛇が人間の女性を犯す話や、男女ともに色欲煩悩を起こしたという説話が多い。長野県井戸尻遺跡群の曽利遺跡からは女陰に蛇が挿入された模様の土器が発見された。

べべ【戸戸】平安時代後期の遊女の名。歌人の藤原仲実は備中守に任ぜられた時、妻がいなかったので、著名な遊女の戸戸を落籍して同行させた。後に女陰の隠語として広がった。

へんごう【片合】半体ずつのものが合して一つになること、即ち性交すること。『荘子』にある言葉。

へんじょうなんし【変成男子】『法華経』にある言葉で、仏の力で女子が男子に生まれ変わること。変成男子のサンスクリットの原語によれば「女根がうちに隠れて男根が現れる」という意味。また『法華経』では竜王の娘が男子に身を変えて成仏したとも説かれている。女は五障があるために成仏できないという考えに対し、全ての者の成仏を説く大乗仏教では、阿弥陀仏が女を男に変えることによって成仏させるという考えが打ち出された。さらに龍女が男身になって南方世界に往生したとも説かれた。

べんり【便利】大小便を排泄すること、またその排泄物。『今昔物語』に「大小の便利の不浄を出して眠れる者あり」とある。

ほう【包】腹中に胎児のある形を表す象形文字から作られた言葉。懐妊。

ほう【抱】男女が抱擁すること。後漢時代の『釈名』にある言葉。

ぼう【房】妻妾のこと。『晋書』にある言葉。

ぼう【母】母親のこと。女という字に両乳を加えた象形文字から作られた言葉。

ほうえん【邦媛】国中で1番の美女。『詩経』にある言葉。

ぼうえん【房宴】房中の楽しみ、性交。『唐書』にある言葉。

ぼうきょう【茅坑】便所。古代の中国の江南地方には路傍に一里あるい

は一里半ごとに必ず茅坑が設置されていた。毛坑とも書く。

ほうぐ【宝具】上代における女性器の呼び名。『鉄槌伝』にある言葉。☞肉具（ししぐ）。

ほうし【法師】男性器、ペニスのこと。

ぼうじ【房事】男女の交合、性交。平安時代の公家のエピソードを記録した『小右記』に「今夜、少将実基、修理大夫済政の女に通ふ…房事を行ふ」とある。

ほうじ【褒姒】中国・周の幽王の寵妃で絶世の美女。『史記』によれば、幽王は全く笑わない彼女が狼煙を見たときだけ笑ったので、火急の用でもないのに狼煙を上げて部下たちを集合させていた。ある時、敵に攻められて狼煙をあげたが、部下は駆けつけず幽王は殺害され、褒姒は捕虜になった。

ぼうしつ【房室】男女の交わりのことで、『神仙伝』にある言葉。

ほうしょう【鳳翔】雄の鳳が飛翔する姿。『房内篇』で説かれた九法（9つの体位）の第6。「女を仰向けに寝かせて自ら脚を持ち上げさせる。男は股間にひざまずき、両手で体を支えて玉茎を深く挿入し、腟の大前庭を突く。堅くて熱い玉茎をくわえさせたまま、女自身に38、24回ほど体を揺り動かさせる…」

ほうしょうすう【鳳将雛】『房内篇』で説かれた三十法の第16で、鳳凰の親鶏が雛を養育するさま。「女があまりに大柄で、肥満体の場合、保護した少年を補助に使って交接するのは、なかなか味なものである」。男2人、女1人の変則位。

ほうたい【胞胎】①母の胎内にあるときに被っている膜、胞衣（えな）のこと。②『倶舎論』では出胎の意、すなわち人間に生まれ変わることという意で使われている。

ぼうちゅう【房中】閨房の中、男女の交わりのこと。『神仙伝』にある言葉で、中国の基本的なセックス用語の一つ。

ぼうちゅうじゅつ【房中術】古代中国で性のテクニックのこと。房中陰陽術ともいう。

ぼうちゅうひしゅ【房中秘酒】勢力増強のための酒。中国では「千金方」や「蛇床子」「禿鶏散酒」などさまざまな秘酒が伝えられている。

ほうとう【放蕩】酒色に溺れて素行が悪いこと。『懐風藻』に「（大津）皇子は性すこぶる放蕩にして…」とある。

ぼうない【房内】閨房の中、転じて性交のこと。『房内篇』で初めて使われた言葉。

ぼうないへん【房内篇】日本最古の医書『医心方』（全30巻）の中の第28巻、性の健康法やハウツーについて述べた巻のことで、日本初の性の指南書である。本書では『房内篇』の第

12章で説かれた九法、第13章にある三十法の性交体位を中心に、性風俗史に関わる事項のみを抽出して紹介している。☞『医心方』。

ほうひ【放屁】①オナラをすること。②『正法眼蔵』ではデタラメをいうこと。むやみやたらにしゃべることという意で使われている。

ほうひかっせん【放屁合戦】庶民が屁の音の大きさや臭さを競っている風景を描いたもので、『陽物比べ』と並んで、日本の春画の第1号とされている。ともに鳥羽僧正作と伝えられる。☞陽物比べ。

「放屁合戦絵巻」

ほうぼくし【抱朴子】抱朴子は古代中国の著述家葛洪（281〜341年頃）の号で著書の名称。『房内篇』では重要な性の指南書として用いられている。

ほうめい【宝命】女性器。『日本紀略』宝亀元年8月4日の条に「道鏡が称徳天皇の宝命に雑物（大人のおもちゃ）を入れて快感を味わわせていたところ、この雑物が抜けなくなった」との記述がある。

ほうらつ【放埒】淫蕩に耽り、身持ちが悪いこと。『漢書』に「諸侯王の伝に、強く淫乱で放埒な事多し」とある。

ほうりゅうじ【法隆寺】推古天皇の時代（593〜628年）に建立される。後に天井板にペニスのいたずら書きのあることが判明。日本初の性の落書き。

ぼうろう【房労】房事が過ぎること。『大漢和辞典』に房事過労の略とある。

ほかばら【外腹】本妻以外の女性の腹に生まれること。側室の子。『源氏物語』（乙女）に「大納言の外腹の娘を奉らるなるに」とある。

ほきくるおす【祝狂】忘我の状態で踊り狂うこと。『古事記』（歌謡39）に「本岐玖流本斯（ほきくるほし）」とある。

ぼくじょうそうかん【濮上桑間】濮は衛の国を流れる濮水という黄河の支流のことで、桑の林での性の饗宴がとくに盛んなことで知られていた。☞高禖、鄭衛桑間、六根懺文。

ぼくせきにあらず【木石に非ず】人間は木や石のように心のないものではないという意。中国の『白氏文集』に「人は木石に非ず、皆情あり。如かず、傾城の色に遭はざらんには」とある。

ぼさつばん【菩薩蛮】古代中国にあったとされる女系氏族で女蛮国とも呼ばれた。

ほし【欲】（女性を）自分のものにしたいと願うこと。『万葉集』2362に「山背の久世のお坊ちゃんは私が欲しい

んだとさ、いともたやすく私が欲しいんだとさ、久世のお坊ちゃんは」という歌がある。

ほしあい【星合】 7月7日の夜、牽牛と織女が出会うこと。七夕伝説は中国から伝えられ、日本でも古くから行われた。『源氏物語』（幻）に「七月七日も例に変わりたる事多く、…ほしあひ見る人もなし」とある。

ほしのみや【星宮】 中国で楊貴妃と並ぶという伝説の美人。

ほそごし【細腰】 腰が細いこと。古代から女性の性的魅力の一つとされた。『荀子』や『韓非子』で使われた細腰（さいよう）の日本語読み。

ほそごしをこのみてきゅうちゅうがしおおし【細腰を好みて宮中餓死多し】 古代中国の楚の霊王が腰の細い女性を好んだため、宮中の女が痩せるためにこぞって絶食し餓死者が相次いだという故事を表したもの。

ほそはぎ【細脛】 衣服の下からのぞく少女の細長い足のこと。『宇津保物語』に用例がある。

ほそめ【細目】 細く開いた目。女性が媚びと色気を表す場合をいう。『狭衣物語』に「細目を開けて首筋引き立て…」とある。

ほっしょうのはな【法性花】 天台宗の稚児灌頂において肛門のこと。稚児は師僧の男根を受け入れるため、紙を巻いた指に唾を塗って肛門に挿入す

るなどの準備を行う。☞稚児灌頂、無明火（むみょうのひ）。

「法性花」（『稚児の草子』）

ほと【陰、蕃登、陰所】 女陰のこと。『日本書紀』に「陰に麦及び大豆、小豆生まれり」とある。ただし土屋文明の『万葉集私注一』によると、「ほと」が男性器を意味することもあったという。

ほど【程】 容姿や才能の優劣を表す言葉。『源氏物語』（乙女）に「暗ければこまかには見えねど、ほどのいとよく思ひ出でらるるさまに…」とある。

ほとたちだ【陰絶田】 『播磨国風土記』揖保郡の条（現・兵庫県たつの市）によれば、国造が米つき女の陰（ほと）を犯して裂傷を負わせた。その故事を忘れないために、地名として残ったという。

ほととぎす【霍公鳥】 ほととぎすの鳴き声は欲情を刺激するものとされた。『万葉集』3782に「長雨が続いて女のもとへ通えずに鬱々としているときに、ホトトギスが里にきて、私の恋情を刺激するように鳴き声を響かせている」

という歌がある。

ほとどころ【不浄】女陰のこと。『日本書紀』（武烈天皇紀）に「女をして裸形にして平板の上に坐しめて、馬を牽きて前にいたして遊牝（つるび）せしむ。女の不浄（ほとどころ）を見る時に沾湿（うるえる）者は殺す。湿へざる者をばおさめて官婢（つかさやっこ）となす」とある。

ほにいづ【炎に出づ】恋しているという思いが外に出ること。『万葉集』326に用例がある。

ぼぼ【嫫母】紀元前2500年頃の中国最初の皇帝といわれる黄帝の妻で、醜女の代表とされている。

ほやく【補薬】補精薬。生理機能の減退している人のための強壮剤で、『沙石集』にある言葉。

ほる【欲る】欲しがる、自分のものにしたいと念ずること。『日本書紀』（歌謡123）に「かくや恋ひも君が目を欲る」とある。

ほれる【惚れる】ぼんやりするとか放心状態になること。阿部猛『日本史雑学大辞典』によれば、異性に夢中になるという意味で使われるようになるのは中世以降。

ほん【奔】男女が納采の儀などで儀礼を経ずに性的関係を持つこと。☞新婚。

ぼんおどり【盆踊り】盆の季節に各地で行われる娯楽の踊り。原始舞踊が仏教の伝来後、盆の儀式と結びついて民衆娯楽として発達したもの。仏教の世界では目連という古代インドの修行者が母親が餓鬼道から救われて天上界に生まれ変わったことを喜び、踊りまわった。盆踊りの第1号という説もある。盆踊りではしばしばオージー・パーティーも演じられたことが記録に残っている。

ぼんぎょう【梵行】『中阿含経』にある言葉で、淫欲を断つ修行。梵道ともいう。

ぼんのう【煩悩】『倶舎論』にある言葉で、人間の心身を悩ますあらゆる精神作用。

コラム⑥　『詩経』と『遊仙窟』②

　奈良時代の760年（天平宝字4年）頃に成立した『万葉集』と、平安時代の905年（延喜5年）に撰述された『古今集』は、日本文化の原点ともいうべき歌集である。ところがこれらの歌集は『詩経』と『遊仙窟』という古代中国の2大ポルノに触発されて作られた側面が大きかった。ここでは分かりやすいという点から『万葉集』と『遊仙窟』、『古今集』と『詩経』に分けて、その結びつきを紹介する。

　唐で『遊仙窟』が出版されたのは前述したように679年頃だが、出版されるとまもなく、日本人の間では「何としても読みたい」という思いが激震のように広がった。

　この動きには二つのパターンがあった。第一に当時、唐の都の長安には大唐街と呼ばれる日本人街があり、相当数の日本人がいた。彼らが『遊仙窟』を求めて長安の街を駆け回ったのである（諸橋轍次『大漢和辞典』による）。

　長安の街を駆け回った日本人には別のグループもあった。『遊仙窟』が出版された後の直近の遣唐使は702年に派遣された第7回派遣団であった。出版からはすでに20年以上が経って、中国でのブームは過ぎていたと思われるが、日本からはるばる海を渡った人々の間では、まだ見たことのないポルノ小説への関心は衰えることがなかった。

　しかもこの派遣団にはこれまでと違う特徴があった。前6回の派遣団は2隻仕立てで、1隻に100人から120人、総計250人前後が乗り組んでいたが、この回から4隻仕立てに増強され、人員も600人くらいが派遣された。そのすべてが長安まで同行したわけではなかったが、長安に上った人々は着くや否や、『遊仙窟』を求めて駆け回ったのである。

　ちなみにこの時の留学生の中に下級役人だった山上憶良が含まれていた。そしてそのことが、『万葉集』とその後の日本文化に大きな影を残すことになった。

　憶良といえば、大伴家持や柿本人麻呂と並ぶ『万葉集』の顔と評価

されているが、彼が持ち帰った『遊仙窟』は上司である大伴旅人から、その息子で『万葉集』編さんの中心的役割を担った大伴家持へと伝えられたのである。家持は『万葉集』の中に『遊仙窟』から着想した和歌を十数首残しているほか、同時代の歌人たちにも影響を与えたのである。

『遊仙窟』が与えた影響は歌の面だけではなかった。漢文を日本文に読み替えるためには訓読みの仕方や返り点など様々な決まり事があるが、『遊仙窟』ブームの後には同書を読み解く際の決まり事が漢文読解の基本型として定着したのである。その点を『広辞苑』（岩波書店）は「万葉集以降の文学に影響を与え、またその古訓は国語学上の重要資料」と指摘している。要するに『遊仙窟』という中国のポルノ小説は、日本の国語の歴史にも大きな影響を及ぼしたのである。

一方、『古今集』は905年に成立した。『万葉集』に遅れることざっと150年、平安時代の宮廷文化が花開かんとする時であった。これが大変な人気で、清少納言は『枕草子』の中で、『古今集』を暗唱することが当時の貴族にとって欠かせない教養とみなされたと記している。では『古今集』は『詩経』からどんな影響を受けたのか？

その影響を端的に示すのが『古今集』（真名序）である。『古今集』には仮名序（平仮名がきの序文）と真名序（漢文の序文）の二つの序文があり、冒頭にある仮名序では紀貫之の「歌とは何か」という和歌の定義や扱うべき素材、表現の方法などが精細に述べられている。一方、巻末にある仮名序は紀淑望によるものだが、そこには和歌のことがこう定義されている。

「和歌に六義あり。一に曰く、風。二に曰く、賦。三に曰く、比。四に曰く興。五に曰く、雅。六に曰く、頌」

この言葉は前述した『詩経』そのままで、詩とは何かという根本の命題を『詩経』から借用しているのである。『詩経』ではこの後、女性の性的な欲望がさまざまな形で謳われているのだが、『古今集』（真名序）の場合、在原業平や小野小町などを引き合いに出しながら、歌作りには情欲と向き合うことが必要であると説かれている。

ま

まい【舞】踊りの形態の一つだが、平安時代には放浪の遊女である白拍子の舞を指した。

まい【眛】『楚辞』の「天間」という詩で使われている言葉で、性の快楽のこと。

まいり【参り】天皇の妃として内裏に入ること。入内。『源氏物語』（絵合）に用例がある。

まえ【前】体の前部、陰部。『古今著聞集』に用例がある。

まえわたり【前渡り】男が女を訪ねようとして、妻や以前からの付き合いだった女の住まいの前を通り過ぎること。『角川古語大辞典』には無視された女の怒りと怨念のこもった言葉とある。

まおとこ【間男】夫のある女性が他の男性と密通すること、及びその男性。『今昔物語』に「此の家には若き女主人の法師の間男持ちたりけるが…」とある。

まきぬ【纏き寝】互いの手を枕にして寝る。共寝する。『万葉集』784 に「せめてあなたの腕を枕に寝ている夢でも見れたら」という意の歌がある。

まきほす【纏干す】恋の悲しみを癒すため、男女が袖を敷き交わして共寝すること。『万葉集』2321 に「あわ雪よ今日は降らないで欲しい。私の白い細布の袖をまいて干してくれる人もいないので」という意味の歌がある。

まぎれ密通のこと。よそ目には判然としないという意味から、その一つとして密通のことを指すようになった。『古今集』には用例がある。

まく【枕く、巻く】①手枕をすること、転じて男女が性的関係を持つこと。②妻とする。『万葉集』4113 の長歌に「しきたへの手枕まかず紐解かず丸寝をすれば」という大伴家持の歌がある。「しきたへの」は枕や衣などにかかる枕詞。紐解くは相手の下着の紐を解くという意味で、性的な関係のこと。丸寝は逆に服も脱がずに寝ることを表す。この歌を作った時の家持は越中国（現福井県）の国司として単身赴任中だったから、妻と関係できない寂しさを歌ったもの。

まぐさ【秣】古代中国で「まぐさを束ねる」といえば男女が結合することを意味した。「薪を刈る」も同じ意味で、これらの言葉は『詩経』の「漢広」や「汝墳」という詩に登場する。☞薪、雎鳩（みさご）。

まくら【末狗羅】古代インドの経典の『法集要頌経』にある言葉で、若い女の口から酒を注がれると花が咲くといわれる樹。

まくらかたさる【枕片去る】寝る時、枕を床の片側に寄せること。上代に女性

が夫、または愛人が通ってくるのを待っている様子を、こう表現した。

まくらかみ【枕紙】枕を包む紙、事後処理用の紙もいう。鳥羽天皇の寵愛を受けた藤原長子の『讃岐典侍日記』に用例がある。

まくらさだむ【枕定む】寝るとき、頭の方向を決めること。その方向により、期待する夢を見ることができるといわれていた。『古今集』に「毎晩寝るごとに頭をどちらに向けて寝るか決めることができない。どの方角に向けて寝たら（恋人の）夢を見ることができるのだろう」という意味の歌がある。

まくらづく【枕付く】男と女が関係する時は枕を並べ付けて寝たことから、性交すること。転じて妻屋（女性のいる部屋）や寝室にかかる枕詞。『万葉集』795に「家に帰った私はどうして過ごせばいいのだろう。ひとりになった寝間はさぞや寂しいことだろう」という山上憶良の歌がある。

まくらのちり【枕の塵】夫や愛人が久しく来ないために枕に塵が積もったという意で、女性の空閨が長いことの表現。「枕の塵を払う」ともいう。『兼輔集』に用例がある。

まくらよりあとよりこいのせめくれば【枕より後より恋の責め来れば】『古今集』に「枕よりあとより恋の責め来ればせんかたなみぞ床中にをる」という歌がある。「枕の方からも足元からも恋が迫って

くるので、仕方がなくて寝床の真ん中にいる」という意。恋心に胸を締め付けられるのをいう。

まくらをかわす【枕を交わす】男女が同衾する、情交すること。『拾遺集』に用例がある。枕を並ぶも同じ意。

まぐわい【目合、交】男女が性交すること。「目合」とは男女がじっと見つめ合うこと、それが転じて性交を意味するようになったという。『日本書紀』（清寧天皇紀）に「飯豊皇女。角刺宮（つのさしぐう）において夫と初めて交したまふ」とある。ただしその後、「まぐわう」ことを欲しなかったともある。☞ 美斗能麻具波比（みとのまぐわい）。

まげ【麻木】古代朝鮮語で男性器のこと。麻茎（まぎょん）、麻具も同じ。皮をむいた麻の茎が硬直した男性の性器に似ているところから出た言葉という。「ミトノマグワイ」のマグも同様。

まじゃく【摩著】仏教用語で女性の体をさすること。『五分戒本』にある言葉。

まじわる【交わる】交際する、性的関係を持つ。『古今著聞集』に「鶺鴒飛び来て、その首尾を動かすを見て、二神まなびて交わることを得たり」とある。女性の体をさすることを表す場合もある。

ますらお【益荒男】男らしくりりしい男性。『万葉集』2376に「ますらおと呼ばれるにふさわしい雄々しい心は、今

の私にはない。夜昼となく恋し続けているので」という歌がある。奈良時代には女らしさを表す「手弱女」の対語として用いられている。

まつ【待つ】女性が男性の来訪に備えること。古代の婚姻形態では、女性はひたすら男性がくることを待ち続けたから、待つは王朝の女性文学においてももっとも重要な要素とされた。待宵も同じ。

まっがえど【真可伊毛】相挟む。古代朝鮮語で、男女が座って関係すること、その体位。二つのはさみを男女の両足にたとえ、座ってする体位をこう呼んだという。

まつたけ【松茸】男根の異称。『宇治拾遺物語』に「毛の中より松茸の大きやかなる物のふらふらと出で来て…」とある。

まつらさよひめ【松浦佐用姫】大伴狭手彦の愛人。任那へ赴く狭手彦を送って領布（ひれ）を振り続けたというエピソードが『万葉集』に採られて以来、純愛の象徴とされている。

までのこうじ【万里小路】平安京の路地の名称で、この界隈に初期の遊郭の原形があった。

まとうにょ【摩登女】古代インドの女性で、仏弟子のアナンタに恋した後、仏の導きにより比丘尼となった女性。

まなばしら【鶺鴒】まなばしらは鶺鴒の古語。ただし新編日本古典文学全集

『日本書紀』（神代）の校注には「まな」は男根、「ばしら」は柱との説が記載されている。とすれば勃起した男根を意味することになる。『古事記』（歌謡102）には鶺鴒（まなばしら）が尻尾を震わせて交尾する姿が歌われているが、この尻尾の震えをセックスシーンの表現とする説もある。

まにょ【魔女】仏教用語で魔界の女人、悪魔の女。『雑阿含経』にある言葉。

マヌほうてん【マヌ法典】紀元200年頃に成立したインドの法典で、グル（尊者）の妻と姦淫すること、兄より先に結婚することなどが大罪とされた。

まほ【真秀】容姿に欠点のない完璧な美人。『紫式部日記』に「うちとけたる折こそ、まほならぬかたちもうちまじりて見えわかれけれ」とある。

ままのてこな【真間手古奈】下総国葛飾郡（現千葉県市川市）真間にいたという伝説の美女。多くの男が彼女を巡って争うことに耐えられず入水自殺したと伝えられる。☞菟原処女（うないおとめ）。

まめやか【実やか、真やか】人間関係で、特に女性に対してまめなこと。『源氏物語』（葵）に用例がある。

まやぶにん【摩耶夫人】お釈迦様の母親。白い象が胎内に入る夢をみて釈迦を懐妊、娑羅双樹の枝を折ろうとした時に、右脇から釈迦が生まれたと伝えられている。

摩耶夫人

まゆ【眉】『詩経』に、美人の形容として「蛾眉」（細く曲がった眉）という言葉が登場。『後漢書』には「愁眉」という言葉も見えている。

まゆぐろ【眉黒】剃ったりせずに黒々とした眉。『堤中納言物語』に「いと眉ぐろにてなむ、にらみたまへるに」とある。

まよびき【眉引】引眉を描いた形。美貌の核心とされた。『万葉集』994に「ふりさけて三日月みれば一目見し人の眉引思ほゆるかも」という歌がある。

まら【魔羅】『四分律』にある言葉で、仏道修行の妨げになるもの、すなわち男子の陰茎。語源は「魔」が転じたものとも、排泄する意の「まる」が変形したものともいう。

まらをすう【魔羅を吸う】いわゆるフェラチオのこと。『日本霊異記』に「（ある女は前世で）わが子に非常な愛欲心を起こし、口でその子の魔羅を吸った」とある。

まる【放る】排泄をする、大小便をする。『古事記』に用例がある。

まるね【丸寝】「まろね」ともいう。衣服を着たまま寝ること。恋人の来訪を待ちつつ1人で寝る気持ちを強調したいい方。旅寝をもいう。

まんごう【満業】仏教用語で、一つの世界に生まれ合わせた者に男女、美醜、貧富などの個別差を体現させる業。『倶舎論』にある言葉。

み【美】上代東国語で妻のこと。『万葉集』4343に「自分の旅は、これが定めと思ってあきらめるけれども、家に残って子どもを持って痩せるであろう妻がいとおしい」という防人の歌がある。

みかよもち【三日夜餅】平安時代には男が女のもとへ通い始めて3日が過ぎれば婚姻が成立したとして、新婦の親が2人に餅を送って祝った。この風習のことで三夜、子子（ねのこ）、餅の夜、婿取りともいう。☞餅（もちひ）の使い、婿取り、露顕。

みぎょう【未形】インド仏教の経典の『大乗本生心地観経』にある言葉で、まだ形として世に出ていないもの。妊娠中の胎児。

みくしげどの【御櫛笥殿、御匣殿】内裏や高級貴族の屋敷で、衣類や裁縫の事をつかさどるところ。宮中の御

あ
か
さ
た
な
は
ま
や
ら
わ

匣殿別当から女御・中宮になる例も多かった。

みこ【巫女】 自らの身体に神を宿して（神がかりして）儀式を司る役割の女性。天岩戸の前で舞った天鈿女命はその原型とされる。☞**神婚**。

みさお【操】 世俗を超越して気品に富み、風流であるさま。特に女性についていう。『日本霊異記』に「大倭の国宇太の郡漆部の里に風流（みさお）ある女あり」とある。

みさご【睢鳩】 魚を取って食う鳥。中国では男女の仲を示す言葉として使われ、『詩経』の巻頭の詩「関雎」（かんしょ）にも登場する。この詩を孔子は「（男女が）楽しめども淫せず」と絶賛し、日本でも夫婦円満の表現として用いられた。

みじょう【味定】 『倶舎論』にある言葉で、愛着を起こすこと、耽溺すること。

みす【見す】 相手（主に女性）を自分の意に従わせる、性的な関係を承諾させる。『源氏物語』（紅梅）に用例がある。

みずはのめ【罔象女】 『日本書紀』（神代篇）では伊奘冉は火の神の軻遇突智を生む直前に、その火に焼かれて死んだが、死の直前に小便をした。これが罔象女で小便の神となった。一説に水の神ともいう。☞**埴山姫（はにやまひめ）**

みずももらさぬ【水も漏らさぬ】 男女の仲が睦まじく、隙間がないこと。『伊勢物語』に「水も漏らさじと結びしものを」との表現がある。

みそう【美相】 『長阿含経』にある言葉で美しい姿の意。

みそかおとこ【密男、密夫】 妻が夫以外の男と密通すること。またその相手の男。『台記』に用例がある。

みそかごころ【密心】 隠し事、特に人目を忍ぶ恋心をいう。『源氏物語』（蛍）に用例がある。

みそかごと【密事】 秘密にしておくべきこと、特に男女関係についていう。『俊頼髄脳』に用例がある。

みそかびと【密か人】 密通する男。『角川古語大辞典』によれば「妻が夫以外の男と通じた場合、あるいはその相手の男は密か男という」とある。『宇津保物語』や『俊頼髄脳』に用例がある。

みそむ【見初む、見染む】 男女が初めて会う、初めて男女の仲になること。『源氏物語』（夕顔）に「頭の中将…見初めたてまつらせ給ひて、三年ばかりは心ざしあるさまに通ひ給ひしを…」とある。

みだりがわし【妄りがわし、濫りがわし】 秩序、風習などが乱れていること。『日本霊異記』に「我らが母公、面姿（かお）妹妙（うるわ）しくして男に愛欲せられ、濫りがはしく嫁ぎ…」とある。

みだる【乱る、濫る】 男女の仲が離れる。

『古事記』（歌謡80）に「愛（うるわ）しとさ寝しさ寝てば、刈り薦の乱れに乱れ」とある。

みだれ【乱れ】 恋の悩みから心が動揺すること。『源氏物語』（葵）に用例がある。

みだれかみ【乱れ髪】 乱れた髪。女の朝の髪の乱れが肉体関係の象徴として定形化され、和泉式部の「黒髪の乱れも知らずうち伏せば、先づかきやりし人ぞ恋しき」という歌は特に知られている。

みだれこい【乱れ恋】 千々に思い乱れる恋、狂おしい恋慕。『万葉集』2474に用例がある。

みちしば【道芝】 道しるべ、特に恋の通い路の道しるべをいう。恋愛や情事の手引き。『夜の寝覚』に用例がある。

みつご【密語】 ①ヒソヒソ話。②①が転じて男女の間で交わす甘い言葉。『小右記』に用例がある。

みっつう【密通】 男女が密かに関係を持つこと。『権記』に「去る七日夜、頭中将、春宮権大夫殿の姫君に密通」とある。ただし保立道久の『中世の女の一生』によると、平安時代の貴族たちには密通に対する罪悪感は見られないという。

みっぷ【密夫】 社会的に認知されていない関係の夫。密かに他人の妻と関係している男を指すようになったのは鎌倉時代以後。奈良・平安時代の説話集の『古事談』にある。

みとあたわす【婚す】 性交すること。「と」は陰部を指し「み」は美称という。「みと」は貴人の陰部の敬称とする説もあるが不自然。古代朝鮮語の「ミジュ」で女性器のこととする説もある。

みとのまぐわい【美斗能麻具波比】 「みと」は「みとあたわす」の「みと」と同義。まぐわいは目合。「麻具波比」は古代朝鮮語で、性交を意味する「マゲバビ」と関わりがあるとの説もある。『古事記』に「吾と汝とこの天の御柱を行き回りて逢ひてみとのまぐはいをせむ」とある。☞目合（まぐわい）。

みなす【見做す】 男女関係について、誰と誰が関係あると勝手に決めること。『宇津保物語』に用例がある。

みなる【見馴る、見慣る】 男女が頻繁に顔を合わせて睦まじくなる、転じて性交すること。『宇津保物語』に用例がある。

みぼうじん【未亡人】 夫が死んだ女性。『春秋左氏伝』から出た言葉。

みみにつく【耳に付く】 （女性の）可愛い声や好意的な言葉が耳に残ること。『宇津保物語』に用例がある。

みみょう【美妙】 『倶舎論』にある言葉で、こよなく美しいこと。

みめ【見目、眉目】 人の容貌、顔かたち。見目好し（眉目好し）など美女の形容として用いられた。『源氏物語』

あ
か
さ
た
な
は
ま
や
ら
わ

181

（宿木）に「みめもなほよしよししく」との表現がある。

みやすみどころ【御息所】 天皇や東宮の寝室の意、転じてその妻の意。「みやすところ」ということが多い。女御、更衣といった漢語に対する和語として登場したという。

みやび【雅】 恋愛を詠んだ和歌や文をかわすこと、およびそのような風雅なふるまい。ただし中国語の原義は「正しいこと、すなわち君主の言動」の意だった。

みやびお【風流男】 風流を解する男、風雅な男。『万葉集』1429に「乙女の髪に挿すために、風流男（みやびお）たちが髪飾りを作るようにと、大君が治める国の隅々に咲いた桜の花の何と美しいことだろう」という歌がある。

みゆ【見ゆ】 『角川古語大辞典』によれば、身近で全身が見られるような親しい関係から、男女の交わりをすること、結婚することの意という。『源氏物語』（若菜上）に「女は男に見ゆるにつけてこそ、くやしげなる事も、めざましき思ひも、おのづからうちまじるわざなめれ」とある。

みょうく【鳴口】 『四分律』にある言葉で、接吻のこと。

みょうしきしん【妙色身】 『往生要集』にある言葉で、美しく優れた身体。

みょうせい【妙婧】 美人のこと。とくに

腰の線の色っぽい女性をいう。『説文解字』にある言葉。

みょうてき【妙適】 仏教用語で男女の交合において恍惚境に達すること。無上の身体的快楽に酔って自己の主体性を失う意も含む。「みょうしゃく」とも読む。『理趣経』にある言葉。

みょうてきしょうじょうく【妙適清浄句】 『理趣経』にある言葉で、妙なる恍惚境を表す言葉。男女合体の快楽は清らかそのものであるという意。

みょうよく【妙欲】 色・声・触など性的欲望をかき立てる要素のことで、『倶舎論』にある言葉。

みょうらく【妙楽】 『秘密三昧大教王経』にある言葉で、恍惚たる快楽の意。

みる【見る】 ①男女が顔を合わせる。②見るとは身近で（相手の）全身を見ることを意味する。それが転じて男女が肉体関係を持つ、結婚すること。『源氏物語』（梅枝）に用例がある。

みるぶさ【海松房】 房状になった海松の枝。女性の髪の豊かで美しいさまをいう。

みわみょうじん【三輪明神】 大和国（現奈良県）にある神社で、三輪山を神体とするところから拝殿のみで本殿がない。主祭神は大物主命。夜に女性の元に通ってくる男がいたので、衣の裾に糸を縫い付け、翌朝、その糸をたどっていったところこの社に消

えたという。『日本書紀』（神代編）には大物主命は蛇身だったという説も記載されている。

みをすつる【身を捨つる】平安時代には男女の仲は深い谷に例えられた。「身を捨つる」はその谷に身を投げることで、「身を投ぐ」とは意味が異なる。『源氏物語』（葵）に用例がある。

みをまかす【身を任す】女が男に身を委ねること。『袋草紙』に「女感歎して身を任す」とある。

みをやく【身を焼く】思い焦がれること。『大和物語』で、五条の御という女性は「君を思ひなまなまし身を焼く時はけぶり多かるものにぞありける」という歌に添えて、自分が煙に包まれて燃えている姿を絵に描いて送ったとある。

みんぞう【眠蔵】禅宗の用語で寝室のこと。

みんたん【眠単】禅宗の用語で敷布団のこと。

むあい【無愛】仏教用語で愛欲の心を離れること。心に満足を得た状態をいう。無愛無疑（むあいむぎ）ともいい、愛欲の心に加えて疑いの心から離れることをいう。紀元400年頃に漢訳された『大方等無想経』にある言葉。

むかいばら【向腹】嫡妻の子、嫡子。『落窪物語』に用例がある。

むかいめ【嫡妻】向かい合っている妻の意で、現在の妻、本妻。『日本書記』（欽明天皇紀）に用例がある。

むかう【迎う】女性を妻として迎えること。『後撰集』に「この女、にはかに贈太政大臣に迎へられてわたり侍りにければ…」とある。

むく【無垢】汚れなく清らかなこと。仏教用語から一般に広がった。

むけんむたいしき【無見無対色】『集異門足論』にある言葉で女、男、命の三根と香、味、触の三処、空、水、食物を指す言葉。

むこうがお【向こうが尾】男は向こう岸の崖に立つ一本松に例えられた。「瀬に立つ女」が十分に潤った女のさまを象徴するように、崖の上に直立する松は高揚した男性器の象徴であった。厳の一本松ともいう。☞瀬に立つ女

むこかしづき【婿かし付き】婿を大事にすること。『源氏物語』（宿木）に「時の帝がどうして、こうまで大げさに婿かし付きをなさるのか」とある。

むこがね【婿がね】婿になる予定の男。『伊勢物語』に用例がある。

むことり【婿取り】古代の結婚制度では、男が三日間女のもとに通うと結婚の意思があるとみなされ、三日餅の祝いを行って周辺にも披露した。これが婿取りの儀式だが、男が三日通ってくるかどうかは、娘の評判や家の発展という面からも女方にとって心を労

することだった。☞三日夜餅（みかよもち）、露顕。

むこん【無根】『法華経』にある言葉で、男根、女根のない男女。戒律では出家することが許されなかった。

むこんぼうかい【無根謗戒】仏教用語で根拠がないのに他の比丘が波羅夷の罪（淫、盗、殺、妄）を犯したといってそしることを戒めた教えで、『八宗綱要』にある言葉。☞波羅夷（はらい）。

むすび【産霊】「むす」は物の生じる意、「ひ」は霊力。古代には「産霊」は万物を生み出す神霊の意で用いられ、万物創成の神として「むすびのかみ」（産霊神）という言葉も広く用いられた。創成された子が男児なら息子、女児は娘と呼ぶ。☞娘腹。

むすび【結び】紐などを結ぶことや結んだところの意で。結ぶの名詞形。紐を解くことは相手を裸にすること、すなわち性的な関係を意味し、関係が終わったらお互いの下着を取り換え、紐を結びあった。これらのことから「結び」（結ぶ）が男女の縁を象徴する言葉となった。なお民間の歴史言語学者である川崎真治は『古代稲作地名の起源』の中で、「結び」は古代メソポタミア語で男根を意味する「ウシュ」と女陰の「ピ」が連結して「ウシュピ」という言葉ができ、これが古代インドで「ムシュ・ピ」、すなわち「結ぶ」という語に変化したと

いう説を展開している。

むすぶのかみ【結ぶの神】男女の恋を司る神、月下氷人。『詞花和歌集』に用例がある。

むすぼおる【結ぼおる】①心が乱れること。②人と人が結ばれること。奈良時代の代表的な歌人の1人、山部赤人の『赤人集』にある言葉。

むすめ【娘】未婚の女性、若い女。『源氏物語』（須磨）に「大将かくておはすと聞けば、あいなうすいたる若き娘たちは、舟の内さへ恥づかしう心けさうせらる」とある。

むすめばら【娘腹】娘とその母親の両方を妻とした男の娘の方から子どもが生まれること。また生まれた子ども。母親から生まれた子は親腹と呼ぶ。『栄花物語』に「親腹の子をば五の宮、娘腹の御子をば六の宮とて…」とある。☞産霊（むすび）。

むつき【襁褓】①古代においては嬰児を覆う衣。②男性の胯に巻きつける帯状のもの、ふんどし。

むつごと【睦言】男女の閨房での会話。『古今集』に用例がある。睦物語や睦語ともいう。

むてい【無底】底なし。仏教の最古の経典である『法句経』に「愛欲の深さは底無し」とある。

むねのうずみび【胸の埋み火】胸の奥深くで燃え続けている思いを埋み火に例えたもの。

むねのひ【胸の火】恋心や怒り、妬みなどの気持ちが激しいことを火に例えたもの。胸のほむらともいい、『蜻蛉日記』に「思ひせく胸のほむらはつれなくて…」という歌がある。

むみょうのひ【無明火】天台宗の稚児灌頂において男根のこと。衣を脱いだ稚児は「みしみしと、しなやかに、たおやかに」と唱えながら師僧のペニスをしごく。☞弘児聖教秘伝（こうちごしょうぎょうひでん）、稚児灌頂、法性花（ほっしょうのはな）。

むらく【無楽】『法句経』にある言葉で快楽に対する不快なこと。

むらさきしきぶ【紫式部】いうまでもなく『源氏物語』の作者。生没年不詳。1006年（寛弘2年）もしくはその翌年、中宮彰子の後宮に出仕した。後宮とは有力者が自分の娘を天皇に差し出し、男子が生まれたら皇太子や次期天皇の祖父として勢威を振るおうという目的のもとに作られたサロンである。そこには才能ある女性が集められたが、彼女たちの役割はその場の盛り上げ役、つまり後世の芸者や幇間のようなのものだった。『源氏物語』はそのサロンで毎回発表され、次回の開催日を問い合わせて来る貴族が続出するほど大好評だったという。人気の一端は宮中から街中まで、当時の若者に人気のあった性の流行がふんだんに取り入れられていた点にあった。社会の実情に通じていたとも思えない紫式部が、どうして性風俗を扱うことができたのか。彼女は最大の権力者である藤原道長の愛人であり、道長の経験や実見したことを生かしたものといわれている。

紫式部 百人一首57番「めぐりあひて 見しやそれとも わかぬまに 雲がくれにし 夜半の月かな」

め【女、妻、売、雌】人間の女性、男の対。『古事記』（歌謡5）に「あはもよ売（め）にしあれば汝を置きて男はなし」とある。

めあわす【妻合わす】配偶者にする。夫婦にする。『落窪物語』に「さて、さにはあらずや、妻合はせ奉り給ふは」とある。

めいぼうこうし【明眸皓歯】瞳は美しく澄み、歯並びも真っ白できれいなこと。美人の表現。杜甫が「家江頭」という詩で初めて使った言葉で、楊貴妃

のこと。

めがみ【女神、妻神】女性の神。イザナギ・イザナミのように、夫婦の神のうち妻の神。『古今集』(仮名序)に「天の浮橋の下にて、めかみをがみとなりたまへることをいへる歌なり」とある。

めかり【目駆り】目配せ、流し目。当時は「めかりうつ」と使われることが多く、『日本霊異記』にも「その女、さかんに媚び馴き、めかりうつ」とある。

めぐし【愛し】たまらなく可愛い、切なくなるほどいとおしい。『万葉集』800に「父母を見れば尊し、妻子見れば愛(めぐ)しうつくし」とある。

めこ【女子】女の子、娘。『栄花物語』に用例がある。

めこ【妻子】妻、この場合の「こ」は接尾語。『宇津保物語』に「天女くだり給ふ世にやわがめこの出でこん、天の下にはわがめこにすべき人なし」とある。

めしうど【召人】①平安時代、貴人の屋敷に仕えていた女性。実質的には妻だったが、男が女の家に通っていた当時は社会的には妻とは認められず、女房(召使い)扱いだった。②貴人が男色の対象として身近に召し使う童や若者。

めす【召す】人を身近に(目に入る近さに)呼び寄せる。女性を妻や愛人として近くに侍らせること。『大和物

語』に用例がある。

めづ【愛づ】心引かれる、可愛いと思う。『伊勢物語』に「物語などして、男、彦星に恋はまさりぬ天の河へだつる関をいまはやめてよ、この歌に愛でてあひにけり」とある。

めづこ【愛子】可愛い子、魅力的な女性。『万葉集』3880に用例がある。

めづま【愛妻】愛する妻。「愛づ妻」の約。『万葉集』3502に用例がある。

めづらし【愛づらし】①可愛い、いとしい。『万葉集』2575に「めづらしき君を見むとぞ、左手の弓取る方の眉根掻きつれ」という歌がある。当時、眉が痒くなるのは恋人に会える前兆と考えられていたから、弓を取る手で眉を掻いたという意。②(長い間待っていた)妊娠や出産の知らせを喜ぶこと。『源氏物語』(葵)に「(葵の上の懐妊を)めづらしくあはれと思ひきこえ給ふ、たれもたれもうれしきものから…」とある。

めでのさかり【愛の盛り】盛んに愛すること、深い寵愛。『万葉集』894の長歌に「神ながら愛の盛りに天の下まをし給ひし家の子と」とある。

めとり【女鳥】女鳥皇女。応神天皇の皇女で仁徳天皇から求婚された。しかし異母兄で、天皇の使者としてやってきた速総別王と通じて「天皇を殺して天下を取ってしまいなさい」とそそのかしたため、二人とも殺害され

た。

めとる【娶る】 妻として迎える。『角川古語大辞典』によれば、男が女のもとに通うという日本の母系制社会では娶るや嫁といった観念は存在しなかった。中国の父系的な家族制度が伝えられた時、その理解のために娶の字を分解して「女を取る」という意で造語されたものという。

めめし【女女し】 男らしくない様。『落窪物語』には「ここまで女に沿ひて、女々しく諸共にするはおぼろげの心ざしにはあらじ」とある。自分の素が女だと訴える男は少なくないが、女性にかこまれた中でも、これほど女性的な動きしかできない男はいない。生なかの覚悟でこれほどの動きはできないことだという意。

めめっこ 小児や童子の表す女陰の語。『伊勢物語』に「めめっことちんこが井筒のぞいてる」とある。

めもうけ【妻儲け、妻設け】 妻を定めること。『栄花物語』に用例がある。

めやっこ【女奴】 古代の令制で定められた奴隷のうち女奴隷。奴婢の婢。女性を罵っていう場合にも使われた。『万葉集』3828 に用例がある。

めを【女男】 女と男、または妻と夫。『日本書紀』（神代）に「古へ天地未だ別れず陰陽（めを）分かれざる時…」とある。「めおとこ」も同じ。

めをほる【目を欲る】 可愛いと思う、逢いたいと思う。『万葉集』3589 に「かわいい妻に会いたくて、私は生駒山を越えて帰ってきたよ」という意の歌がある。

めんらい【眄來】 美しい女性をいやらしい流し目で見ること。『無量寿経』にある言葉。

もうぎょうきょうらん【妄行矯乱】 大乗仏教の基本経典の一つ『瑜伽論』にある言葉で、心が乱れて、淫らな行いをすること。

もうゆう【妄有】 白居易の詩にある言葉で淫らな煩悩のこと。

もくちょうしんしょう【目挑心招】 目で挑み心で招き寄せる。娼妓が男を誘惑するポーズのことで『史記』にある言葉。

もくらん【木蘭】 古代中国（350 年〜500 年頃）にいたといわれる男装の麗人。12 年にわたって軍を率い、女であることを悟られなかったばかりか、1 度も戦に負けることがなかったと伝えられる。

もたい【母胎】 『長阿含経』にある言葉で、子宮のこと。

もだゆ【悶ゆ】 体を震わせてもがき苦しむこと。『宇津保物語』に用例がある。

もちひのつかい【餅の使い】 結婚を祝う三日夜餅を新婚夫婦の寝所に届ける使者。女の父か母が務めた。院政期には新婚第一夜の行事とされていた。☞三日夜餅（みかよもち）、婚取り、

187

露顕。

もちもの【持ち物】男根を婉曲にいった言葉。『史記』にある言葉。

もてあそぶ【玩ぶ、弄ぶ】慰みものとする。『源氏物語』（椎本）に「なにごとにも女はもてあそびのつまにしつべく…」とある。

もてなす【持て成す】妻として扱うこと。『源氏物語』（総角）に用例がある。

もとい【基】①正妻。『夜の寝覚』に「やむごとなきもとゐを見ながら、我はこなき劣りざまにて…」とある。②原因。『源氏物語』（若菜）に「女の身はみな同じ罪深きもとゐぞかし」とある。

もとつひと【本つ人】古くからの妻、あるいは夫。新しい妻や夫に対していう。『源氏物語』（浮舟）に用例がある。

もとつめ【本つ妻】幾人かの妻のうちの古くからの妻、以前に妻であった女。「もとのめ」ともいう。『新撰字鏡』にある言葉。

もとめづか【求め塚】摂津国莵原郡（現神戸市）にある、莵原処女（うないおとめ）の墓と伝えられる塚のこと。『万葉集』などによれば、2人の若者から求婚された莵原処女は悩んだ末に自ら死を選んだとされている。☞莵原処女。

ものいう【物言う】男女が仲睦まじく語り合うこと、男女が相手を口説くこと。『伊勢物語』に、「いかで、この男に物言はんと思ひけり」とある。

ものおもう【物思う】（相手のことを考えて）いろいろと思い悩むこと。『万葉集』722に「こんなに恋しがったりしないで（物を思わないで）、非情な岩や木であれば良かったのだけど…」という意味の歌がある。

ものがたり【物語】相手と親しく談話すること、特に男女が寝物語をすること。転じて親密な仲になることを指す。『宇津保物語』に用例がある。

ものやみ【物病】病名のはっきりしない病気。とくに恋患いをいう。『伊勢物語』に「（恋心を訴えることができずに）物病みになりて死ぬべき時に」とある。

もはきつ【裳羽服津】筑波山中の水辺の土地で、女峰の凹んだところ。ここを女陰に見立てて燿歌が行われた。

筑波山の裳衣服津（「筑波山名跡誌」）

もも【腿、股】大腿部。『今昔物語』に「我が剣のやうなる爪をもちて我が腿（ししむら）を掴み取りて…」とある。

ももだち【股立】指貫、袴の左右、腰の

部分で、縫いどめとして開いていると
ころ。男にとっては色っぽいところだ
った。『今昔物語』に「女、袴の股
立を引き開けて見すれば、股の雪の
ように白きに、少し面腫れたり」とある。

もゆ【燃ゆ】恋情が強くきざすこと。『万
葉集』718 に「あなたの微笑みを夢
の中で思いがけず見ることができて、
私の心の中にも恋の炎が燃えていま
す」という歌がある。

もらす【洩す】心に秘めた恋情がじわ
じわとしみ出ること。『後撰集』に用
例がある。

もろこい【諸恋】男女がともに相手を恋
しく思うこと。片恋の対。平安時代
の私撰和歌集の『古今和歌六帖』に
「みごもりの神しまことの神ならば我が
片恋を諸恋になせ」という歌がある。

もろね【諸寝】男女が共に寝ること。
共寝。『晋明集』にある言葉。

コラム⑦　仏教、この女性蔑視の教え

　仏教関係の本を読んでいると、「仏教はどうしてこんなに女性を差別するのか」という思いに駆られることが、しばしばある。仏教の経典とは「女性蔑視事典」ではないかと疑いたくなるほど、女性に対する差別に満ちている。例えば『法華経』と『涅槃経』は仏教の経典の中でも、もっとも重要なものものだが、例えば『法華経』には女性には五つの障りがあるので成仏できないとする女人五障説が展開されているし、『涅槃経』には女性の性欲について述べた一節があり、こう記されている。

「蚊の尿でこの大地を潤すことができないように、女性の淫欲を満足させることはできない。…たとえば一人の女性がガンジス河の砂の数ほどの男性と性関係を持ったとしても、彼女はなお満足することがない。たとえこの世のすべての人を男にして、その男たちと性関係を持っても、女性は満足することがない」

　といった調子である。中には女に生まれたことがそもそもの悪であると説く経典もある。これでは衆生救済の宗教というよりも、女性を弾圧するための政治的プロパガンダを思わせる。

　なぜ、これほど女性を蔑視するのか？　中村元の『ゴーダマ・ブッダ』によると、仏陀が出家したのは女性のしどけない寝姿を見て女嫌いになったのだという。インドの王族の王子だった仏陀は若い頃、宮廷女官らと歓楽生活に耽っていたが、女性たちは涎を垂らしたり、はなを垂らしながら寝入っていた。その姿に絶望したというのである。しかし女嫌いと女性を蔑視することは根本的に次元の異なる話である。

　とすれば女性蔑視の真の背景は何か？　一つの仮説だが、筆者は母系性社会の存在と関わるのではないかと想像している。母系制社会とは母方の血筋によって家族や血縁関係を規定していく社会制度とされているが、その前提として、男女の性的な関係は男が女性のもとに通ってくるという形で成立した。そしてそれは女性が性を謳歌する社会

であった。高群逸枝が『女性の歴史』の中で、

「一生に一婿などとは、もちろんけっしてきまっているものではない。よい女になると、同時にたくさんの婿を通わせることも自由で、かえってそれが自慢のたねでさえあったろうとおもわれる」

と指摘しているとおりである。中には性的な関係の代償に金品を要求することも珍しいことではなかったようだ。筑波山の嬥歌（かがい＝歌垣）を歌った歌の中に、「筑波嶺の嬥歌に娉財（へいざい）を得ざる者は児女となさず」という一説があるのも、その名残りだろう。見知らぬ男と一夜のアバンチュールを楽しもうとする娘に、父親が「たくさんプレゼントをもらってこないと、娘とは認めないぞ」と檄を飛ばしているのである。

母系制社会がいつ頃誕生したかについてはさまざまな見方があるが、仏教が誕生した紀元前450年頃の世界はそのただ中か、それを脱して父系制社会に移行しつつあったものの、まだまだ母系制社会の強い影響下にあった。そこへ極端な女性蔑視を理念に掲げたイデオロギー集団が登場して人気を博したのである。

中国の場合、仏教は紀元3〜4世紀頃から急速に全土に広がった。とくに仏教を国是とする隋の国が登場し、戦乱に明け暮れていた中国全土を400年ぶりに統一するという快挙を達成してからは、その勢いに拍車がかかった。これも仏教が女性優先主義に対するアンチテーゼをなしていたからと見ることも可能なようである。

日本はインドや中国よりも文明の展開がかなり遅れていた。『魏志倭人伝』によれば、卑弥呼という女王が社会を統治していたのが紀元250年頃、しかも台与（とよ）という卑弥呼の後継者がいたことも判明しているから、紀元300年頃までは母系制社会か、その強い影響下にあったことが想像される。これに対して仏教伝来がそれから250年くらい後の538年（または552年）だから、仏教というまったく異質の文化が取り入れられた背景には母系制社会、もしくは女性が性の自由を謳歌していた時代に対する反発という要素が濃厚に含まれていたことは明らかである。

や【也】『説文解字』によると、この字は女性の陰部を表した象形文字からできたという。

やくしにょらい【薬師如来】人々の病を癒し、苦悩を救う仏。菩薩として修行している時に12の大願を発したといい、その中に「除病安楽」「息災難苦」とともに「転女成男」があった。古代には女性は様々な障りがあるため極楽浄土へ行けないとされていたが、薬師如来は女性を男に転じることによって女人往生を可能にしようとした。

やこう【夜行】夜、外出して遊び回ること。『梁塵秘抄』に「冠者は博奕のうち負けや…禅師はまだきに夜行好むめり」とある。

やごう【野合】①正式の婚礼によらず、男女が関係すること。②年齢が極端に老いてからの結婚のこと。『史記』にある言葉。

やさし　「痩す」の形容詞化したもの。①他人や周囲に気を使って身の痩せる想いがするというのが原義。『万葉集』1462に用例がある。②平安時代には王朝の雅びの世界における上品で優雅なさまを表すようになった。

やしゃ【夜叉】サンスクリット語の「ヤクシャ」、あるいはその俗語形である「ヤッカ」の音を漢字で写したもの。仏教では船員や貿易商などを誘惑し、殺して食べる鬼とされているが、インド一般では若い魅力的な女性とされ、裸体姿で描かれることが多い。財宝や富を司る神で、美しく優雅で、惜しみなく恩恵を分け与える女性とされている。

やすくはだふれ【安く肌触れ】『古事記』（歌謡）に実の妹の軽郎女と近親相姦の関係にあった軽皇子が、「その肌に心を込めてふれたい」という思いの表現として「安く肌触れ」と歌われている。☞軽皇子（かるのみこ）。

やちほこ【八千矛】大国主命の別名で、立派な矛（ペニスの象徴）を持った男の意。

やどる【宿る】仏教用語で、出生以前に母親の胎内に入ること。妊娠すること。生命が一時的にそこに止まっているという意。『宇津保物語』に用例がある。

やなぎのかみ【柳の髪】長くしなやかな女性の髪を柳の枝に例えたもの。『今昔物語』に用例がある。

やばやく【野馬躍】『房内篇』で説かれた三十法の第18で、野生の馬が跳躍するさま。「女を仰向けに寝かせ、男は女の両脚をつかんで左右の肩に乗せ、玉茎を深く玉門にさし

こむ」。

やぶじらみ【蛇床子】セリ科の植物で、『玉房秘訣』や『千金方』には代表的な精力増強剤として上げられている。☞『玉房秘訣』、『千金方』。

やほつ【夜発】路傍で客を引く売春婦。『和名類聚抄』に「夜を待ちて其の淫奔を発する者、これを夜発という」とある。

やまいのそうし【病草紙】奇病や不具の

人々をユーモアを込めて描いた絵巻で、詞は寂蓮、絵は土佐光長、平安末期から鎌倉初期に描かれたといわれる。

やまのかみ【山の神】①山中の安全と生産を司る神で、安産の神ともされる。②山に住み人に祟りをなす霊。転じて妻、とくに自分の妻を卑下していう。

やむ【病む】病気になる、恋の思いに苦しむ。『平中物語』に用例がある。

やもめ【寡】本来は死別離別を問わず、配偶者のいない男女のこと。平安時代以降、夫のいない女性を指す言葉として定着した。

やゆう【野遊】野原で遊ぶこと、ハイキング。『万葉集』3808の注に「時に郷里の男女、もろもろ集いて野遊す」とあり、歌垣の意を含む。☞歌垣。

「尻の穴のない男」。「尻に穴多くの男」（「病草紙」）

やようのこうふ【冶容好婦】美人のこと。空海著の『三教指帰』にある言葉。

やりのかんつう【槍の貫通】『カーマ・スートラ』で紹介されている性交体位の一つで、女が男の頭に片足を乗せ、他の足を伸ばす。☞『カーマ・スートラ』。

やわらぐ【和らぐ、和ぐ】人の仲（とくに男女の仲）が円満になる。『古今集』（仮名序）に「男女の仲をもやはらげ、猛きもののふの心をも慰むるは歌なり」とある。

やんごとなきところ【やんごとなき所】大切な所。『宇津保物語』で男性のペニスがこう表現されている。

ゆ【湯】①温泉のこと。古代には混浴が普通だった。『出雲風土記』に「川の辺に出湯あり…男も女も老いたるも少（わか）きも」とある。現在の玉造温泉（島根県）のこと。②入浴するための湯。湯殿、湯屋。

ゆあがり【湯上がり】風呂から上がったばかりの状態。特に女性の湯上がり姿の艶めいた様子をいう。『楊太真外伝』にある言葉。

ゆうがお【夕顔】『源氏物語』（夕顔）に登場する女性で、中村真一郎や丸谷才一、瀬戸内寂聴などの作家によれば、下層歓楽街にいた遊女を指すという。当時は淀川べりの江口・神崎などに遊女がたむろしていたが、彼女たちは道長の宴席にも呼ばれる

高級遊女。六条近くの娼婦街はいかがわしく、みすぼらしい新興の歓楽街だった。普段、上流階級のお嬢さんばかりを相手にしている貴族の若者たちにはそこが魅力だった。☞西の京、万里小路（までのこうじ）。

ゆうくん【遊君】遊女のこと。『袋草紙』に落魄した肥後国の遊君の話が伝えられている。☞遊行女婦（うかれめ）。

ゆうこく【幽谷】陰唇のこと。『房内篇』にある言葉。

ゆうしょく【有色】色気たっぷりの女性。『管子』にある言葉。

ゆうじょき【遊女記】平安時代後期に成立した遊女に関する風俗書で、著者は公卿で歌人の大江匡房。河内国江口、摂津国神崎など、淀川べりの港では小舟に乗った遊女が群れをなして水面が見えないほどであると、その繁昌ぶりについて触れた後、各地の代表的な遊女を紹介し、彼女らが藤原道長や頼通らの遊興にも招待されていたことや、寝室の技によって庶民から貴族にまで寵愛されたことなど、古代の遊女を知る上で欠かせない資料となっている。☞大江匡房。

ゆうじょのちょうじゃ【遊女の長者】江口や神崎など海浜の遊女たちは、容貌が優れ、年長の遊女をリーダーとして、その指示のもと商売を続けた。このリーダーが遊女の長者。☞江口の里、神崎の里。

ゆうしん【有身】妊娠すること。『詩経』にある言葉。

ゆうせんくつ【遊仙窟】中国の唐代に書かれた世界初のポルノ小説。張文成という主人公（作者と同名）が、黄河の源流を旅する途中で、崔十娘（さいじゅうじょう）という寡婦や、その兄嫁の五嫂（ごそう）らと情を交わし、歓楽を尽くすというストーリー。日本では遣唐使がお土産として持ち帰ることが多かった。☞**コラム⑤⑥**。

十娘（「遊仙窟」）

ゆうそ【兪鼠】陰核、クリトリスのこと。『房内篇』にある言葉で、同書では「穀実」や「璿台」（せんだい）という言葉も使われている。

ゆうでいげ【游泥華】宋時代の風俗を記述した『筆記』にある言葉で泥中の華、蓮のこと。泥にも染まらず美しい心を持ち続けること。

ゆうへい【幽閉】古代の中国では性器に加える罰が宮刑と呼ばれた。『書経』によればその中で女性の性器を閉じることが、俗にこう呼ばれたという。

ゆうやろう【遊冶郎】酒色に耽る道楽者、放蕩者。李白の「采蓮曲」という詩から出た言葉。

ゆうりゃくてんのう【雄略天皇】第21代天皇で458年頃から480年頃まで在位。『日本書紀』（雄略天皇紀）にはその異常な行為が記録されている。それによると（1）自分が関係したいと思った百済の池津媛が石川楯と関係したのを知った腹いせに2人を桟敷に縛り付け、生きながら焼き殺した。（2）名人といわれる大工の仕事を見物していた天皇は「ミスを犯すことはないか」と尋ねた。天皇に認められたと思った大工は「間違えることはありません」と答えた。そのいい方が気に入らなかった天皇は、大工の前で裸体にふんどしを締めた女性に女相撲を取らせた。間近で思わぬものを見せられた大工が、つい誤ってミスを犯すと、「天皇を恐れぬ物言いの不届き者」として殺害した。☞**武烈天皇**。

ゆき【雪】白い物の例え、特に白髪や女性の白い肌をいう。『古今集』に用例がある。

ゆきずり【行きずり】行き会ってすれ違うこと。転じて男女間の一時的な関係。平安時代の歌人藤原俊忠の『俊忠集』に用例がある。

ゆぎょう【遊行】外出する、遊んで回る。『扶桑略記』に「江口を指して御すの間、遊行の女舟泛ひ（うかび）き

たる」とある。

ゆび【指】 手の5本の指のこと。古代仏教では手や足の指を燃やして供養する功徳が説かれ、指燈と呼ばれている。日本の『僧尼令』では僧尼の焼身や指を切って燃やすことが禁じられた。

ゆまき【湯巻き】 貴人の入浴に奉仕する女房が自分の衣服に湯がかかるのを防ぐために、衣服の上にまとう衣や腰に巻く裳のようなもの。『宇津保物語』に用例がある。

ゆまり【尿】 小便のこと。「ゆばり」ともいう。『角川古語大辞典』によれば「ゆ」は湯、「まり」は「まる」という動詞の連用形名詞。大小便ともに用いる。

ゆめ【夢】 寝目（いめ）が転じたもの。相手のことを深く心に思って寝ると、相手が自分の夢に現れ、自分も相手の夢に見られるという考えは古くからあり、恋の世界を形成する大きな要件であった。お釈迦さんや聖徳太子、最澄、空海など母親が夢を見て懐妊したという伝承も多い。

ゆめうつつ【夢幻】 夢と現実。『伊勢集』に「あなたが来たのか、私があなたのところへ出かけたのか、夢かうつつかそれさえ定かではない」という意味の歌がある。

ゆめがたり【夢語り】 ①夢を他人に語ること。②夢の中で男女が睦まじく語り合うこと。小野小町の『小町集』に「はかなくも枕定めず明かすかな夢語りせし人を待つとて」という歌がある。

ゆめじ【夢路】 夢の中で恋しい人に会いにゆく道。『古今集』に用例がある。夢の通い、夢の通い路も同義。

ゆめのうきはし【夢浮橋】 ①『源氏物語』最終巻の巻名。②夢の中で辛うじて通じている橋。はかないものの意。

ゆめのただじ【夢の直路】 夢の中で恋人のもとへまっすぐに通じている道。『古今集』に「夢の直路はうつつならなむ」という歌がある。

ゆめをみる【夢を見る】 情交する、枕を交わす。ここでの「夢」は相手との関係がはかないものだったことのたとえ。『堤中納言物語』に用例がある。

ゆやく【踊躍】 ①踊り上がる、踊り狂うこと。②一遍上人が提唱した踊り念仏のこと。男女が入り混じって鉦を叩き、走りながら念仏を唱えるため、その場で法悦境に陥り、倒錯的な性的な場面が現出することもあった。

ゆるす【許す】 性的な関係を受け入れること、求婚を受け入れること。『万葉集』619の長歌で使われている。

ゆるむ【緩む】 心の緊張が解けること。愛情が薄らぐこと。『浜松中納言物語』に用例がある。

よ【世、代】 男女の仲、夫婦関係。『古今集』に「毎朝立つ川霧が宙に浮かんでいるように、私の恋心も空に浮

いている世だなあ」という意味の歌がある。

よありき【夜歩き】夜、関係ある女のもとへ出かけること。『栄花物語』に用例がある。

よいい【宵居】訪ねた相手と知り合うために、宵の間、寝ないで起きていること。『源氏物語』（末摘花）に「うちとけたる宵居のほど、やをら入り給ひて…」とある。

よう【腰】要は女性の腰骨を表す象形文字で、腰という字は後から作られたもの。

よういん【養陰】『房内篇』にある用語で、女性の精気を養い蓄えること。男性の房中術の根本とされている。

ようえん【妖艶】美しく生めかしいこと。美人の姿態をいう。『文華秀麗集』に用例がある。

ようきひ【楊貴妃】唐の玄宗皇帝の寵妃。美貌で歌舞音曲に秀でていたと伝えられる。初め玄宗の子寿王の妃であったが、玄宗に気に入られたために離婚、後宮に入った。玄宗が楊貴妃に溺れて国政を放置したことにより安禄山の戦いが勃発、唐は滅びた。古来、国を傾ける美女の象徴とされている。なお日本では玄宗が日本侵略を企てたために尾張（現名古屋）の熱田明神が楊貴妃に生まれ変わって玄宗を虜にし、日本侵略を忘れさせたという伝説が伝えられ

「楊貴妃図」（高久靄厓筆 静嘉堂文庫美術館蔵）

ている。

ようし【養子】子どもを生むこと。仏教用語では養は育てるではなく生むという意。『碧眼録』に用例がある。

ようじ【楊枝】歯を磨く楊枝のこと。パーリ律（古代仏教の仏典）には楊枝の美容効果が上げられている。すなわち目もとパッチリ、口臭が消え、舌や

喉がスッキリ、痰が切れ、食べ物がおいしく味わえると五つの功徳があるという。

ようじきぜつみょう【容色絶妙】容色が素晴らしいこと。『雑阿含経』にある言葉。

ようしょく【幼色】若くて美男子なことから王君の寵愛を受けている者。『大載礼記』にある言葉。『漢書』では男色が全く同じ意で使われている。

ようすい【容遂】女性が男に対してしなを作ること。『詩経』にある言葉。

ようせいいんどう【容成陰道】漢の時代（紀元前202年〜紀元220年）の容成公が著した房中術の書で全26巻。

ようちょう【窈窕】漢籍でしばしば用いられる語で、美しくたおやかなさま。赤裳を引きつって去っていく姿に理想の女性像を見ている。

ようとう【夭桃】①若々しく美しい桃の花。②転じて年若く美しい女性の例え。『詩経』にある言葉。

ようのはじめ【陽の元】男性器のこと。『古事記』にある言葉。☞陰の元。

ようふ【孕婦】身ごもった女性、妊婦。『色葉字類抄』に「孕婦、ハラメ」とある。

ようぶつ【陽物】陽の気を発する物。中国・漢代の言葉で男根のこと。ただし当初は小児の男根を指していた。

ようぼう【容貌】顔かたち。東大寺の古文書の『東南院文書』天平勝宝2年4月3日の条に「三十以下十五歳以上の美人の奴隷を買い上げ、朝廷に差し出せ」という記述がある。

ようもつくらべ【陽物比べ】男性が自らのペニスの巨大さや反り具合などを自慢しあう様子を描いた初期春画の傑作で、平安時代末期の鳥羽僧正作と伝えられる。日本の春画がペニスを巨大に描く伝統もこの時から始まったとされ、『古今著聞集』には巨根の描写を巡るエピソードが紹介されている。☞放屁合戦。

ようよう【養陽】『房内篇』にある用語で、男性の精気を養い蓄えること。男性の房中術の根本とされている。

よがれ【夜離れ】夜自分のところに来て

陽物比べの様子を描いた絵巻（「勝得絵巻」）

いた男が来なくなること、関係が切れ
ること。『梁塵秘抄』に「懲らしめよ
宵のほど、昨夜（よべ）も昨夜（ゆう
べ）も夜離れしき」とある。

よく【欲】①仏教の教義における一般
的な用例としては欲望、渇愛、妄執
などを指す。②『観音経』にある言
葉で男女の愛欲、淫欲。

よくあい【欲愛】『法句経』にある言葉
で愛欲、渇愛の意。

よくか【欲火】淫欲の情熱に身が焦が
れることを火に例えたもので、『法苑
珠林』にある言葉。

よくかい【欲海】『大乗菩薩経』にある
言葉で、愛欲が深く広大なことを海
に例えたもの。

よくかいのさんよく【欲界の三欲】仏教用
語で欲界は本能的な欲望が支配す
る世界。その中で三欲はとくに強力
な食欲、淫欲、睡眠欲のことで、『倶
舎論』にある言葉。

よくかく【欲覚】『十誦律』にある言葉
で愛欲について考えること。三悪覚
の一つ。

よくじ【欲事】仏教用語で淫欲に関す
る事柄。

よくしき【欲色】『往生要集』にある言
葉で淫欲の意。

よくじゃぎょう【欲邪行】『倶舎論』にあ
る言葉で、邪淫。

よくじょう【欲盛】『十誦律』にある言葉
で、欲情を起こすこと。

よくしん【欲心】仏教用語で愛欲の情、
色欲。『宇治拾遺物語』に「師の僧
が此の女房をみて欲心を起こして、
たちまち病になり…」とある。

よくせん【欲箭】『理趣経』にある言葉
で、欲情が飛ぶ矢の如く速く激しくは
たらくこと。性的な欲望が異性に向
かって発動すること。

よくてんのごいん【欲天五淫】仏教では
欲界には四大王衆天、夜摩天、兜
率天、化楽天、他化天の五天がある
とされている。淫事はそれぞれの天
によって異なり、四天王天では人間と
同じく二根が交わる。夜摩天は単に
相抱き、兜率天は手を取り、化楽天
は相笑い、他化天の場合相見て、そ
れぞれ淫事を行うとされている。『倶
舎論』にある言葉。

よくとん【欲貪】『維摩経』にある言葉で、
情欲的な快楽を求める欲望。

よくねつ【欲熱】『十誦律』にある言葉
で、愛欲の炎。

よくほう【欲法】『大日経』にある言葉で、
男女間の愛欲。女性の本質と見な
されている。

よくま【欲魔】『首楞厳経』にある言葉
で、淫欲を悪魔に例えたもの。

よくよく【欲欲】『十誦律』にある言葉で、
愛欲の渇き。

よくらく【欲楽】『法句経』にある言葉で、
愛欲と歓楽の意。

よくらん【欲乱】『法句経』にある言葉で、

欲望にうち乱れること。

よごころ【世心】世は男女の仲の意、世心は異性を慕う気持ち。『伊勢物語』に「昔、世心つける女…」とある。

よこなみ【横波】女性の流し目。『遊仙窟』にある言葉。

よごもる【世籠る】世間に出ずに家の中に籠っていること。転じて結婚していない女。『源氏物語』（明石）に用例がある。

よすが【縁、因】①血縁・婚姻などの関係のある人。②頼るべき人、妻・本妻のこと。『枕草子』に「あまた行くところもあり、もとよりのよすがなどもあれば…」とある。

よそりつま【寄そり妻】自分と深い仲であると噂されている人、一説に自分が思いを寄せている人、「つま」は男女双方にいう。『万葉集』3512に用例がある。

よづかわし【世付かわし】世付くの形容詞形で、男女の仲のことなどに慣れていること。

よづく【世付く】色気付く、色情を帯びていること。『源氏物語』（若紫）に「この君や、よついたる程におはする」とある。

よづま【夜妻】一夜を共にする女性。別居婚が普通だった古代にも、一夜だけの女性はいた。『蜻蛉日記』に用例がある。

よとうのつみ【余桃の罪】『韓非子』にある話で、君主の愛憎の変化が甚だしいことのたとえ。中国の衛公に弥子暇という男性の愛人があった。寵愛していた時は、弥子暇が食べ残したものを衛公に食べさせたことを愛情の表れとして賞賛したが、弥子暇の容色が衰えてからは食い残しの桃を君主に食べさせた罪によって処刑したという。☞**断袖**。

よとこ【夜床】夜、共寝するための床。『日本書紀』（歌謡47）に、仁徳天皇が盤之媛皇后と新しく得た八田皇女を並べ、同時に関係しようとした歌がある。その場面が「さ夜床を並べた君は」と歌われている。

よとで【夜戸出】夜、戸口に立って、やってくる男を待つこと。朝戸出の対。『万葉集』2950に「愛しい恋人が夜、私を出迎えるために外へ出てきた姿を見てからは、私の心は上の空、地面は踏んで入るけれど」という意味の歌がある。

よとの【夜殿】貴族の邸宅の寝所。『後撰集』に「霜の降りた白さが明け方のような思いをさせるのは、あなたが私の寝所（夜殿）にこなくなったせいでしょうか」という意味の歌がある。

よなる【世なる】男女の関係を知る。さらに男女の関係に馴れてくること。『源氏物語』（夕顔）に「あやしく様変はりて世なれたる人ともおぼえねば」とある。

ヨニ　ヒンズー教の最高の神である
シヴァは寺院などで方形や楕円形の
台座に直立に突き立てられている。
この台座がヨニと呼ばれ、女陰を意
味する。リンガ（男根）とヨニはシヴ
ァの活力（エネルギー）の象徴として、
生殖・豊穣を祈願するものといわれ、
日本の密教にも影響を与えた。☞シ
ヴァ神。リンガ。

よのほどろ【夜のほどろ】夜の明け方。
男は共寝の床から出て帰らなければ
ならない頃。『万葉集』754に「夜
のほどろ我が出でて来れば吾妹子
が思へりしくし面影に見ゆ」という歌
がある。「夜の明け方に帰途につくと、
名残り惜しそうな彼女の面影が目に
浮かぶ」という意。

よばい【夜這い、婚】夜、女性の寝てい
るところへ忍び入り、性的関係を求め
ること。結婚を求めること。歌垣とと
もに日本社会の根幹を構成している
性的な関係。さよばい（さ夜這い）と
もいう。「さ」は接頭語で、夜這いに
同じ。

よばいびと【夜這い人】夜這いをする人。
『大和物語』に「その夜這ひ人を呼
びにやりて…」とある。

よばいぶみ【夜這い文】会ってほしい、
性的な関係を持ちたいと願う気持ち
を訴える手紙。『宇津保物語』に用
例がある。

よぶ【呼ぶ】ある地位についてもらうた

めに、その人を迎える。また婿や妻と
して迎えること。『宇津保物語』に「我
も我もと娘妹持たる人は、婿にせん
婿にせんと呼べど、仏の淫欲の罪お
もきをたてての給ひしかば…」とある。

よめどり【嫁取り】男が嫁を迎えること。
及びその準備から挙式までの行事を
いう。☞婚取り。

よよ【代代】世世。人それぞれの生き方。
男女が別れ別れになって、別々の男
女と夫婦になったことなどをいう。『伊
勢集』に用例がある。

よる【寄る、依る、拠る】相手の男を頼
しいと思い、その意に従うこと。『万
葉集』98に用例がある。

よるのおとど【夜の御殿】清涼殿内の天
皇の寝所。四方に妻戸があり、南は
一間の大妻戸。座敷は畳敷きで、
枕は二階式になっており、そこに御剣
と神璽が安置されていた。

よるのおまし【夜の御座】①夜の御殿と
同じ。『源氏物語』（若紫）に「（源
氏は）夜の御座に入り給ひぬ。女君、
ふとも入り給はず」とある。②貴人が
就寝の際に用いる茵（しとね＝敷き
物）。

よるのちぎり【夜の契り】夜に交わした
愛。約束。『拾遺集』に用例がある。

よろしめ【宜し女】美しい女、いい女。
『日本書紀』（歌謡）に「妙し女を有
りと聞きて宜し女を有りと聞きて真木
さく檜の戸を押し開き我入り座し」と

ある。

よをしる【世を知る】男女の仲のことを解する。『源氏物語』（夕顔）に「ひたぶるに若びたるものから、世をまだ知らぬにもあらず」とある。

ら

ら【羅】①平安時代の俗語で陰茎、魔羅のこと。②『続日本紀』にある言葉でうすもの、薄絹のこと。

らきのちょうい【羅綺の重衣】羅は薄絹、綺は綾絹。『菅家文草』にある言葉で、なよなよとして、薄物の衣さえ重そうに見える美女の様子。

らぎょう【裸形】裸の姿、裸体。平安時代末期の公卿中山忠親の日記『山槐記』にある言葉。

らくいん【落胤】身分の高い男が、正妻以外の身分の低い女に産ませた子。落とし胤。『山槐記』に「予が落とし胤の女子去る六日死去と、此の事二十三日始めて聞く」とある。

らくいんばら【落胤腹】正妻以外の身分の卑しい女性から生まれた子のこと。

らくだ【落堕】『古事談』にある言葉で、僧侶が戒律を破り、放逸に耽けること。女性との関係についていうことが多い。

ラゴラ釈迦が出家する以前、妃の耶輪陀羅（やしゅだら）との間に生まれた子。母の胎内に六年いて、釈迦が悟りを開いた夜に生まれたとされる。のちに釈迦に従って出家し、密行第一と称せられた。

らせつ【羅刹】『雑阿含経』にある言葉で、人をたぶらかし、血肉を食うという悪鬼。男は醜悪な形相で、女は極めて美麗だとされている。羅刹鬼ともいい、女性に限定する場合は羅刹尼ともいう。

らせつじょとう【羅刹女島】『観音経』にある言葉で、人（男）を食う女の住む島。

らっかん【楽歓】交接による喜びのこと。『神女賦』にある言葉。

らっき【楽飢】密会の喜びのこと。『詩経』にある言葉。

『ラティラハスヤ』古代インドの性典の一つ。『カーマ・スートラ』、『アナンガランガ』とともに3大性典の一つに上げられている。なおインドではほかに60種の性典のあることが知られている。

らん【乱】世の中が乱れること。『地蔵菩薩霊験記』に「自身は楽して淫し、酒をたしなみて乱に及ぶ」とある。

らんぎょう【乱行】品行が乱れていること、またそのさま。奈良時代の『正倉院文書』にある言葉。

らんしつ【蘭質】若い女性が、蘭の花のように美しくて性質が良いこと。女

性の美しい体。『江都督納言文集』
にある言葉。

らんじゃたい【蘭奢待】聖武天皇の代
に中国から伝来した名香で、正倉院
に所蔵されている。

らんしん【乱心】『倶舎論』にある言
葉で、煩悩にとらわれて心が乱れるこ
と。

らんすい【濫吹】男色行為の攻め役の
こと。本来は乱暴、狼藉の意味だが、
男色家として知られた藤原頼長が自
分の日記である『台記』の中で、この
言葉を頻発、以来定着したという。

らんせい【蘭省】皇妃の寝室。『白氏
文集』にある言葉。

らんそうぶ【鴛双舞】『房内篇』で説か
れた三十法の第15で、二羽の鴛（想
像上の霊鳥）が舞っているさま。「女
二人のうち一人は仰向き、一人は俯
く。仰向く者は脚を上げ、俯く者は上
に乗って両者の陰部がむかいあう。
そこで男は膝頭を開いてひざまずき、
男根を押っつけて上下こもごも攻撃
する」。男1人、女2人の変則位。

らんちょう【蘭帳】芳しい帳（引き幕、
垂れ幕）。美人の寝室の帳をいう。

らんば【藍婆】仏教用語で10人の羅
利女（女性の鬼神）の第1。『法華
経』に「しかる時、羅利女等あり。
一をば藍婆と名付け、二をば毘藍婆
と名付け」とある。共に暴風を起こ
す力をもつとされた。

らんびにおん【嵐毗尼園】仏教用語で
迦毗羅衛城（かびらえじょう）にあっ
た花園のこと。釈迦牟尼仏はこの花
園の木下で、母の右脇から生まれた
といわれる。

らんぼう【蘭房】女性の美しい寝室。
美人の寝室。『本朝文粋』にある言
葉。

りきしまい【力士舞】推古天皇の時代に
伝わった仮面劇で、白衣を着て桙を
持った力士が巨大な魔羅を振りなが
ら踊る。推古天皇（554〜628年）
の時代に伝わったという。

りぎょく【理玉】美人を埋葬することで、
『晋書』にある言葉。理香ともいう。

りくきゅう【六宮】唐の時代には、皇后と
そのほかの夫人用に六つの御殿が
あったことをいう。白居易の『長恨
歌』で「三千の寵愛一身に在りしか
ば、六宮の粉黛は顔色無きが如し」
と歌われたことから広がった。

りこんびょう【離魂病】魂が肉体から離
れて、同一人の姿が2か所に現れる
という病気。唐の伝奇小説『離魂記』
から出た言葉で、相思の男性から引
き離された女性が病気になって、そ
の分身が男の後を追うという物語と
して知られる。日本にも大きな影響を
与えた。

りざん【驪山】中国の長安の東北にあ
る山。山麓に温泉が湧き、唐の玄宗
皇帝が楊貴妃のために華清宮という

203

離宮を造った。以来、驪山といえば楊貴妃の離宮を表すようになった。

りしゅきょう【理趣経】密教の経典の一つで、性欲や性交を認めた「十七清浄句」を含むことで知られる。その内容は①男女交合の妙なる恍惚は清浄なる菩薩の境地である。②異性を愛し、かたく抱き合うのも、清浄なる菩薩の境地である。③男女が抱き合って満足し、すべてに自由、すべての主、天にも登るような心持ちになるのも、清浄なる菩薩の境地である。④欲心を持って異性を見ることも、清浄なる菩薩の境地であるなどで、後に立川流というセックス至上主義の1派を生ずる1因となった。

りしゅざんまい【理趣三昧】『理趣経』を読誦する行。密教の他の教えは修行を前提としているが、『理趣経』は行法についてほとんど触れておらず、一般向けの密教の入門書と考えられている。

りつぞう【律蔵】『摩訶僧祇律』にある言葉で、僧団内の規則を定めたもの。①獣や死体、同性との交わりの禁止。大便道、小便道、口、傷口などを使っての姦淫の禁止。②愛する女性が死んだため、彼女の骨を集めて陰部の形を作り、そこに挿入していた修行僧は追放。③妻のある者が自分の母や妹、娘と性交して、これらはほかの女性とは違う存在だから違

反には当たらないと主張したが、これも追放。④「夢の中でもとの妻と性交する夢を見た」者が、自分は失格だと思って報告したら、夢のことでは罪にならないと言われた。⑤修行僧が昼寝中、通りがかりの女性がまたがり性交して去った。これも欲望をもったわけではなく、楽しみを覚えたわけではないから罪にはならないなど。

りべつ【離別】夫婦の縁を断つこと。離縁。『万葉集』4491の左注に「藤原宿奈麻呂朝臣が妻石川女郎、愛を薄くして離別せられ悲しみ恨みて作る歌」とある。

りゅうあい【流哇】淫らなはやり歌。漢代の「七弁」という詩にある言葉。

りゅうえんてん【龍宛転】『房内篇』で説かれた三十法の第6で、龍が緩やかに身をくねらせながら、空に向かって反転するさま。女は仰向けに寝て、両脚を曲げて上げる。男は女の股の内にひざまずき、左手で女の両脚を前に、足先が乳房より頭部へ行

くようにする。そこで右手で玉茎を握って玉門に差し入れる。

りゅうか【柳花】 中国で柳の花のこと。転じて『唐書』では舞女の意に使われている。

りゅうぐう【龍宮】 深海の底にある乙姫などの住むところ。龍宮伝説はすでに平安時代初期の漢詩集『凌雲集』で語られている。☞『続浦島子伝記』。

りゅうぜんこう【龍涎香】 唐の時代から伝わる香の種類。中国では鯨が交尾して海上に流した精液を乾かして粉末にしたものと伝えられている。

りゅうてい【流睇】 流し目。紀元100年頃の中国の詩人張衡の『南都賦』にある言葉。

りゅうにょ【龍女】 『法華経』に登場する女性。8歳で菩提心を起こし、女性には五つの障りがあるにも関わらず、突如、男子に変成したと伝えられる。

りゅうはつ【柳髪】 女性の髪の毛の長くしなやかで、美しいさまを述べたもの。美人のしなやかな腰を表現する「柳腰」と並んで、平安時代には美人をほめる時の定番とされた。

りゅうはん【龍翻】 青龍がひるがえって飛んでいる様子をいう。『房内篇』で説かれた九法の第1。「女を正しく仰向けに寝かせ、男はその上に伏して股が床に隠れる格好をとる。女はその陰部を持ち上げて男根を受け

入れる。男は女の穀実（クリトリス）を突き、さらにその上部を攻め、緩やかに動いて、八度は浅く、二度は深く挿入する…」とある。

龍翻の図

りゅうび【柳眉】 柳の葉のように細くて美しい眉、美人の眉。平安時代の漢詩集『田氏家集』にある言葉。

りゅうひこほ【竜飛虎歩】 竜飛は正常位、虎歩は後背位のこと。藤原明衡の『新猿楽記』にある言葉で、『房内篇』の記述を転用したものという。☞**淫奔徴聱（いんぽんちょうへい）、假仰養風（えんぎょうようふう）、琴弦麦歯（きんげんばくし）、『房内篇』。**

りゅうべん【流沔】 みなぎり流れること。ポルノグラフィックな戯文として知られる大江朝綱の『男女婚姻賦』において、夢精で精液がほとばしることの表現として用いられている。

りょう【了】 ①衣服が（だらしなく）垂れ下がっているさま。② 1000年頃成立した『集韻』によると①が転じて男子のペニスのこと。

りょうさい【両妻】 妻がいるのに、もう一人の妻を持つこと。古代には妻がいるのに別の女性と結婚した者は徒刑

あ
か
さ
た
な
は
ま
や
ら
わ

（禁獄）1年、女性は百叩きの刑の後追放とされた。

りょうじんひしょう【梁塵秘抄】平安時代末期に後白河法皇によって編さんされた歌謡集。11世紀初頭ごろ、今様とよばれる歌謡が流行していた。歌い手は傀儡子（くぐつ）の女性や遊女たちで、11世紀後半から12世紀前半に最盛期を迎えた。

りょうず【領ず】①自分のものとして手にいれ支配することで、『落窪物語』に用例がある。②鬼や毒蛇などの魔性のものが、人間を虜にして精神を支配すること、女をさらって妻にしたという話が多い。

りょうにん【良忍】1072年（延久4年）、尾張国（現愛知県）に生まれ、子どもの頃から美声の持ち主として知られた。長じて比叡山で天台宗の修行を実践、さらにお経を歌うように読むという声明（しょうみょう）を確立した。この結果、お経は宗教的なエクスタシーを感得することで性的な高揚をもたらす音楽として受け取られるようになった。

りょはく【旅舶】旅の大船。『遊女記』に江口・神崎など遊女のたむろする港町では「倡女群をなして、扁舟に棹さして旅舶に着き、以て枕席を薦む」とある。

りょりょ【呂呂】口をもって相接し、口をもって猥褻なことをいい合うという意

で、性交すること。中国で通俗的な言葉を集めた辞書の『通俗編』にある言葉。

リンガ①ヒンズー教の教えで男性器のこと。②男性器を形どった像や陰陽石。☞ヨニ。

りんだんちく【臨壇竹】『房内篇』で説かれた三十法の第14で、築山に竹が生い茂っているさま。「男女ともに向かい合って立ち、口を吸って抱き合う。陽鉾（陰茎）を深く丹穴（女陰）に差し込み、陽台（膣の大前庭腺）に届かせる」

りんびょう【淋病】尿意がしきりに起こるが、小便が少なく出にくい病気。『和名類聚抄』に「淋病」として紹介されている。『小右記』には「大納言行成卿曰く、淋病発動して列に立たず」とある。列に立たずとは宮中の会議・行事を欠席するという意。

るい【累】裸、裸体。『説文解字』にある言葉。

るいぎょう【累形】仏教用語で凡夫の肉身のこと。さまざまな災いを被る形の意。700年頃の『南海寄帰伝』にある言葉。

るいそく【累足】男女が足を絡ませあっている状態。『史記』にある言葉。

るいわく【累惑】禅宗の用語で心身を惑わす煩悩、性欲の悩み。

るてんさんがいじゅう【流転三界中】『法苑珠林』にある言葉で、出家の儀式

で誦する喝の最初の一句。三界の中に転変している限り、男女の情愛を断つ事はできないが、この喝によって俗塵を払えとする教え。

るな【留拏】仏教用語で完全な男性ではない5種類のうちの一つ。『翻訳名義集』にある言葉。

ルーパ・アーヂーヴァニー 『カーマ・スートラ』に記載された遊女のランクの中でガニカーに次ぐ女性。「容色によって生活する女」の意。☞『カーマ・スートラ』、ガニカー。

るるい【流類】流れ者の遊女の集団。『正法眼蔵』にある言葉。

れいさい【令妻】良い妻。『詩経』にある言葉。

れいじん【麗人】みめ麗しい人、美人。『懐風藻』所収、石上乙麻呂の「秋夜閨情」という詩に用例がある。

れいならず【例ならず】身体が普通の状態ではない、病気や妊娠などをいう。『宇津保物語』に「怪しく、などか御様の例ならずおはします」とある。

れん【恋】仏教用語で愛執のこと。『出曜経』にある言葉。

れんげざ【蓮華座】『カーマ・スートラ』で紹介されている性交体位の一つで、仰臥した女が足を曲げて交錯させる。☞『カーマ・スートラ』。

カーマ・スートラをテーマとした絵画

れんしょ【恋緒】恋い慕う心。『万葉集』3967に「あなたが贈ってくださった歌を読んで恋の憂さが晴れました」という意味の詞章がある。

れんじょう【恋情】異性を恋い慕う心。『万葉集』3982に「大伴家持が遠く離れた妻に恋情を抱いて」という題詞が付いている。

れんちゅう【簾中】御簾（みす）の内側。①歌合の時など男女が参加する行事では、女性が男性から直視されるのを防ぐため、御簾が設けられた。②高貴な人の妻。簾中にいて人前に姿を見せないことから。

れんぼ【恋慕】異性を恋い慕う、恋い焦がれること。『権記』に三朝為輔の家臣が庶民の女性に恋い焦がれて死んだとある。『権記』は藤原道長の側近である藤原行成の日記。

れんぼう【恋望】恋い慕うこと。『万葉集』812に藤原房前から大友家持にあてた挨拶状の1節に、「あなたを恋望することは以前の百倍にも及

んでいる」とある。

れんれん【恋恋】切々と恋い慕うこと、またその様子。『色葉字類抄』に採録されている。

ろうえんどくじゃのかん【老猿毒蛇之観】『三教指帰』にある言葉で、女性に溺れることは毒蛇に嚙まれることより恐ろしいとか、若い女性も年老いた醜い猿と変わらない、恐ろしい存在だという教訓。

ろうさいじょぼう【郎才女貌】才能ある男子と美貌の女性というすばらしい取り合わせ。中国の小説から出た言葉。

ろうしつ【漏失】睡眠中に射精すること、夢精。漏精ともいう。『後撰集』にある言葉。

ろうたし　かわいい、側において置きたいと思う気持。『大和物語』に用例がある。

ろうろうじ【労労じ】上品で、細やかな美しさの表現。『紫式部日記』に「顔もいとらうらうしく…」とある。男に対する気遣いが細やかな人にもいう。

ろかい【露会】仲介や付き添いなしに男女が2人で会うこと。『詩経』にある言葉で、歌垣の場での男女の性的な交会を指すことも多い。

ろくきゅうさんふじん【六宮三夫人】古代中国における皇帝の正夫人の数で、1宮に3人ずつ計18人とされた。ただし別の資料には「九嬪二十七世婦、八十一御妻」とあり、126人の妃を抱えていた皇帝もあったと述べている。☞**嬪**（ひん）。

ろくげのびゃくぞう【六牙白象】仏教用語で、六つの牙を持った白い象。釈迦の母、摩耶夫人がこの象を夢に見て釈迦を懐妊したといわれるところから、釈迦の入胎の象徴とされる。『法華経』にある言葉。『今昔物語』に「夫人夜寝給たる夢に、菩薩六牙の白ぞうに乗りて虚空の中より来て、夫人右の脇より身の中に入り給ひき」と使われている。

ろくじ【六児】706年（慶雲3年）2月、山背国（京都の南部）相楽郡の女性である鴨首形名が6人の子を出産。初めに男2人、次に女2人、さらに男を2人出産した。初産の男2人は大舎人（下級の役人）に任じられた。

ろくじゅうよんへんしょ【六十四篇書】『カーマ・スートラ』で説かれている性交の分析。抱擁、接吻、爪痕、咬傷、嬌合、叫声の発声、男性模倣の性交及び口唇性交の8項目と、それぞれの項目は8種のパターンからなっていると説いている。☞『カーマ・スートラ』。

ろくじょう【鹿茸】初夏に鹿の角が落ちた後、新しく生えてこぶのようになったもの。代表的な精力増強剤として知られ、『千金方』にもその名がある。

☞『千金方』。

ろくよく【六欲】『大智度論』にある言葉で、六根によって生じる欲望をいい、色欲、形貌欲、威儀姿勢欲、言語音声欲、細滑欲（肌が滑らかなこと）、人相欲を指す。

ろくよくてん【六欲天】仏教用語で、三界のうちの欲界に属する六種の天。三界とは人々がいる三つの迷いの世界で、欲界、色界、無色界をいう。例えば淫欲の場合、欲界の下方に位置する四天王や忉利天では人間と同じく肉体を交える。これが夜摩天になるとただ相抱くだけになり、兜率天では手を取るだけ、化楽天は笑みを交わすだけの仲となる。そして他化自在天では相見るだけの関係にまで純化されるという考え。『倶舎論』にある言葉。

ろけん【露顕】婚礼の3日目に人々に披露すること、ところあらわし。『色葉字類抄』に「露顕。婚姻分の披露」とある。☞三日夜餅（みかよもち）、餅の使い、婿取り。

ろっこん【六根】目、耳、鼻など人間の心的作用に働きかける六つの器官。

ろっこんざんもん【六根懺文】梁の簡文帝（即位549～551）が即位に当たって作った誓いの詩。

鄭衛の淫靡を聴き　耳をそばだてる
淫靡の声は　これを欣ぶ者多し
願わくば　この穢れた耳を捨て

かの素晴らしい天の音楽を得ん　☞高禖、鄭衛桑間、濮上桑間。

わ

わ【哇】淫らな声、淫らな音楽。音韻の解説書で、1008年に成立した『広韻』にある言葉。

わいそう【猥騒】入り乱れて大騒ぎすること。田楽などの遊興が嵩じて、オージーな状態が現出したことの表現で、『地蔵菩薩霊験記』に「百千の鬼使とも猥騒して市をなす」とある。

わいぞく【猥俗】猥雑で卑俗なこと。空海の『三教指帰』にある言葉。

わかくさの【若草の】①つま（夫・妻）にかかる枕詞。若草のようにみずみずしい妻（夫）の意。『伊勢物語』に「武蔵野は今日は焼きそ若草の妻も籠れり我も籠れり」とある。②「寝」「寝る」にかかる枕詞。若草の根という意味を「寝」「寝る」に転化させたもの。『源氏物語』（総角）に「若草の寝見むものとは思はねど結ぼれたる心地こそすれ」とある。③特に「新手枕（にいたまくら）」にかかる。「新手枕」は女性との初めての関係を示す。『万葉集』2542に「若草の新手枕を巻きそめて…」という歌がある。

わがせ【我が背】親しい（性的な関係

あ
か
さ
た
な
は
ま
や
ら
わ

のある）男性に対する呼称。『万葉集』3457 に「うちひさす宮の我が背は大和女の膝まくごとに我をわすらすな」という歌がある。宮に仕える私の彼は大和の女性の膝を枕にすることもあるだろう。でも私のことは忘れないでという意。恋人を都へ連れて行かれた東国の女が心境を読んだもの。

わかのまえ【和歌前】白拍子の第 1 号。鳥羽天皇の前で島千歳とともに男舞を披露、白拍子はここから始まるとされる。

わかん【和姦】男女が合意の上で姦通すること。833 年に成立した『令義解』（戸令）には「礼を以て交せざるを姦となすなり」とあり、続いて「主婚（正式な結婚）によらざる和合姦通…」について触れている。和姦という言葉の始まり。

わかんどおりばら【わかんどおり腹】わかんどおりは皇室の血を引く人で、女性についていうことが多い。わかんどおり腹といえば皇族の女性を母とすること。『源氏物語』（乙女）に「（女は）わかむどほりはらにて、あてなる筋は劣るまじけれど…」とある。

わぎも【我妹】妻や恋人を男性が親しみを込めて呼ぶ言葉。「わがいも」の縮約されたもので、我妹子（わぎもこ）ともいう。『万葉集』3764 に用例がある。

わくご【若子】①幼児。②若々しい青年、女性が関心を込めていう言葉。『万葉集』3459 に用例がある。

わごう【和合】男女が性的な関係を持つこと。『倶舎論』にある言葉。

わこうど【若人】「わかひと」の転じたもので、古くは若い女房のことを指した。『源氏物語』（末摘花）では性に強い関心を抱く若い侍女のことが「いといとふ色好める若人」と呼ばれている。

わし【和志】男女の気持ちが性交のために盛り上がること。『房内篇』にある言葉。

わすれがい【忘れ貝】拾って持っていれば叶わぬ恋心を忘れられるという貝。『万葉集』3175 に「和歌浦に袖さへ濡れて忘れ貝拾へと妹は忘らえなくに」という歌がある。「和歌浦で袖まで濡らして拾った忘れ貝だが、いくら夢中になって拾ってもあなたのことは忘れられない」という意。

わすれぐさ【忘れ草】憂いを忘れさせてくれる草の意で、『詩経』にある言葉。

わたくし【私】小用、小便のこと。中国の『春秋左氏伝』にある言葉。

わたりがわ【渡り川】三途の川のこと。死後に女が三途の川を渡る時は、最初に夫婦となった男がおんなの手を引いてやるという言い伝えがあった。『源氏物語』（夕霧）に用例がある。

わびくそ【侘屎】進退が極まった時などにもらす糞のことで、『小右記』に用

例がある。

わぶ【侘ぶ】思った女性を得られずに嘆くこと。『伊勢物語』に用例がある。

わる【割る、破る】心が強い衝撃を受けて激しく乱れること。『万葉集』2894には「心が乱れてどうしたらいいか分からない」という意で用いられている。

わるし【悪し】容貌・容姿が劣っていること。『宝物集』に「波斯匿王の娘勝鬘夫人はみめかたちわるく…」とある。勝鬘夫人は古代インドの代表的な仏教徒。

われをたのめてこぬおとこ【我を頼めて来ぬ男】私のところを忍んでくると約束しながら来ない男。『梁塵秘抄』にある有名な文句。

●中国書ガイド

☆『易経』（えききょう）
　占いの本で、紀元前1500年頃に成立。中国人の世界観に大きな影響を与えた。

☆『淮南子』（えなんじ）
　紀元前の思想家の考えを紹介した書で、紀元前140〜87年頃に成立。

☆『華佗神方』（かだじんぽう）
　紀元200年頃の中国の医学書。

☆『管子』（かんし）
　紀元前600年頃に活躍した管仲の思想を、彼を敬慕する人々が書き記したもの。

☆『韓詩外伝』（かんしがいでん）
　紀元前150年頃の中国の説話集で、著者は文帝時代の博士（『詩経』、『書経』などに通じた学者）の韓嬰。

☆『漢書』（かんしょ）
　前漢（紀元前202〜紀元8年）の歴史を描いた史書で、紀元82年頃に成立。

☆『韓非子』（かんびし）
　中国の思想家韓非（紀元前280〜紀元前233年）が法家の思想について述べた書。韓非は使者として赴いた秦で殺害されたとも、自殺を強要されたとも伝えられる。

☆『魏志倭人伝』（ぎしのわじんでん）

　日本について述べた最も古い記録で、『三国志』の中の「東夷伝倭人条」の通称。3世紀末に成立。

☆『帰田録』（きでんろく）

　北宋の文学者・歴史家・政治家として活躍した欧陽修の随筆。1070年頃の作品で、朝廷の故事や士大夫間の会話やユーモアなどを記録している。

☆『玉房秘訣』（ぎょくぼうひけつ）　＊本文参照。

☆『芸文類聚』（げいぶんるいじゅ）

　中国の唐代以前の政治の仕組みや産業、服飾などについて解説した百科全書で624年に成立。

☆『広韻』（こういん）

　北宋時代の1008年に作られた音韻に関する百科辞典。

☆『後村詩話』（こうそんしわ）

　詩を作る際の心得を説いたもので、唐の時代にまとめられた詩文叢書にある。

☆『後漢書』（ごかんしょ）

　後漢（25〜220年）の歴史を描いた史書で、432年頃成立。

☆『黄帝内経』（こうていだいけい）　＊本文参照。

☆『国語』（こくご）

　紀元前10世紀頃から紀元前5世紀頃までの中国の歴史を描いた本で、『春秋左氏伝』との共通性が指摘されている。

☆『西域記』（さいいきき）
　　唐の高僧がインドを旅した時の見聞録を弟子がまとめたもので、646年に成立。

☆『西京賦』（さいけいふ）
　　後漢（25〜220年）の文人で科学者の張衡が著した長安の都の考察。彼は洛陽を考察した『東京賦』も残している。水時計や地震感知器の発明でも知られる。

☆『雑事秘辛』（ざつじひしん）
　　漢代の小説で、桓帝が大将乗高の娘を妃とした次第を述べた書。

☆『四河入海』（しがにっかい）中国の詩人蘇東坡（1037〜1101年）の詩の注釈書で、成立したのは1534年。

☆『史記』（しき）
　　司馬遷によって編纂された中国の歴史書で、紀元前90年頃に成立。日本の元号も同書からしばしば取られている。

☆『詩経』（しきょう）
　　中国最古の詩集で、紀元前1000年〜紀元前600年頃までに作られた詩305篇が掲載されている。成立したのは紀元前500年頃で、女性が自らの性的な欲望を赤裸々に吐露しているのが特徴。

☆『釈名』（しゃくみょう）
　　紀元前の中国社会の制度や使われていた言葉の意味を探った書で、後漢時代に成立した。

☆『集韻』（しゅういん）

宋の時代に造られた韻の研究書。韻を平声・上声・去声・入声の4種に分類している。

☆『周易参同契』（しゅうえきさんどうけい）
　練丹術（薬の作り方）を説いた本で、後漢時代（呉時代ともいう）に魏伯陽が著したとされる。

☆『出三蔵記集』（しゅつさんぞうきしゅう）
　紀元1世紀から6世紀初めまでに漢訳された仏教の文献集。

☆『周礼』（しゅらい）
　儒教で「三礼」（『周礼』、『儀礼』、『礼記』）と呼ばれる経典の一つで、中国の戦国時代（紀元前5世紀）に成立。

☆『荀子』（じゅんし）
　中国の戦国時代末期の思想家荀況による同時代の思想の紹介。

☆『春秋左氏伝』（しゅんじゅうさしでん）。
　『春秋』の注釈書で紀元前375〜紀元前351年に成立したといわれる。著者は不明。

☆『書経』（しょきょう）
　古代中国の伝説の聖人である尭・舜や、夏・殷・周など初期王朝の政治について論じた書。

☆『神異経』（しんいきょう）
　紀元前100年頃に作られた奇聞集。ただし南朝時代（439〜589年）の偽書という説も根強い。

☆『晋書』（しんじょ）

中国の晋王朝の歴史を記した史書で、北方の国々の歴史や小説類にも触れている。

☆『神女賦』（しんじょふ）
　紀元前300年頃の中国の文学者宋玉の詩の題名で、『文選』に収められている。

☆『神仙伝』（しんせんでん）
　中国の晋時代の書で、人生に失敗した人や苦行を重ねた人物など、同類の書にないドラマ性に富んでいる。

☆『隋書』（ずいしょ）
　隋の歴史を描いた史書で、唐時代の名臣と呼ばれた魏徴によってまとめられた。琉球について記した「流求伝」のあることでも知られる。

☆『図経』（ずきょう）
　後漢時代以降に中国で作られた地方の地図で、地誌的記述が付いていた。

☆『世説新語』（せせつしんご）
　中国・南朝時代、王室出身で文学愛好者だった劉義慶が、交流した文学士の格言やエピソードを集めた書。500年頃刊行された。

☆『説文解字』（せつぶんかいじ）
　中国初の部首別漢字辞典で、収録字数は1万516字。編者は許慎といい、紀元百年に完成した。

☆『戦国策』（せんごくさく）
　中国の戦国時代の策士の考えや逸話などをまとめた書で、紀元前後に成立。著者は劉向。

☆『荘子』（そうじ）
　紀元前300年頃の中国の思想家荘周の著書で、『老子』の思想を発展させたものとされる。

☆『宋書』（そうしょ）
　宋の歴史について書かれた資料で、500年頃にできた。楽譜や文学にも目配りした史書。

☆『捜神記』（そうじんき）
　中国で話し言葉を使って書かれた最初の小説集で、4世紀に成立。

☆『楚辞』（そじ）
　戦国時代、楚の国では音楽が盛んで、宮廷詩人をはじめ多くの人々が歌を作った。その作品を集めたもので、洗練された書として知られた。編者は『戦国策』、『列女伝』の著者の劉向。

☆『素女経』（そじょきょう）　＊本文参照。

☆『太平御覧』（たいへいぎょらん）
　宋代初期（980年頃）に成立した百科辞典で全100巻。

☆『大戴礼記』（だたいらいき）
　儒教の礼法書を集めたもので、前漢時代（紀元前206〜紀元2年）の作とされる。女の三従を説いていることで知られる。

☆『通志』（つうし）
　中国の伝説の時代から唐代まで、全200巻の通史で、1161年に成立。

☆『通俗編』（つうぞくへん）

中国で通俗的な言葉を集めた辞書。

☆『洞玄子』（どうげんし）　＊本文参照。

☆『唐書』（とうじょ）
　唐代の歴史を描いた史書で、旧・新2種の唐書があり、旧唐書は945年に完成。

☆「鄧剣の詩を読む」
　白居易の75歳時の詩集『白氏文集』所載。

☆『南海寄帰伝』（なんかいききでん）
　唐僧義浄がインドから東南アジアへ旅行した時の記録。

☆『南斉書』（なんさいしょ）
　中国の南斉（479～520年）についての歴史書で、著者は梁の蕭子顕。

☆『南史』（なんし）
　中国の南朝（420～479年）の歴史について書かれた史書。唐の李延寿が南北朝時代の歴史の研究家だった父の遺志を継いで編纂したもの。

☆『南都賦』（なんとふ）
　紀元100年頃の中国の詩人で科学者の張衡が自分の故郷の南陽を賛美した詩。張衡は地震感知器や天球儀を造ったことでも知られる。

☆『白氏文集』（はくしもんじゅう）。
　唐の詩人白居易の詩文集で、821～824年に成立。日本では『文集』と呼ばれて、平安時代から人気を集めた。

☆『飛燕外伝』（ひえんがいでん）

六朝時代（225〜589年）のポルノ小説で、趙飛燕と趙合徳という双子の姉妹が帝の寵愛を競うさまを描いたもの。

☆『美人論』（びじんろん）
　北魏の王琚の著書。王琚は5世紀の人。宦官となって北魏の宮廷に入り、征南将軍の称を得、さらに高平王に任じられた。

☆『筆記』（ひっき）
　宋時代（960〜1279年）の文化や社会生活に関する記録やエッセイを集めた資料集。

☆『法言』（ほうげん）
　前漢時代の儒教の思想家揚雄による、儒教の伝統思想の解説書。

☆『抱朴子』（ほうぼくし）　＊本文参照。

☆『墨子』（ぼくし）
　紀元前5世紀頃の中国の思想家で、平和主義を唱えた墨子の主張をまとめた書。

☆『脈経』（みゃくきょう）
　晋の時代（265〜420年）に成立した脈の診断書で、中国の医学の古典の一つとされている。

☆『孟子』（もうし）
　儒学者の孟軻（もうか、紀元前372年〜紀元前289年頃）とその弟子たちの問答を記録した書。

☆『文選』（もんぜん）
　中国南朝時代の作品で、530年頃成る。編者の蕭統は武帝の長男、

文学に優れ、多くの文士、詩人を招いて詩文を集めた。

☆『遊仙窟』（ゆうせんくつ）　＊本文及びコラム⑤⑥参照。

☆『幽明録』（ゆうめいろく）
　中国・六朝時代（220〜589年）の伝奇小説集。

☆『酉陽雑俎』（ゆうようざっそ）
　唐時代の860年頃に成立したエッセイ集で、博物学的な広がりを持つ。

☆『容成陰道』（ようせいいんどう）
　漢の時代に成立した性の指南書で容成は著者。

☆『楊太真外伝』（ようたいしんがいでん）
　楊貴妃と玄宗皇帝の愛を描写した小説で、1000年頃に成立した。

☆『礼記』（らいき）。
　儒教のもっとも基本的な経典の一つで全49編。多くの資料を編纂したもので、古代社会を知る貴重な記録ともされている。成立時期は紀元前だが、編によって異なる。

☆『洛陽伽藍記』（らくようがらんき）
　紀元3世紀に魏の国の都・洛陽にあった仏教寺院の古跡や逸話を集成した案内書で、6世紀半ばに作られた。

☆『律令格式』（りつりょうかくしき）。
　中国の法の体系で、隋〜唐の時代に4種にまとめられた。

☆『梁書』（りょうしょ）

中国の梁（502〜557年）の歴史を記した史書で、629年に成立。

☆『呂氏春秋』（りょししゅんじゅう）
　秦の時代の紀元前239年に編纂された百科辞典。

☆『列子』（れっし）
　戦国時代の中国の思想などを述べた書だが、民間伝承や神話伝説を集めた偽書との見方もある。

☆『列女伝』（れつじょでん）
　古代中国の女性の伝記集で、紀元前後に成立。撰者は『戦国策』と同じく劉向。

☆『列仙伝』（れっせんでん）仙人とうたわれた71人の生涯を描いた伝記集で、紀元前1〜4世紀に成立。劉向作といわれる。

☆『老子』（ろうし）
　道教の始祖で思想家の老子の教えや言動をまとめた書。中国・春秋時代（紀元前750年頃〜紀元前450年頃）に成立。

☆『論語』（ろんご）
　孔子の言行・学問・思想について、孔子の弟子たちが記録した書で、紀元前4〜5世紀に成立した。

●日本書ガイド

☆『赤染衛門集』（あかぞめえもんしゅう）
　赤染衛門は平安時代中期の女流歌人で、中古三十六歌仙の一人。紫式部や和泉式部、清少納言らとも親交があった。『赤染衛門集』は彼女の作品集で、11世紀中頃に成立。

☆『赤人集』（あかひとしゅう）
　『万葉集』で柿本人麻呂と並び称せられる山部赤人の歌集で、740年（天平12年）頃に成立。

☆『医心方』（いしんぼう）　＊本文参照。

☆『和泉式部日記』（いずみしきぶにっき）
　和泉式部は平安時代を代表する女流歌人で、奔放な男関係で知られた。日記は冷泉天皇の皇子敦道親王との恋の顛末を記したもので、1008年頃に書かれた。『和泉式部集』はその家集で、王朝期の歌集の代表的なものとされている。

☆『出雲風土記』（いずもふどき）
　風土記は地方の文化や地勢を知るために、奈良時代に製作が命じられたもので、「出雲（現島根県）風土記」は733年（天平5年）に完成。現在までほぼ完璧な形で伝わる唯一の風土記。

☆『伊勢集』（いせしゅう）
　平安時代を代表する女流歌人で、和泉式部と並ぶ男関係でも知られた伊勢の歌集。

☆『伊勢物語』（いせものがたり）　＊本文参照。

☆『今鏡』（いまかがみ）

　平安時代後期の歴史物語で、1025年（万寿2年）から1170年（嘉応2年）までの歴史が座談形式で語られている。作者は僧侶で歌人の藤原為経といわれる。

☆『色葉字類抄』（いろはじるいしょう）

　平安時代に作られた国語辞典。編者は橘忠兼で、『伊呂波字類抄』とも書く。

☆『宇治拾遺物語』（うじしゅういものがたり）

　仏教説話や笑話、民間説話などを含む説話集で、1210年頃に成立した。作者不詳。

☆『宇津保物語』（うつぼものがたり）

　『源氏物語』に先立つ、日本初の長編物語。980年頃に成立したもので、作者は一説に源順という。

☆『栄花物語』（えいがものがたり）

　藤原道長の栄華を記述した歴史物語で、正篇は1028年（万寿5年）〜1037年（長元10年）、続篇は1092年（寛治6年）頃に成立。

☆『奥義抄』（おうぎしょう）

　平安時代の歌学書で、作者は歌人の藤原清輔、成立は保延年間（1135〜1141年）といわれる。

☆『近江風土記・逸文』（おうみふどき・いつぶん）

　奈良時代に成立した近江国（現滋賀県）の風土記の逸文（断片）で、羽衣伝説や竹生島の伝承などを伝えている。

☆『大鏡』（おおかがみ）

　平安時代後期の歴史書で、850年（嘉祥3年）から1025年（万寿2年）までの宮廷の歴史を、藤原道長の栄華を軸にして記述している。「四鏡」（『大鏡』、『今鏡』、『水鏡』、『増鏡』）の最初の作品。

☆『落窪物語』（おちくぼものがたり）

　貧しくて、継子いじめにあっていた娘が貴族の青年に見染められて幸せになる話。日本版シンデレラ物語で、10世紀末頃に成立した。

☆『懐風藻』（かいふうそう）

　日本初の漢詩集で、天智天皇の時代から奈良時代までの約80年間の漢詩が収められている。撰者は不明だが、751年に成立。

☆『柿本人麻呂集』（かきもとのひとまろしゅう）

　柿本人麻呂は飛鳥時代の歌人。格調高い歌風で、山部赤人とともに「歌聖」（うたひじり）と呼ばれた。この歌集は『万葉集』成立以前の人麻呂の作品を集めたもの。

☆神楽歌（かぐらうた）

　神楽歌は神事の際にうたわれる歌で、宮廷神楽と民間神楽からなる。宮廷神楽は奈良時代以前にできたが、現存するのは平安時代のもの。民間神楽は一部に宮廷神楽を取り入れた民謡。

☆『蜻蛉日記』（かげろうにっき）

　平安時代の女性の日記で、作者は藤原道綱母。夫である藤原兼家との結婚生活や、兼家のもう一人の妻である時姫（藤原道長の母）との関係、上流階級との交際などについて記されている。

☆『兼輔集』（かねすけしゅう）

　三十六歌仙の一人、藤原兼輔の歌集。兼輔は公卿で、醍醐天皇の側

近として仕えるかたわら和歌や管弦にも優れていた。933年（承平3年）
死亡。

☆『兼盛集』（かねもりしゅう）
　三十六歌仙の一人、平兼盛の歌集。光孝天皇に直結する皇族から臣
籍降下。屏風歌（屏風絵に付された歌）の上手として知られた。『兼盛
集』は990年頃に成立したといわれる。

☆『閑吟集』（かんぎんしゅう）
　室町時代の1518年（永正15年）に作られた小歌（庶民の歌）の歌謡集。
江戸小歌の源流となった。

☆『菅家後集』（かんけこうしゅう）
　菅原道真は『菅家文草』を醍醐天皇に献呈した翌年の901年、太宰
府に流された。以後、没するまでの2年間の作品を整理した漢詩集。

☆『菅家文草』（かんけぶんそう）
　菅原道真が自らの作品を時代順に配列した漢詩文集で、900年（尚泰
3年）に完成、醍醐天皇に献呈した。詩風は流麗、散文は芸術的美文
と評されている。

☆『漢語抄』（かんごしょう）
　奈良時代の8世紀に成立したとされる辞書で、『楊氏漢語抄』ともい
う。現存しないが、内容の一部が『和名類聚抄』に引用されている。

☆『寛平御遺誡』（かんぴょうのごゆいかい）
　宇多天皇が13歳の醍醐天皇へ譲位するにあたって与えた心得書。寛
平9年（897年）におくられたからこの名がある。

☆『競狩記』（きそいがりき）

898年（昌泰元年）10月、宇多上皇が1か月にわたって行った鷹狩りの様子を紀長谷雄が記録したもの。その留守の間に、上皇の側近の菅原道真の太宰府左遷が決まったという。

☆『旧辞』（きゅうじ）
　『帝紀』と並ぶ最古の史書で、各氏族の由緒やエピソードを集めたものと推定されている。

☆『金葉集』（きんようしゅう）
　白河法皇の命によって作られた平安時代の第5番目の勅撰和歌集。撰者は源俊頼、1126年（大治元年）頃に完成。

☆『経国集』（けいこくしゅう）
　平安時代初期の827年（天長4年）、淳和天皇の命により編さんされた勅撰漢詩集。所載詩人は707年までさかのぼって178人に及ぶ。

☆『源氏物語』（げんじものがたり）
　日本初の長編恋愛小説で、平安時代中期の11世紀に成立。作者は紫式部。平安貴族の恋愛と政治的な野望、権力争いを描いて、今では世界20か国で翻訳されている。

☆『源平盛衰記』（げんぺいせいすいき）
　軍記物の一つで『平家物語』を源氏の側に立って加筆したもの。鎌倉時代以降に成立。

☆『江家次第』（ごうけしだい）
　大嘗会や四方拝など平安時代の有職故実に関する解説書。編者は『遊女記』『本朝神仏伝』などの著者大江匡房。

☆『江談抄』（ごうだんしょう）

平安時代きっての風俗研究家であった大江匡房に藤原実兼がインタビューした記録で、有職故実から音楽、官人たちの逸話などが語られている。

☆『江都督納言願文集』（ごうととくどうげんがんもんしゅう）
　大江匡房が上は天皇・皇后から下は庶民のために書いた願文（神仏への願い事や法事の際の施主の挨拶など）を集めたもので、1061年（康平4年）から1111年（天永2年）までの50年分が収められている。

☆『江吏部集』（ごうりほうしゅう）
　平安時代中期の歌人・大江匡衡の詩文集。江吏部は式部省の唐名、大江は式部省の官人だったところから、名付けたもの。

☆『古今集』（こきんしゅう）
　日本初の勅撰和歌集で、平安時代中期の912年（延喜12年）頃に成立した。序文で、性欲ときちんと向き合うことの大切さを主張している。

☆『古今和歌六帖』（こきんわかろくじょう）
　平安時代に編纂された私撰和歌集で、撰者は紀貫之といもいうが不明。

☆『古今著聞集』（ここんちょもんじゅう）
　『古今著聞集』は鎌倉時代の1254年（建長6年）に成立、その後増補された。編者は橘成季。詩文や管弦上手として知られ、競馬もよくした。

☆『古事記』（こじき）
　日本最古の歴史書で、稗田阿礼が暗唱していたものを、712年（和銅5年）、太安麻呂が文字に起こしたとされている。

☆『古事談』（こじだん）
　鎌倉時代初期に誕生した説話集で、奈良・平安時代の興味深い説話462編が採集されている。

☆『小柴垣草紙』（こしばがきぞうし）　＊本文参照。

☆『後拾遺和歌集』（ごしゅういわかしゅう）
　1086年（応徳3年）に成立した第4番目の勅撰和歌集。撰者は藤原通俊で、選ばれた歌は『古今集』、『後撰集』以後の130年の作品。

☆『後撰集』（ごせんしゅう）
　951年（天暦5年）頃に成立した第2番目の勅撰和歌集。撰者は清原元輔ら四人で、部立てなどは『古今集』にならっている。

☆『小町集』（こまちしゅう）
　平安時代の代表的な女流歌人の一人、小野小町の私家集で9世紀後半に成立。

☆『戸令』（こりょう）
　律令で定められた地方行政の組織、結婚に関する取り決めなど。689年（持統天皇3年）に施行された浄御原令で初めて制定され、757年（天平宝字元年）の養老律令では45条が定められた。

☆『権記』（ごんき）
　平安時代の名書家として知られた藤原行成の日記、行成が権大納言だったことからこう呼ばれる。藤原道長の全盛期の行動が克明に記載されているのが特徴。

☆『今昔物語』（こんじゃくものがたり）
　平安時代末期に成立した説話集で、作者は不詳。天竺（インド）、震

旦（中国）、本朝（日本）の三部に分かれ、因果応報などの仏教説話が
展開されている。

☆催馬楽（さいばら）
　平安時代に流行した古代歌謡。各地の民謡や伝承歌を楽器の演奏を
交えながらうたうもので、主に宮廷の場でうたわれた。

☆『相模集』（さがみしゅう）
　相模は相模守大江公資の妻。藤原定頼との不倫により夫婦仲が悪化
し、相模は侑子内親王の元に出仕、以後、平安時代中期の代表的な歌
人として活躍した。

☆『狭衣物語』（さごろもものがたり）
　平安時代の恋愛小説の一つ。主人公の狭衣大将が美人の従姉妹に純
愛の念を抱きながら、次々と女性遍歴を重ねる様子が描かれている。
1080年（承暦4年）頃の作で、作者は紫式部の娘とされたが、今は否定
されている。

☆『讃岐典侍日記』（さぬきのすけにっき）
　堀河天皇と鳥羽天皇に仕えた藤原長子の日記。とくに寵愛を受けた
鳥羽天皇への思慕の念が描かれている。1109年（天仁2年）頃の作とい
われる。

☆『信明集』（さねあきらしゅう）
　平安時代中期の官吏で歌人の源信明の歌集で、女流歌人で親密な仲
だった中務との贈答歌が多い。

☆『更級日記』（さらしなにっき）
　平安時代中頃に書かれた回想録で、作者は菅原孝標女。13歳から52
歳頃までの40年間が綴られている。『蜻蛉日記』や『紫式部日記』な

どと並ぶ、女性の日記文学の一つ。

☆『山槐記』（さんかいき）
　平安時代末期の内大臣中山忠親の日記。平家の全盛と終焉の記録として珍重されている。

☆『山家集』（さんかしゅう）
　平安時代末期の歌人の西行法師の歌集。源平合戦の最中か直後頃に成立したと推定されている。抒情性の高い作品が多い。

☆『散木奇歌集』（さんぼくきかしゅう）
　平安時代の歌人源俊頼の歌集。題名は俊頼が前の木工頭だったことによる。俗語を大胆に使って新しい表現を試みたとされる。

☆『詞花和歌集』（しかわかしゅう）
　平安時代の第6番目の勅撰和歌集。崇徳院の名により、藤原顕輔が撰出した。清新な叙景歌に優れた作品が多い。1151年（仁平元年）成立。

☆『拾遺愚草』（しゅういぐそう）
　藤原定家の自選歌集で、鎌倉時代の1216年（建保4年）に成立。収載歌は約3830首、定家の作品のほぼ全てを含み、自筆本は国宝に指定されている。

☆『拾遺集』（しゅういしゅう）
　『古今集』、『後撰集』に次ぐ三番目の勅撰和歌集で、撰者は花山院と言われるが定かでない。恋歌に秀歌が多く、百人一首には8首が採られている。

☆正倉院文書（しょうそういんもんじょ）
　正倉院に伝わる文書で、総数約1万点。現存する奈良時代の文書の

ほとんどを占める。

☆『袖中抄』（しょうちゅうしょう）
　平安時代末期の1180年（治承4年）頃に成立した歌学書で、著者は顕昭。前代の歌学書の過ちをただし、語義を詳細に解説しているところから、広く利用された。

☆『小右記』（しょうゆうき）
　平安時代の公卿藤原実資の日記。実資は小野宮右大臣と呼ばれたことが題名の由来。藤原道長・頼通の全盛時代の政治や社会の出来事、宮廷の故事などが詳細に記述されている。

☆『性霊集』（しょうりょうしゅう）
　空海が残した詩や願文などを集めた詩文集で9世紀に成立した。

☆『続詞花和歌集』（しょくしかしゅう）
　二条天皇の命により編さんされた平安末期の和歌集で、撰者は藤原清輔。

☆『続日本紀』（しょくにほんぎ）
　『日本書紀』に次ぐ第2の勅選の史書で、797年（延暦16年）に完成。国家成立後、不十分ながら各種の記録が残されるようになったため、国家の仕組みに関する記述が充実した。

☆『新猿楽記』（しんさるがくき）
　平安時代後期に、藤原明衡が目撃した猿楽の記録と、その演技を見物していた芸人一家についての報告。当時の社会や庶民の生活を知るための貴重な資料となっている。

☆『新撰字鏡』（しんせんじきょう）

昌泰年間（900年頃）に編さんされた現存する最古の漢和辞典。撰者は昌住という僧で、収載された漢字は約2万1000字。奈良時代の古語が多いのが特徴。

☆『新撰朗詠集』（しんせんろうえいしゅう）
　平安時代後期の歌謡集で、撰者は藤原基俊。『和漢朗詠集』の続編として編まれたが、日本の詩人による作品の多いことが特徴。

☆『輔親集』（すけちかしゅう）
　同書は平安時代の貴族で、三十六歌仙の一人大中臣輔親の家集。藤原道長のお気に入りで、占いのことなどを司る神祇伯を務めた。

☆『千載集』（せんざいしゅう）
　平安時代末期の勅撰和歌集で、成立は1188年（文治4年）。撰者は藤原俊成（定家の父）。平家の都落の直前に歌集の編さんが決まったこともあって、平忠度、経盛など平家歌人の歌が多く採られている。

☆『続浦島子伝記』（ぞくうらしまこのでんき）
　『日本書紀』や『万葉集』などの浦島伝説をもとに、漢文で神仙譚風に作り直したもので、中国の様々な伝奇類も引用されている。920年（延喜20年）に成立。

☆『僧尼令』（そうにりょう）
　僧と尼僧に関する規定で718年（養老2年）の養老律令で27条が定められた。

☆『曽丹集』（そたんしゅう）
　平安時代中期の歌人で、三十六歌仙の一人にあげられる曽根好忠の歌集。『好忠集』ともいう。

☆『台記』（たいき）

　左大臣藤原頼長の日記。頼長は保元の乱の首謀者とされ、その内部事情や当時の貴族社会の動向などが明快に分析されている。

☆『大同類聚方』（だいどうるいじゅほう）

　平安時代の医学辞典で、出雲広貞、安倍真直らが編さん、808年（大同3年）に完成した。諸国の神社、旧家などに伝来する医方を集めて整理したもので、現在でも古代の医学を知る資料として珍重されている。

☆『竹取物語』（たけとりものがたり）

　平安時代の物語で、その名は『源氏物語』にも登場する。物語の展開には各地の天人女房譚、求婚難題伝説などが取り入れられ、虚構と現実とが融合した名作といわれる。

☆『玉造小町壮衰書』（たまつくりこまちそうすいしょ）

　平安時代後期に作られた漢詩文の物語で、作者不詳。栄華をきわめた家の娘が没落して、世の無常を悟り、仏の慈悲による救済を願うという話。

☆『為忠集』（ためただしゅう）

　平安時代の歌人藤原為忠の歌集だが別人作との説もある。

☆『男女婚姻賦』（だんじょこんいんふ）

　『本朝文粋』所収。平安時代きっての名文家で、文章博士として知られた大江朝綱がものしたポルノグラフィックな戯文。

☆『中外抄』（ちゅうがいしょう）

　院政期の関白藤原忠実の聞き書きで、1137年（保延3年）から1154年（仁平4年）の間の貴族世界のエピソード集。

☆『朝野群載』（ちょうやぐんさい）

　平安時代の詩文から公文書を整理・編纂したもの。1116年（永久4年）に成立。

☆『堤中納言物語』（つつみちゅうなごんものがたり）

　平安時代後期に成立した物語で、10編の短編からなっている。成立は1270年（文永7年）頃、作者は当時、宮中に仕えていた小式部という女性との説があるが定かでない。

☆『貫之集』（つらゆきしゅう）

　紀貫之は和歌の基本を作った代表的な歌人で、『古今集』の撰者。その歌集で、成立は不明だが10世紀中頃と想定されている。三十六人集の一つ。

☆『帝紀』（ていき）

　歴代の天皇や皇室について書かれた史料で、『古事記』や『日本書紀』の原資料となった。ただし、内容はまったく伝わっていない。

☆『鉄槌伝』（てっついでん）　＊本文参照。

☆『田氏家集』（でんしかしゅう）

　平安時代の漢詩集。平安時代初期、医者で文人として知られた島田忠臣の歌集で、個人の歌集としては最古のもの。菅原道真にも影響を与えた。

☆『東南院文書』（とうなんいんもんじょ）

　明治時代になって正倉院が国の管理下に置かれたに伴い、東大寺から宮内省に移管された文書の一つ。

☆『多武峰略記』（とうのみねりゃっき）

藤原鎌足を祭神とする多武峰談山神社の歴史を記述した文書で、1197年（建久8年）に成立。

☆『俊頼髄脳』（としよりずいのう）
　院政期の歌壇の指導者・源俊頼の歌論書で、1114年（永久2年）頃に成立。「和歌とは」の概説から歌体論、秀歌論、歌語論などが体系的に叙述されている。

☆『とりかへばや物語』
　平安時代後期の物語で、作者不詳。父親が男の子に女装させ、女の子に男装させて育てたところから起こる奇譚。王朝の雰囲気を暗示したものともいわれる。

☆『寧楽遺文』（ならいぶん）
　歴史家の竹内理三が奈良時代の文書を整理した資料集。初版は昭和18年刊。

☆『奈良御集』（ならぎょしゅう）
　元明天皇が平城京に遷都した710年（和銅3年）以来、桓武天皇が平安京を開くまでの7代七十余年の天皇の和歌を集めた歌集（桓武天皇は含まず）。

☆『日本往生極楽記』（にほんおうじょうごくらくき）
　平安時代には数種の往生伝が登場したが、その最初の書で、著者は慶滋保胤（よししげのやすたね）。その後の浄土思想の展開や説話文学の発展に大きな影響を与えた。

☆『日本紀講筵』（にほんぎこうえん）
　平安時代初期に宮中で行われた『日本書紀』の講義及び研究の会のこと。

☆『日本紀略』（にほんきりゃく）

　平安時代後期に成立した史書で、神代から1036年（長元9年）までが記述されている。編者・巻数などは不明。ただし神代の部は『日本書紀』の丸写しなど、資料的価値については疑問が多いとされている。

☆『日本後紀』（にほんこうき）

　平安時代に作られた勅撰史書で、792年（延暦11年）から833年（天長10年）に至る42年間の記録がまとめられた。廷臣の人物を痛切に批判した記述があるのが特徴。

☆『日本三代実録』（にほんさんだいじつろく）。

　平安時代の歴史書で、六国史の第6にあたり、清和、陽成、光孝の3代の天皇の時代（858～887年）を扱っている。29年間に300回以上の地震が記録されている。

☆『日本書紀』（にほんしょき）

　日本初の正史で681年（天武天皇10年）に編さんが企図され、成立したのはざっと40年後の720年（養老4年）。その間に『古事記』が作られたのは、『書紀』の編集作業が遅れたことが一因との見方もある。

☆『日本霊異記』（にほんりょういき）

　日本初の仏教説話集で、編者は薬師寺の僧景戒。822年（弘仁13年）頃に成立した。内容は最底辺の庶民の善導教化を図ろうという意図が明確に示されている。

☆『寝覚物語絵巻』（ねざめものがたりえまき）

　『更級日記』の著者菅原孝標女が書いた『夜の寝覚』を絵巻物にしたもの。元は数巻本だったが、現存するのは詞4段、絵4段からなる1巻のみ。絵は王朝風の繊細優美な作風を伝える。

☆『能因歌枕』（のういんうたまくら）
　タイトルは能因法師による歌作りの手引書の意で、平安時代中期に成立。能因は出家した後、歌作りの専門家として貴族階級に人気あった。

☆『浜松中納言物語』（はままつちゅうなごんものがたり）
　平安時代後期に成立した王朝物語で、『源氏物語』に影響を受けているところが大きい。作者は『更級日記』の著者菅原孝標女との説がある。

☆『播磨国風土記』（はりまのくにふどき）
　播磨国（現兵庫県）に関する古代の地誌で、713年（和銅6年）、官命で作られた国ごとの地誌の一つ。伝説・説話が多く、物産記事の少ないことが特徴。

☆『肥前国風土記』（ひぜんのくにふどき）
　肥前国（現長崎県、佐賀県）に関する古代の地誌で、713年（和銅6年）、官命で作られた国ごとの地誌の一つ。九州の風土記は太宰府でまとめて編さんされたと想像されている。

☆『常陸国風土記』（ひたちのくにふどき）
　常陸国（現茨城県）に関する古代の地誌で、713年（和銅6年）、官命で作られた国ごとの地誌の一つ。中央に反発する土蜘蛛や賊の女親分の話も記述されている。

☆『袋草紙』（ふくろぞうし）
　平安時代末期の1156年〜1159年（保元年間）に成立した歌論書で、著者は和歌の第一人者藤原清輔。和歌の歴史にまつわる故事など、和歌の百科事典という要素が濃い。

☆『扶桑略記』（ふそうりゃっき）

　天台宗の僧で、法然の師匠に当たる皇円が著した日本史で、成立したのは平安時代末期。仏教関係以外に正史にはない記述も多い。

☆『文華秀麗集』（ぶんかしゅうれいしゅう）

　平安時代初期の818年（弘仁9年）に編さんされた勅撰漢詩文集で、撰者は仲雄王ら。4年前に編さんされた『凌雲集』に漏れた作品が多い。

☆『平中物語』（へいちゅうものがたり）

　醍醐天皇の侍従職を務めた平貞文の女性遍歴をテーマにした歌物語で、950年（天暦4年）頃に成立。作者は不詳。世俗の出世に一喜一憂し、女に逃げられて泣きを見る姿が共感を呼んだ。

☆『本朝世紀』（ほんちょうせいき）

　平安時代の末期に成立した歴史書で、撰者は藤原通憲。宇多天皇（在位889〜897年）から堀川天皇（在位1086〜1107年）までの15代にわたる歴史が記述されている。

☆『本朝続文粋』（ほんちょうぞくもんずい）

　平安時代末期の漢詩文集で、『本朝文粋』にならって編さんされた。1140年（保延6年）以後に成立。撰者は藤原季綱といわれるが、後世の手が加わっている。

☆『本朝文粋』（ほんちょうもんずい）

　藤原明衡撰の漢詩集。作文の手本とするため、平安時代の優れた漢詩文427篇を編さんしたもので、1060年（康平3年）頃に成立。時代を代表する名文からポルノの戯文まで含まれているのが特徴。

☆『本朝麗藻』（ほんちょうれいそう）

平安時代中期の1010年（寛弘7年）頃に成立した漢詩文集。撰者は漢詩の家系で知られた貴族の高階積善。七言詩の名作がそろっているとされる。

☆『枕草子』（まくらのそうし）
　日本における随筆文学の始まりで、作者は清少納言。平安時代中期の1001年（長保3年）頃に成立したとされる。平仮名を中心とした和文で、軽妙な筆致の短編が多い。

☆『満佐須軽装束抄』（まさすけしょうぞくしょう）
　平安時代の装束に関する有職故実の解説書で、平安時代末期に成立した。仮名書きの本で、著者は貴族の源雅亮。

☆『万葉集』（まんようしゅう）
　日本最古の歌集で、奈良時代末期に成立。天皇・皇后から名もなき庶民の歌まで、約4500首が選ばれている。撰者は明確ではないが、大伴家持が関わったことは確かとされている。

☆『御堂関白記』（みどうかんぱくき）
　平安時代に全盛を誇った藤原道長の日記。

☆『名義抄』（みょうぎしょう）
　平安時代後期に作られた漢和辞典で、仏・法・僧の3部からなっている。

☆『紫式部日記』（むらさきしきぶにっき）
　『源氏物語』の作者紫式部が残した日記で、中宮彰子に仕えていた1008年（寛弘5年）秋から1010年（寛弘7年）正月までの宮中の様子が記録されている。

☆『明衡往来』（めいごうおうらい）

　題名は藤原明衡が著した書簡文の実例集の意。月毎の挨拶から宴会や品物の贈与貸借など日常生活に必要な例文が200例以上記されている。平安時代末期の作。

☆『元良親王集』（もとよししんのうしゅう）

　元良親王は平安時代の歌人で陽成天皇の第一皇子。好色で知られ、『元良親王集』にはその恋愛遍歴を歌った作品が収められている。

☆『八雲御抄』（やくもみしょう）

　鎌倉時代の初期に順徳天皇が著した歌学書。歌を作る際の参考になるような言葉、気象、地方の名所、歌合の作法などを解説したもので、名著の誉れが高い。

☆『病草紙』（やまいのそうし）　＊本文参照。

☆『山城国風土記・逸文』（やましろこくふどき・いつぶん）

　山城国（現京都市南部から奈良県）の地誌。京都を代表する葵祭と2つの賀茂神社の結びつき、天羽衣伝説などを伝える。

☆『大和物語』（やまとものがたり）

　平安時代中期の歌物語。和歌の作品を作者のゴシップを交えながら読み物に仕立てたもので、叙情性に欠けるが、自由連想にすぐれているとされる。作者不詳。

☆『遊女記』（ゆうじょき）

　平安時代後期に、大江匡房が淀川べりの江口や神崎川岸にたむろする遊女たちの生態を描いた書。「遊女の乗った船で水面が見えなくなるほどだった」とある。

☆『陽物比べ』（ようもつくらべ）　＊本文参照。

☆『夜の寝覚』（よるのねざめ）
　平安時代後期に描かれた王朝小説で、『夜半の寝覚』ともいう。作者は『更級日記』の作者、菅原孝標の女（むすめ）との説が有力視されている。

☆『洛陽田楽記』（らくようでんがくき）
　1096年（永長元年）、京都の街で庶民から貴族までが熱狂するような田楽が発生した。その狂乱状態を大江匡房が記録した書。

☆『凌雲集』（りょううんしゅう）
　平安時代初期の814年（弘仁5年）、嵯峨天皇の命により編さんされた初の勅選漢詩集。龍宮伝説を歌った作品もある。

☆『梁塵秘抄』（りょうじんひしょう）
　平安時代後期（1180年頃）に後白河法皇によって編さんされた今様の歌謡集。今様とはその時代に流行していたという意味。

☆『梁塵秘抄口伝集』（りょうじんひしょうくでんしゅう）
　後白河法皇は遊女で今様の名手である乙前に出会って、『梁塵秘抄』を編さんすることを決心した。その契機や今様の歴史など、今様の周辺のエピソードを集めた書。

☆『令義解』（りょうのぎげ）
　養老律令の公式の解釈書で、830年（天長3年）に成立した。日本の律令（法律）は中国の模倣だったが、日本の実情と合わないケースがあるため、解釈を統一したもの。

☆『類聚三代格』（るいじゅうさんだいきゃく）

平安時代に定められた法令集で、律（刑法）と令（行政法、民法）は
そのままに、事例ごとの処理について定めた格を弘仁、貞観、延喜の
3代にわたって整理したもの。

☆『類聚名義抄』（るいじゅみょうぎしょう）
　漢字を引くための辞書で、11世紀末から12世紀頃に成立した。編者
は不明だが、法相宗の学僧という説が有力視されている。

☆『簾中抄』（れんちゅうしょう）
　平安時代の歌人藤原資隆が著した故実書で、宮廷の年中行事から天
皇・皇族や百官の人名・職名、神事・仏事を解説したもの。

☆『猥褻廃語辞彙』（わいせつはいごじい）
　戦前の風俗史家宮武外骨著の猥褻用語集で、すでに消え去った言葉
も掘り起こしたのが特徴。

☆『和漢朗詠集』（わかんろうえいしゅう）
　平安時代中期の歌謡集で、朗詠のための漢詩・漢文・和歌を集めた
もの。選者は百人一首にも選ばれた藤原公任。

☆『和訓栞』（わくんのしおり）
　江戸時代の国語学者谷川士清が著した国語辞典で、1777年から1887
年にかけて刊行された。

☆『和名類聚抄』（わみょうるいじゅしょう）
　平安時代中期に作られた辞書。漢語の訓読みを知るために大いに役
に立ったという。

●仏教書ガイド

☆『阿含経』（あごんきょう）
　阿含とは「伝承」という意味で、釈迦の教えを弟子や信者たちがまとめたもの。各派が主眼とする教えの違いによって長阿含、中阿含、雑阿含、増一阿含に分類される。

☆『一遍語録』（いっぺんごろく）
　一遍上人の教えをまとめたもので、1287年頃に成立した。

☆『有部律』（うぶりつ）
　『十証律』、『根本説一切有部成経』などに記載された戒律のこと。

☆『慧琳音義』（えりんおんぎ）
　仏典の難解な字句に注釈を加えた経典で、8世紀末に成立した。一切経音義ともいう。

☆『円覚経』（えんがくきょう）
　7〜8世紀頃、中国で作られた偽経だが、日本では空海、最澄、源信などに大きな影響を与えた。

☆『縁起経』（えんぎきょう）
　釈迦が人間の苦しみを十二に分類して説いたもので、紀元前2世紀頃に成立した。

☆『往生拾因』（おうじょうじゅういん）
　東大寺の別当などを務めた永観（ようかん）が、1103年（康和5年）に著した浄土思想。

☆『往生要集』（おうじょうようしゅう）
　天台宗の僧源信が仏教の多くの経典から極楽往生に関する記録を採取した書で、985年（寛和元年）に成立。

☆『観経疏』（かんぎょうそ）
　中国浄土教の祖師善導の著書。法然はこの書への批判から日本で浄土宗を開いた。

☆『観音経』（かんのんきょう）
　『法華経』のうち第25章「観世音菩薩普門品」を抽出して、観音の霊験を説いた書。

☆『観無量寿経』（かんむりょうじゅきょう）
　仏や菩薩や極楽浄土などを心の中に思い浮かべる方法を説いた書で、450年頃、西域で訳出された。

☆『教行信証』（きょうぎょうしんしょう）
　浄土真宗の教祖親鸞の教えをまとめたもので、1255年（建長7年）頃に成立した。

☆『金七十論』（きんしちじゅうろん）
　6世紀ころに訳出されたヒンズー教の経典で、仏教を批判した書。

☆『倶舎論』（ぐしゃろん）
　4〜5世紀にインドのガンダーラ地方で成立した経典。

☆『華厳経』（けごんきょう）
　4世紀末までに成立した仏教の大経典で、「仏の大集団」とも呼ばれる。

☆『血盆経』（けつぼんきょう）。
　中国で明の時代の初期に流布された経典。

☆『五分律』（ごぶんりつ）
　僧侶の戒律について述べたもので5世紀ころに成立した。なお戒律は各派によって相違があり、それを集めたのが『五分戒本』（ごぶんかいぼん）。

☆『薩婆多毘尼毘婆沙』（さっぱたびにびばしゃ）
　『十誦律』の教えをより拡大したもので、5世紀に成立したといわれる。

☆『薩婆多部毘尼摩得勤伽』（さっぱたぶびにまとくろっか）
　男女がたとえば犯罪の途中で転根（性器が変換すること）した場合、罰の与え方はどうなるかなどを論じた書で、435年に漢訳された。

☆『三教指帰』（さんごうしき）。
　空海が出家の決意を小説に仮託して述べたもので、797年（延暦16年）、空海、24歳の時の書。

☆『三宝絵』（さんぼうえ）
　平安時代の仏教説話集で、984年（永観2年）に成立。円融天皇の妃で、仏道に入った尊子内親王のために源為憲が三宝（仏・法・僧）の功徳を述べたもので、絵がついていることからこう呼ばれる。

☆『止観輔行』（しかんぶぎょう）
　594年に成立した『摩訶止観』という経典の注釈書で、8世紀に唐僧によってつくられた。

☆『四教義註』（しきょうぎちゅう）

初期インド仏教の経典の一つである『四教義』の注釈書で、6世紀後半に成立した。

☆『地蔵菩薩霊験記』（じぞうぼさつれいげんき）
　平安時代の仏教説話集で、地獄から蘇生した話が多く見られるのが特徴。1033年（長元6年）、三井寺の僧実睿作という説がある。

☆『地蔵菩薩陀羅経』（じぞうぼさつだらにきょう）
　地蔵菩薩は釈迦入滅後の世界を救うために表れた菩薩で、その教えがこのお経。ただし偽経という説もある。

☆『七処三観経』（しちしょさんかんきょう）
　後漢時代の僧で、中国最初の経典翻訳者である安世高が150年頃、翻訳した経典。

☆四婆羅夷（しばらい）
　出家した者が決して犯してはならない戒律で、淫事を行うこと、盗むこと、人を殺すこと、嘘をつくことを指す。

☆『四分律』（しぶんりつ）
　僧侶の戒律について述べた経典で、のちにこの戒律に基づいて四分律宗が成立した。

☆『釈氏要覧』（しゃくしようらん）
　仏教の教えから身なり、日々の行いなどをまとめた注釈集で、1019年、宋の道誠が著した。

☆『沙石集』（しゃせきしゅう）
　鎌倉時代に編纂された仏教説話集で、奈良・平安時代の逸話が約150話採られている。

☆『集異門足論』（しゅういもんそくろん）
　玄奘三蔵（通称三蔵法師）が訳出した経典。

☆『十誦律』（じゅうじゅりつ）
　教団内の規律や作法などをまとめた古代仏教の教典で、4〜5世紀頃、唐の長安で漢訳された。

☆『宗門統要続集』（しゅうもんとうようぞくしゅう）
　宋の時代（960〜1270年）、禅宗の子弟の間でなされた問答を集めた教典。

☆『出曜経』（しゅつようきょう）
　仏教の根本原理を説いた書で、『法句経』の別名。

☆『首楞厳経』（しゅりごんきょう）
　インドのナーランダ寺院で行われた説教をまとめたもので、女の呪力で魔道に堕ちた仏弟子が仏陀の神力によって救われるという話。

☆『証道歌』（しょうどうか）
　禅宗の思想形成の中核をなすもので、7〜8世紀に成立したと推定されている。

☆『正法眼蔵』（しょうぼうげんぞう）
　曹洞宗の開祖である道元が著した仏教の思想書。1253年（建長5年）、道元の死により87巻で終わった。

☆『雑阿含経』（ぞうあごんきょう）　＊『阿含経』参照。

☆『増一阿含経』（ぞういつあごんきょう）　＊『阿含経』参照。

☆『祖堂集』（そどうしゅう）
　禅宗の歴史を記述した書で、950年頃、中国・泉州で編纂された。

☆『大集経』（だいじっきょう）
　釈迦が多くの仏や菩薩を集めて大乗の法を説いた教え。

☆『大乗同性経』（だいじょうどうしょうきょう）
　ヒンズー教の神とされていた羅刹王に大乗仏教の教えを説いた経典。

☆『大乗菩薩経』（だいじょうぼさつきょう）
　中国の宋の時代にインド出身の僧によって訳出された経典。

☆『大乗本生心地観経』（だいじょうほんじょうしんじかんきょう）
　インドの大乗仏教の解説書で、800年頃成立。

☆『大智度論』（だいちどろん）
　古代仏教に関する百科事典で、4〜5世紀に成立した。

☆『大日経』（だいにちきょう）
　密教の根本経典の一つで、7世紀半ば頃、西インド地方で成立した。

☆『大般涅槃経』（だいはつねはんきょう）
　釈迦の入滅を素材に、その教えを説いたもので、紀元前3世紀頃に成立した。長阿含経の経典の一つ。

☆『大悲空智経』（だいひくうちきょう）
　9世紀頃に成立した。

☆『大毘婆沙論』（だいびばしゃろん）

小乗仏教の経典で、紀元100年～150年頃に成立した。

☆『大方等無想経』（だいほうどうむそうきょう）
　400年頃にインド出身の訳経僧によって漢訳された経典。

☆『大楽金剛不空真実三昧耶経般若波羅蜜多理趣釈』（だいらくこんごうふくうしんじつさんまやきょうはんにゃはらみたりしゅしゃく）
　真言密教で重要視されている経典で、8世紀頃に成立した。

☆『中阿含経』（ちゅうあごんきょう）　＊『阿含経』参照。

☆『長阿含経』（ちょうあごんきょう）　＊『阿含経』参照。

☆『伝光録』（でんこうろく）
　釈迦牟尼以来、曹洞宗の確立に貢献した名僧の教えを説いた書で1300年（正安2年）頃に成立。

☆『那先比丘経』（なせんびくきょう）
　ギリシャ王メナンドロスと学僧那先の対論の書で、紀元前1世紀頃にできた。

☆『南海寄帰伝』（なんかいききでん）
　唐僧の義浄がインドから南海諸島を訪問、仏教徒の生活を記録した書で、691年に成立。

☆『人本欲生経註』（にんぽんよくしょうぎょうちゅう）
　古代の経典『人本欲生経』に、4世紀頃、道安が注釈を加えたもの。

☆『涅槃経』（ねはんぎょう）
　ブッダの晩年や入滅後の遺骨の扱いなどを記した書。

☆『仏所行讃』（ぶっしょぎょうさん）
　1世紀頃に成立した『仏陀の生涯』を4世紀頃に漢訳したもの。

☆『八宗綱要』（はっしゅうこうよう）
　東大寺の僧凝然が1268年に著した仏教書で、日本の仏教が八宗に別れた歴史を述べたもの。

☆『般若心経』（はんにゃしんぎょう）
　数ある般若経典の中で心髄をまとめた経典の意。大小2通りあり、日本で読まれるのは簡略な小本。

☆『秘密三昧大教王経』（ひみつざんまいだいきょうおうきょう）
　1000年頃、インド出身の僧が中国で訳出したもので、『理趣教』と関わるところが多い。

☆『白虎通義』（びゃっこつうぎ）
　後漢の時代に、中国の儒学者が白虎観（宮廷の北宮）で会合し、五経などの解釈のばらつきなどを整理する会議を行った。その議論をまとめたもので、紀元79年に成立。

☆『平等覚経』（びょうどうかくきょう）
　無量寿経の訳本の一つで、2世紀に漢訳された。

☆『付法蔵伝』（ふほうぞうでん）
　釈尊入滅後のインドにおける仏教の展開を述べた書で、5世紀に漢訳された。

☆『碧眼録』（へきがんろく）
　中国の禅の経典。唐代の禅僧の思想から100か条を選んで修行の手

引きとした書。

☆『法苑珠林』（ほうおんじゅりん）
　670年頃、唐の僧道也が著した仏教の百科事典。

☆『法顕伝』（ほうけんでん）
　中国の僧法顕が398年から412年まで、インド、セイロン、ジャワなどを旅行した時の記録。

☆『法集要頌経』（ほうじゅうようじゅきょう）
　『法句経』の別名。

☆『法集要頌経』（ほうじゅうようじゅきょう）
　仏法の要点をまとめた書で、紀元前後に成立した。

☆『宝性論』（ほうしょうろん）
　すべての人は仏たるべき性質・如来性を「心の胎児」として持っていると説く教典。題名は仏教のすぐれた教えという意。

☆『宝物集』（ほうぶつしゅう）
　平安時代末期の治承年間（1177〜81年）に成立した仏教説話集。撰者は後白河法皇の近習を務めた平康頼で、『平家物語』や『保元物語』などに影響を与えた。

☆『法華経』（ほけきょう）
　1世紀頃に成立した経典で、日本仏教の根幹となったもの。

☆『菩薩地持経』（ぼさつじじきょう）
　サンスクリットの経典で、4〜5世紀頃、漢訳されたもの。

☆『菩提行経』（ぼだいぎょうきょう）
　650〜700年頃に成立した大乗仏教の経典。

☆『法句経』（ほっくきょう）
　紀元前3世紀頃までには成立していたとされる経典。

☆『法華験記』（ほっけげんき）
　平安時代の仏教説話集で、「法華経」の霊験を広めるために編まれた書。

☆『梵網経』（ぼんもうきょう）
　4世紀頃に唐の長安で訳出された大乗仏教の経典で、中国の天台宗で重用された。

☆『翻訳名義集』（ほんやくみょうぎしゅう）
　1143年、宋の法雲という僧が著した仏教事典。

☆『摩訶止観』（まかしかん）
　594年、中国の天台宗の高僧が説いた教えを弟子がまとめた書。

☆『摩訶僧祇律』（まかそうぎりつ）
　小乗仏教の僧が守るべき戒律を集成したもので、4世紀半ばに秦の国で訳出された。

☆『摩登伽経』（まとがきょう）
　女性に懸想された阿難尊者が仏力でのがれ、女も熱心な仏教徒になったという物語で、3世紀頃に成立。

☆『無量寿経』（むりょうじゅきょう）
　釈迦が弟子たちに説いた教えをまとめたもので、紀元1世紀頃に成

立したと推定されている。

☆『唯識二十論』（ゆいしきにじゅうろん）
　4〜5世紀の高僧世親が唯識論の解説のために著した書。

☆『維摩経』（ゆいまきょう）
　紀元前後年頃に成立した大乗仏教の経典の一つで、庶民の立場から仏教を見ているとして日本でも人気の経典。

☆『瑜伽論』（ゆかろん）
　『瑜伽師地論』の省略形で、大乗仏教の基本経典の一つ。4世紀頃成立した。

☆『理趣経』（りしゅきょう）
　最澄、空海、円仁、円珍がそれぞれに唐から持ち帰った密教の経典で、性について語るところが多い。

☆『立世阿毘曇論』（りっせあびどんろん）
　仏教に示されている宇宙論を説いたもので、紀元前2世紀頃に成立した。

☆『略論安楽浄土義』（りゃくろんあんらくじょうどぎ）
　安楽浄土の教義を簡略に論じたもので、6世紀前半に成立した。

☆『臨済録』（りんざいろく）
　唐の時代に臨済宗を開いた義玄の言行をまとめたもので、1000年頃に成立。

☆『六祖壇経』（ろくそだんきょう）
　六祖大師の教えを説いたもので、681年頃に成立した。

●主要参考文献

☆『うつほ物語』新編日本古典文学全集14 ～ 16、中野幸一校注・訳、小学館、1999.6

☆『王朝語辞典』秋山虔編、東京大学出版会、2000.3

☆『神楽歌・催馬楽・梁塵秘抄・閑吟集』新編日本古典文学全集42、臼田甚五郎ほか校注・訳、小学館、2000.12

☆『大江匡房』川口久雄、吉川弘文館、1968.5

☆『漢詩の事典』松浦友久編、大修館書店、1999.1

☆『漢字類編』白川静監修／小林博著、木耳社、1982.11

☆『漢籍解題事典』内山知也、明治書院、2013.5

☆『源氏物語』新編日本古典文学全集20 ～ 25、阿部秋生ほか校注・訳、1994.3

☆『源氏物語大辞典』秋山虔ほか編、角川学芸出版、2011.2

☆『好色艶語辞典』笠間良彦編著、雄山閣、1989.12

☆『広説佛教語大辞典縮刷版』中村元、東京書籍、2010.7

☆『古語大鑑』全2巻、築島裕ほか編、東京大学出版会、2011.12

☆『古語大辞典』全5巻、中村幸彦ほか編、角川書店、1982.6

☆『古事記』新編日本古典文学全集1、山口佳紀ほか校注・訳、1997.6

☆『古事記歌謡注釈』辰巳正明監修、新典社、2014.3

☆『古代歌謡全注釈・古事記編』土橋寛、角川書店、1972.

☆『古代歌謡全注釈・日本書紀編 』土橋寛、角川書店、1976.

☆『古事記を旅する』三浦佑之、文藝春秋、2007.4

☆『古代の恋愛生活』古橋信孝、吉川弘文館、2016.10

☆『ゴーダマ・ブッダ』上、中村元、春秋社、2012.8

☆『今昔物語集／本朝世俗篇』上下、武石彰夫訳、講談社、2016.6

☆『催馬楽』木村紀子訳注、東洋文庫、2006.5

☆『詩経・楚辞』中国古典文学体系15、目加田誠訳、平凡社、1977.5

☆『時代別国語大辞典』上代編、上代語辞典編集委員会編、三省堂、1994.10

☆『上代説話事典』大久間喜一郎ほか編、雄山閣、1993.5

☆『続日本紀』上中下、宇治谷孟訳、講談社、1992.6

☆『新漢和大字典』藤堂明保ほか編、学研、1978.4

☆『深層日本論』工藤隆、新潮社、2019.5

☆『世説新語』中国古典小説選3、竹田晃、明治書院、2006.3

☆『大漢和辞典』全12巻、諸橋轍次、大修館書店、1960、

☆『大蔵経全解説大辞典』鎌田茂雄ほか編、雄山閣、1998.8

☆『中国文化としての仏教』新アジア仏教史8、沖本克巳ほか編、佼成出版社、2010.9

☆『日本の恋の歌』貴公子たちの恋、恋する黒髪、馬場あき子、角川学芸出版、2013.3

☆『日本仏教典籍大事典』金岡秀友ほか編、雄山閣、1986.11

☆『日本仏教の礎』新アジア仏教史11、末木文美士編、佼成出版社、2010.8

☆『仏典解題辞典』斎藤明ほか編、春秋社、1966.6

☆『風土記』新編日本古典文学全集5、稲垣節也校注・訳、小学館、1997.10

☆『万葉語誌』多田一臣、筑摩書房、2014.8

☆『和歌文学大辞典』和歌文学大辞典編集委員会編、古典ライブラリー、2014.12

【著者略歴】
下川耿史（しもかわ・こうし）
1942年、福岡県生まれ。著述家。風俗史家。
著書に、『10代の遺書』『日本残酷写真史』『異常殺人カタログ——驚愕の200事件』（以上、作品社）、『遊郭をみる』（林宏樹との共著、筑摩書房）、『死体と戦争』『日本エロ写真史』『変態さん』（以上、ちくま文庫）、『世紀末エロ写真館』『殺人評論』『死体の文化史』（以上、青弓社）ほか。
編著に、『環境史年表』（昭和・平成編／明治・大正編）、『近代子ども史年表（明治・大正編／昭和・平成編）』、『家庭史年表（昭和・平成編／明治・大正編）』、『性風俗史年表（明治編／大正・昭和戦前編／昭和戦後編）』（以上、河出書房新社）、ほか多数。

性愛古語辞典　奈良・平安のセックス用語集

2024年7月20日第1刷印刷
2024年7月30日第1刷発行

著　者　下川耿史

発行者　福田隆雄
発行所　株式会社作品社
　　　　〒102-0072　東京都千代田区飯田橋2-7-4
　　　　Tel 03-3262-9753 Fax 03-3262-9757
　　　　https://www.sakuhinsha.com
　　　　振替口座 00160-3-27183

装　幀　伊勢功治
本文組版　有限会社閏月社
印刷・製本　シナノ印刷(株)

Printed in Japan
落丁・乱丁本はお取替えいたします
定価はカバーに表示してあります
ISBN978-4-86793-023-6 C0021
© Koushi Shimokawa, 2024